ＰＣ建築

計画から監理まで

社団法人 日本建築構造技術者協会 編

技報堂出版

発刊にあたって

　(社)日本建築構造技術者協会では，その前身である構造家懇談会の時代からプレストレストコンクリート（PC）構造の普及と研究の目的で技術委員会の中にPC部会を設けて活動してきました．これまでに，「PC構造・定着端まわりの総合的研究」，「PRC構造のひび割れを考慮した断面算定の簡略化」，「PC梁の断面算定のプログラム」，「PC構造の現状と展望」，「PCa部材を使用した工業化工法の現状と設計者の訴え—アンケート調査結果から展開」など数多くの研究を行ってきました．

　一方，構造設計を取り巻く環境は，1981年の保有耐力計算による新耐震設計法の導入，1995年の兵庫県南部地震被害からの教訓，および1999年の性能設計を取り入れた基準法の改正と従来の静的許容応力度設計から大きく変化してきました．このような背景のもとに，1996年より，高さ31mを超えるPC構造の実現に向けて，建設省建築研究所が中心となって，「PC構造設計・施工指針の作成」に関する共同研究が行われ，多くの研究成果が得られています．

　PC構造の特徴は，コンクリート断面を有効に使えるよう，あらかじめ圧縮力を与えておく構造で，常時荷重が作用したときには，コンクリート断面に引張応力が発生しないように設計することにあります．そのためには通常より大きい強度のコンクリート，および，圧縮力を与えるために超高強度のPC鋼材を使用する必要があります．高強度コンクリートを使用しているのでコンクリートの中性化速度が遅く，耐久性にも優れています．したがって，同じ荷重条件なら鉄筋コンクリート構造（RC構造）より，かなり小さい断面で設計可能です．また，大きな地震で部材にひび割れが入ったとしても，地震が終われば，PC鋼材の緊張力の効果でひび割れが閉じてしまうので，地震後の残留変形も少なく耐震性能の高い構造です．

　今回，このような優れた性能を持つPC構造の普及と発展を目差して，実務設計者やPC専業者により，性能設計に向けてPC構造の設計から監理までを分かりやすく表現した本を作成しました．本書は，PC設計監理マニュアル作成WGがまとめたものであり，執筆された委員の方々と，多大なご協力を頂いた関係各位に心より感謝申し上げます．

(社)日本建築構造技術者協会
技術委員会・PC分科会主査　　松原　正安

目　次

- 第1章　はじめに …………………………………………………………………… 1
  - 作　品　例 ……………………………………………………………………… 3

- 第2章　PC構造の計画 ……………………………………………………………… 11
  - 2.1　PC構造の可能性を探る　11

- 第3章　PC構造に使用する材料 …………………………………………………… 29
  - 3.1　コンクリート　29
  - 3.2　目地材料　36
  - 3.3　グラウト　38
  - 3.4　PC鋼材　40
  - 3.5　鉄　　筋　47
  - 3.6　定着具および接続具　48

- 第4章　場所打ちPC構造の設計 …………………………………………………… 51
  - 4.1　構造計画　51
  - 4.2　概略設計　57
  - 4.3　設計上の注意点　68
  - 4.4　PC構造の展開　76
  - 4.5　限界耐力計算　78
  - 4.6　新告示・改正の要点　83

- 第5章　プレキャストPC構造の設計 ……………………………………………… 87
  - 5.1　構造計画　87
  - 5.2　概略設計　100
  - 5.3　設計上の注意点　115
  - 5.4　PC構造の展開　120

- 第6章　場所打ちPC構造の工事監理 ……………………………………………… 129
  - 6.1　施工手順　129
  - 6.2　仮設計画　130
  - 6.3　型枠工事・鉄筋工事　132
  - 6.4　コンクリート打設前のPC工事　140
  - 6.5　コンクリート工事　142
  - 6.6　コンクリート打設後のPC工事　144
  - 6.7　アンボンドPC工事　147

第7章 プレキャストPC構造の工事監理 ……………………………151
 7.1 施工手順　151
 7.2 仮設計画における監理項目とチェックポイント　156
 7.3 プレキャスト部材の製作　160
 7.4 部材の架設　168

第8章 資　　料（内容はCD-ROM）……………………………171
 8.1 使用材料　173
 8.2 特記仕様書（EXCELデータ）　195
 8.3 チェックリスト（EXCELデータ）　199
 8.4 PC部材の計算プログラム（**PC部材の計算プログラム.xls**）　208
 8.5 プレストレストコンクリート構造に関する基規準，文献　214
 8.6 PC工事に関わる企業　215
 8.7 国土交通省告示（建設省告示1320号の改正版）　219

本書は社団法人日本建築構造技術者協会の技術委員会に属する以下の委員会にて執筆編集されました．

RC系部会PC分科会（50音順）
主　査：松原　正安（大成建設）
副主査：加治喜久夫（フドウ建研）
幹　事：小山内　裕（オリエンタル建設）
　　　　河原　孝（オリエンタル建設）
委　員：大前　安和（オーマエ建築設計事務所）
　　　　小室　努（大成建設）
　　　　佐藤　明敬（フドウ建研）
　　　　佐藤　龍彦（美和一級建築士事務所）
　　　　清水　良成（大林組）
　　　　世良　耕作（日本設計）
　　　　祖父江光洋（MAS構造設計事務所）
　　　　竹山　博史（フドウ建研）
　　　　寺田　正尭（テラダ設計）
　　　　浜戸　昇（ピー・エス）
　　　　浜田　公也（ピー・エス）
　　　　渡辺　健（建設計）
　　　　渡辺　誠一（椙山女学園大学）

PC設計監理マニュアル作成WG（50音順）
主　査：渡辺　健（前記）
幹　事：小山内　裕（前記）
委　員：大前　安和（前記）　河原　孝（前記）　小室　努（前記）
　　　　佐藤　明敬（前記）　清水　良成（前記）　祖父江光洋（前記）
　　　　竹山　博史（前記）　寺田　正尭（前記）　浜戸　昇（前記）

執筆者（50音順）

第1章　はじめに………………………………渡辺　健
第2章　PC構造の計画………………………清水良成，寺田正尭
第3章　材　　料……………………………………浜戸　昇
第4章　場所打ちPC構造の設計………………河原　孝，小室　努，佐藤明敬，
　　　　　　　　　　　　　　　　　　　　　祖父江光洋，浜戸　昇
第5章　プレキャストPC構造の設計…………小山内裕，河原　孝
第6章　場所打ちPC構造の工事監理…………大前安和，小室　努
第7章　プレキャストPC構造の工事監理………佐藤明敬，竹山博史
第8章　資　　料……………………………………大前安和，小山内裕，河原　孝，小室　努，
　　　　　　　　　　　　　　　　　　　　　佐藤明敬，清水良成，祖父江光洋，竹山博史，
　　　　　　　　　　　　　　　　　　　　　寺田正尭，浜田公也，浜戸　昇，渡辺　健

第1章

はじめに

　わが国のプレストレストコンクリート構造（以下PC構造）は，旧国鉄が中心となって技術開発が始まり昭和20年代後半から実用化された．それに伴って，それまでコンクリートのプレキャスト製品を製造していた数社がPC構造の専門業者となり，その後のPC構造の発展に大いに貢献してきた．当時は建設資材も乏しく高価で省資源が目的であった．ちなみに，セメントはトン当たり8000円で新卒の給与と同程度の時代であった．

　PC構造建築物の設計法に関する規定が策定されたのは，昭和35年施行の建設省告示223号が最初で，昭和36年には日本建築学会より「プレストレストコンクリート設計施工規準・同解説」が出て広く普及していった．昭和30年代後半から40年代にかけて大スパンで塵埃を嫌う工場やボーリング場等のPC建築が数多く建設された．昭和58年には建設省新告示1320号が施行され，それを受けて，昭和61年に日本建築学会から「プレストレスト鉄筋コンクリート（Ⅲ種PC）構造設計・施工指針同解説」が出て，ひび割れを制御できるRC構造とPC構造の中間に位置するPRC構造の利用が始まり，小梁をなくしたマンションの床やスパン10m前後の建物にアンボンドPC鋼線を使用したひび割れ制御やたわみ制御のアンボンド工法も普及していった．

　現代の産業革命といわれるIT革命はあらゆる分野に影響を及ぼしている．PC業界でも，設計のみでなく新しい技術や工法の開発，省資源，省力化によるコストプランニングおよび工場や工事現場の品質管理などに浸透してきている．なかでも，PC構造のプレキャスト工法は，コンピューターの利用により新しい施工方法や工場の部材製作の能率化，省力化および高品質化に取り入れられてきて目覚しい発展を遂げてきている．

　このようななか，平成10年には新耐震設計法以来およそ20ぶりに建築基準法が大改正され，建築基準の性能規定化が施行された．PC構造は他の構造と比較して性能的には以下のような有利な面をもっており，改正された建築基準法を先取りしている感がある．

- 大スパン構造は社会のニーズに対応した空間利用形態の変化に追随しやすい．
- 高強度コンクリートの使用で耐久度（亀裂，中性化，塩害等）が増し，建物の寿命が延び，資源やエネルギーの節約となり，結果として地球の環境保全に寄与できる．
- 鉄筋コンクリート構造で高強度鋼材（鉄筋）を使用した場合，耐力は増すが鉄筋量が減ってひび割れ幅は大きくなる傾向にあるが，PC構造ではプレストレスによってフレームの応力，部材の応力度をコントロールできるので，ひび割れなくすることもひび割れ幅を制御することもできる．
- 建物が地震などの外力で変形したりひび割れが生じても，外力がなくなれば変形も，ひび割れもなくなるという高復元性能を有しているので，地震後，補修，補強なしで即再利用できる．兵庫県南部地震をはじめ，近年遭遇した大きな地震ではほとんど被害はなく，優れた耐震性を持った構造であることを立証している．

　このようにコンクリートに生命を吹き込んだ素晴らしいプレストレストコンクリートは土木部門では市民権を得て一般的な構造として普及しているが，建築分野では多くの利点を有しながらいまだに一般化された構造とはいえない．このような現状に鑑み，より多くの読者がPC構造の有利性を理解し，利用していただくことを目的として本書を出版するもので，内容は次のように

構成されており，初心者にやさしい編集となっている．
- 第1, 2章は建築意匠設計者にPC構造の素晴らしさと特徴を理解していただく章．
- 第3, 4, 5章は構造技術者がPC構造を採用するために必要な技術を理解していただく章．
- 第6, 7, 8章はPC構造の設計，施工に必要な技術資料を提供する章．

1 エムズゴルフクラブハウス（上）
【所在地】北海道栗沢町，【竣工年】平成4年，【設計】意匠：久米設計／構造：同左，【PC工事担当】オリエンタル建設
プレキャストRC造の柱を基礎のソケットベース（差し込み方式の柱脚）に建て込む施工法の採用により，施工性と部材耐力の向上を目指した建物．梁はプレキャストPC造，床は合成床版としている．

2 サカタのタネ本社ビル（下）
【所在地】神奈川県横浜市，【竣工年】平成7年，【設計】意匠：日本設計／構造：同左，【PC工事担当】フドウ建研
6階建て，15.3mの大スパン構造を，プレキャストPCで実現させた事務所ビル．スパン梁は，桁梁とスラブを有している．プレキャストの特徴である高精度，高品質を生かして，柱をプレキャストPCコンクリートの素地仕上げとしている．

3 大阪市中央体育館（上）
【所在地】大阪府大阪市，【竣工年】平成8年，【設計】意匠：大阪都市整備局営繕部・日建設計／構造：同左，【PC工事担当】ピー・エス
公園地下に設けられた直径110 mのメインアリーナの屋根をプレキャスト梁・床版・現場打ちコンクリートの合成構造としてドームを形成している．外周のテンションリングには，屋根部分の大荷重を支持するために，2万トンのプレストレスが導入されている．

4 南長野運動公園多目的競技場（下）
【所在地】長野県長野市，【竣工年】平成8年，【設計】意匠：類設計室／構造：同左，【PC工事担当】フドウ建研
冬季オリンピック開閉会式会場として使用された多目的競技場．建物は桜の花をモチーフとして，花びらと萼の複雑な形状をプレキャストコンクリートで表現している．

5　広瀬歴史資料館新築工事（上）
【所在地】愛媛県新居浜市，【竣工年】平成9年，【設計】意匠：石本建築事務所／構造：同左，【PC工事担当】住友建設

屋根が腰折れPCa版で，内面は波形の曲面化粧打放し仕上げとしている．この屋根は，PC（ポストテンション）工法により最大7.5m跳ね出したボイドスラブによって支持されている．PC工法による大胆な跳ね出しの造形とともに，銅，鉄，コンクリート材料を生地に近い状態で仕上げ，虚飾を排する意匠を実現した．

6　宇治市源氏物語ミュージアム（下）
【所在地】京都府宇治市，【竣工年】平成10年，【設計】意匠：日建設計／構造：同左，【PC工事担当】住友建設

屋根にPCaPC造を用い，曲面状の架構とした．PC版のリブは当初より室内にあらわすことを考えて滑らかに流れる形状とした．銅板屋根，漆喰調の外壁とともに，現代の技術を活かした新しい和様の表現をめざした．

7 愛媛県美術館（上）
【所在地】愛媛県松山市，【竣工年】平成10年，【設計】意匠：愛媛県土木部都市局建築住宅課・日建設計／構造：同左，【PC工事担当】ピー・エス
展示室の壁，床，屋根にすべてプレキャスト部材を用い，これらを圧着接合することにより二重殻構造の箱体を形成し，3本の独立柱によって支持された「宙に浮いた展示室」を実現している．

8 松本清張記念館（下）
【所在地】福岡県北九州市，【竣工年】平成10年，【設計】意匠：宮本忠長建築設計事務所／構造：同左，【PC工事担当】富士ピー・エス
24 m×20 m，高さ13 mの大空間をプレキャストワッフルスラブで実現させた建物．平面的にV型に広がったパネルと格子状のパネルで構成されている．部材間，および躯体とのジョイントは圧着接合である．

9　埼玉県立大学（上）
【所在地】埼玉県越谷市，【竣工年】平成11年，【設計】意匠：山本理顕設計工場／構造：織本匠構造設計研究所，構造計画プラスワン，【PC工事担当】フドウ建研
PC部材は，柱と桁梁およびスラブを有するハーフPC梁である．PCを使用することによって，柱・梁断面を小さく抑え，繰り返し性とPCのコンクリートの仕上げを見せることによって，意匠的に表現している．

10　県立ぐんま天文台（下）
【所在地】群馬県高山村，【竣工年】平成11年，【設計】意匠：磯崎新アトリエ／構造：川口衞構造設計事務所，【PC工事担当】フドウ建研
スパン13mの屋根と高さ12mの曲面の壁をスラブ付きT型梁形状のプレキャストPCとした建物．T型梁のパネル幅は約2.1mで，それぞれの接合はピン接合である．仕上げは，PCコンクリート素地仕上げとしている．

11 那覇空港国内線旅客ターミナルビル（上）
【所在地】沖縄県那覇市，【竣工年】平成11年，【設計】意匠：安井建築設計事務所・宮平建築設計事務所／構造：同左，【PC工事担当】ピー・エス

塩害に強い構造であること，基本グリッドが14.4m×12.0mの大スパン構造であることから，PC構造が採用された．1階から5階までの地上躯体部分はプレキャストPC積層工法で，屋根部分はPC圧着工法により組み立てられている．

12 エクステ山下公園（下）
【所在地】神奈川県横浜市，【竣工年】平成12年，【設計】意匠：西武建設／構造：織本匠構造設計研究所，【PC工事担当】オリエンタル建設

RC造高層（24階）マンションの耐震性を向上させるために，垂壁，腰壁状のプレキャストコンクリートブロックを用いて，PC圧着工法により極低降伏点の鋼材製制振ダンパー（制振デバイス）を上下の梁に取り付けた建物．

13 システムプラザ磯子2号館(上)
【所在地】神奈川県横浜市,【竣工年】平成12年,【設計】意匠:鹿島建設/構造:同左,【PC工事担当】ピー・エス
7階建てのコンピューターシステム設置の事務所ビルとしては大空間となる最大スパン12.6 m,桁行7.2 mを純ラーメンのPCaPC構造で構築.免震構造と組み合わせることで,使用材料の高強度特性を活かしながら躯体断面を極力小さくしている.

14 高遠中学校耐震補強工事(下)
【所在地】長野県高遠町,【竣工年】平成12年,【設計】意匠:匠建築事務所/構造:A&A構造研究所,【PC工事担当】オリエンタル建設
耐震補強にPCのブレースを用いた建物.ブレースはプレキャストPC部材とし,上下の梁への接合は,圧着接合としている.ブレースの上端は摩擦制御型圧着接合とし,設計値以上の応力が作用する場合は,ブレースがずれることで水平抵抗力の保持と靭性確保を可能にした耐震補強工法である.

10 第1章 はじめに

15 会津本郷町町営住宅県道沿団地建替工事（上）
【所在地】福島県会津本郷町，【竣工年】平成13年，【設計】意匠：建築研究振興協会／構造：同左，【PC工事担当】会津工建社・オリエンタル建設
国土交通省が推奨しているSI（スケルトン・インフィル）住宅で，国内初のプレキャストPC構造の集合住宅．スケルトン（構造躯体）部分は高品質，高耐久，空間の自由性を特徴としている．

16 京都大学総合人間学部棟耐震補強工事（下）
【所在地】京都府京都市，【竣工年】平成13年，【設計】意匠：京都大学施設部・小笠原設計／構造：同左，【PC工事担当】オリエンタル建設
耐震補強を目的に，既存建物の外側に耐震フレームを増設した建物．増設した外フレームはプレキャストPC造で，耐震性の向上の他，外観のデザインをも同時に再生できる耐震補強工法である．

第2章 PC構造の計画

2.1 PC構造の可能性を探る

　PC構造は，他構造に比べて，より長大に，より軽快に，より自由に建築物を計画できる可能性を秘めている．また，品質の高さも折り紙付きである．
　PC構造は，力学的にみてもきわめて合理的な構造であり，その特性を理解し計画時に配慮すれば，PC構造の秘めた可能性を最大限に引き出すことができる．
　この章では，PC構造とはどのようなものか，PC構造を採用するとどんなメリットがあるのか，PC構造を計画するには何を注意しておけばよいのか，といった概論を展開していきたい．

（1）無理なく大スパンにできる

　スパンを大きくしていくと，耐力を確保するために一般的に梁せいを大きくする必要が生じる．RC造では，たわみやひび割れの問題から，許容スパンには限界がある．一方，PC構造は，引張りに弱いコンクリートにあらかじめ圧縮力を加えておくという合理的な構造なので，梁せいを縮減しつつ，無理なく大スパンを実現することができる．
　大スパンの実現は建築空間への創造性を生みだし，建築計画の可能性は広がっていく．梁せいの縮減には，階高の縮小やコストダウン効果，日影や斜線制限など高さ制限のクリアなど，多くのメリットが付加される．
　各構造の適正スパンと梁せいは，一般的には以下のようになっている．

表2.1 各構造の適正スパンと梁せいの比較

構造種別	RC造	PC造	SRC造	S造
適正スパン L	$L<10$ m	10 m$<L<30$ m	10 m$<L<18$ m	$L<20$ m
梁せい d	$L/12<d<L/10$	$L/18<d<L/15$	$L/15<d<L/13$	$L/15<d<L/13$

　PC造はS造よりもスパンが大きくできて，しかも，梁せいが小さくて済む．S造には軽量という長所があるが，スパンを大きくしすぎると，歩行等による振動障害が発生しやすい．PC造は，S造に比べれば大スパンでも振動障害に対応しやすく，合理的に梁せいを縮減できる可能性がある．
　PC構造なら，研究施設，精密機械工場や集合住宅など，振動を嫌う建築物への適用を検討で

きる．競技場の観客席は振動障害対策が不可欠で，また，庇状に持ち出すことも多いので，PC造を採用していることが多い．

　PC構造の可能スパンを考えた場合，体育館やホールなど長大スパンを持つ建築物に利用されることも数多くあり，そのPC梁のスパンは70〜80mにもなる．このような大規模な建築物では，アーチやシェルなどを組み合わせている場合も多く，PC構造の自由な造形性と力学的優位性を利用して，優美で流麗なデザインを生み出している．

　PC構造は，自己を表現しようとする建築家に新たな機会を与えているともいえるだろう．

 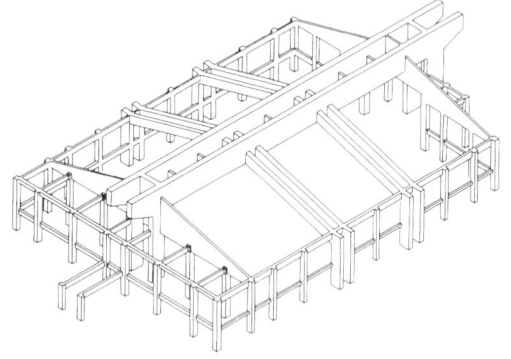

写真2.1　志布志運動公園総合体育館（場所打ちPC造，キール梁スパンは67m）[1]

写真2.2　瀬戸大橋架橋記念館（大梁，小梁はPC造，アーチスパンは46m）[1]

写真2.3　ラ・グランド・アルシェ（高さ90m×幅70mの吹き抜け空間をPC梁の採用で実現）

（2） もうひび割れで悩まない

コンクリートは圧縮力には強いが引張力には弱い．これがひび割れ問題で頭を悩ませる根本的な原因になる．また，コンクリートは硬化・乾燥が進むにつれて収縮するという，ひび割れ発生の要因を抱えている．ひび割れが発生すれば，美観を損ねるだけでなく，雨漏りの原因になったり，耐力低下，剛性低下を引き起こす．建物の耐久性についても，ひび割れに沿った位置のコンクリートのアルカリ分が中性化し，鉄筋が腐食に至るなど，憂慮すべき事態が発生する．建物を利用する人にとっても，ひび割れは，時には心理的不安感を与えることがある．

鉄筋コンクリート構造は，引張力に対し鉄筋で補強する構造で，ひび割れの発生を前提としている．ひび割れを分散させたり，ひび割れ幅を過大なものとしないためには，鉄筋をある程度多く配置し補強しておく必要がある．しかし，それでもひび割れの発生自体を阻止することは不可能である．

一方，PC 構造は，ひび割れの発生を一切認めないという理念のもとに，引張りに弱いコンクリートにあらかじめ圧縮力を加えておく構造である．たとえ，設計荷重以上の過大荷重の作用を受け，万一，ひび割れを生ずることがあっても，この荷重が除去されれば弾性的に変形が元に戻るため，ひび割れは閉じて，建物の耐久性を低下させるといった問題は生じない．

このひび割れを発生させない，また，万一発生したひび割れでも復元できる，といった PC 構造の素晴らしい特性は，あらゆる分野の建物で有効活用されている．化学工場などのひび割れを嫌う建物から，波浪の繰返し荷重を受ける海洋上の構造物，極寒の地で凍結融解作用が心配される建物など，過酷な環境条件に耐えうる能力を持っている．最も過酷な条件での安全性・信頼性が第一義とされる原子力発電所の原子炉格納圧力容器にも，PC 構造が利用されている．

写真 2.4　敦賀発電所 2 号機 PCCV（格納容器の壁体にプレストレスを導入）[2]

写真 2.5　松島港浮桟橋（海洋上での耐久性を PC 造の採用で確保）[2]

建物には維持管理や改修・補修に伴うコストが必要である．雨漏りの原因となるひび割れを補修する費用は予期せぬものであり，トラブルの原因になる．雨漏り以外にも，鉄筋の錆汁やエフロレッセンスで外壁が汚損されたりする．

何らかの補修を行うにしても，ひび割れ発生のメカニズムを解消できるわけではないので，再度，補修が必要となり，しかも，補修方法も美観的に好ましくないものになることが多い．ひび割れ対策は本当に難しい．また，瑕疵をめぐっての対策と労力は軽視できない．

環境条件や使用条件の厳しい建物を計画するにあたっては，ひび割れ発生のトラブルと補修費用・労力の無駄を視野に入れ，高品質な PC 構造の採用に向けて検討することが望ましい．

ひび割れによる雨漏りの心配がなくなれば，仕上げ材で覆い隠す必要もないので，極端な場合では，外部にコンクリート素地が露出していても問題ないことになる．屋根に PC 構造を利用し，軽快で美しいデザインにした建築や，外壁のひび割れ防止に PC 構造を利用したものもある．

競技場の観客席にはプレキャスト PC 段床が利用されることが多い．これは，高強度コンクリートの耐久性，製品精度，工期短縮効果等を狙っているだけでなく，ひび割れが入らないことによる防水性も PC 構造に期待しているからでもある．

サイロや煙突といった構造物から，高架水槽，防火用水槽，貯水タンク，水力発電所の送水管にいたるまで，幅広く利用される PC 構造は，まさに「水も漏らさぬ」構造であるといえるだろう．

写真 2.6 広島広域公園陸上競技場（プレキャスト PC 段床版を活用）[3]

写真 2.7 一宮地方総合卸売市場（プレキャストラーメン構造．屋根にはプレキャスト PC 版を活用）[2]

（3） たわみを制御できる

　一般的に，鉄筋コンクリート構造は，鉄骨造に比べて剛性が高く堅固な印象がある．しかし，ひび割れが発生した場合，その部分の断面は欠損したのも同じとなり，剛性は初期のものから減少してしまう．もちろん，剛性の低下は鉄筋の働きにより最小限に抑えられるが，いったん開いたひび割れは戻ることはなく，結果として床や梁のたわみとして残留することになる．

　コンクリートは硬化・乾燥が進むにつれて収縮し，ひび割れが発生する．また，人為的に設計荷重よりも大きな積載荷重を一時的に加えてしまった場合や，大地震が襲った場合などでも，ひび割れが発生する．RC造やSRC造の断面設計は，ひび割れによる剛性低下をある程度予想しながらの困難な作業になる．

　PC構造の特徴はひび割れの発生を許さないことであり，ひび割れやたわみが一時的に生じても元に戻るという性質を持っている．部材剛性は設計当初のままで変わらず，性能は将来にわたって保証される．

　PC構造を採用すれば，ひび割れやたわみの不安から解放される．鉄筋コンクリート造ではたわみが心配で不可能と思われる長スパンでも，PC構造なら容易に対応できる．PC構造で使用するコンクリートは，通常の鉄筋コンクリート構造で使用するものより高強度，高品質であり，材料そのものの剛性がもともと高いため，より有利な条件で部材を決定できることも設計上のメリットになっている．

　片持梁の長さを例にすれば，鉄筋コンクリート構造では一般的には2～3mが限度といわれている．これは，ひび割れによる即時的なたわみ以外に，コンクリートには力を加え続けるとじわじわと収縮し，たわみが累加していくクリープという問題が存在するために，鉄筋コンクリート構造では片持梁のたわみ増大は避けられないからである．これに対し，PC構造では10mを超える片持構造が珍しくない．PC構造では，このクリープをも含むたわみを解析することによって，コンクリートにあらかじめ加える圧縮力を調整し，たわみ問題を克服することが可能である．

写真2.8 京都競馬場スタンド（場所打ちのPC梁で17mの片持構造を実現）[2]

　なお，鉄骨構造もPC構造と同様に弾性的挙動を示し，スパンを比較的大きくできる構造である．しかし，床等を軽量化し，鉄骨断面を小さくして経済的な側面を追求すると，たわみや振動障害が発生しやすく，RC造やPC造と同じ性能を確保しようとするのは容易ではない．住宅など振動障害を嫌う建物では，長スパンの鉄骨構造は敬遠されているのが実状である．

　たわみやひび割れの問題を克服するために，PC構造と鉄筋コンクリート構造の中間の力学性状を示し，分類上も中間に位置する，PRC構造という構造がある．鉄筋コンクリート構造では，

スパンが少し大きくなるとたわみの障害が心配になるが，PRC構造では，PC構造と同様にコンクリートにあらかじめ少しの圧縮力を加えておくことで，たわみとひび割れ幅を制御できる．

　もちろん，鉄筋コンクリート構造の延長であるので，ある程度のひび割れ発生は許容しており，PC構造のような長大スパンを望むことはできない．しかし，材料，施工計画ともに鉄筋コンクリート構造と同様に計画することが可能であり，手軽である．スパンの大きな一部の大梁だけにPRC構造を採用することや，スラブや小梁といった二次的な構造要素に用いることも広く行われている．

　荷重が大きい倉庫などで，無梁版構造にして空間を有効利用する場合，少しプレストレスを導入してPRC構造にしておけば，たわみの心配から解放される．

　マンションの設計では，一住戸を一枚の大きなスラブとすれば室内に小梁が出ないのでフラットでフレキシブルな空間を形成することができる．スラブのスパンが大きくなり，たわみが心配になるので，PRC構造を採用してたわみを制御することができる．この方法では，鉄筋コンクリート構造の弱点を補強することに加えて，コストダウンや省力化などの効果も見込んだ構造計画が実現できる．

　長スパンの平面計画が必要でたわみ障害が心配になるならば，PC構造やPRC構造の採用を検討することが問題解決の早道といえる．

写真2.9　マンションのPRCスラブ（小梁を省略）

写真2.10　フラットスラブ構造（無梁版構造）

（4） 大きな荷重にも対応できる

屋上に盛土をして植栽を施したい，しかも，スパンはできる限り大きくしたい，といった要望に応えるには，PC構造の採用が有力で，不可能とも思えることが実現できる可能性がある．

大スパンが不可欠な建物で，屋上に多数の設備機械を載せたり，庭園やプールなどに利用するなど，大きな荷重が加わる構造物では，耐力の確保と過大なたわみの防止が先決となり，他の構造で計画するのはきわめて難しい．梁断面が極端に大きくなってしまって，階高に影響したり，コスト増大を招いたりする．

鉄骨造など他の構造では，荷重の増加が梁断面や構造コストに敏感に影響するのに対し，PC造ではそれほどでもない．これは，PC構造の荷重に対するキャパシティーがもともと大きいことが最大の理由である．

PC構造は，高強度コンクリートと高強度のPC鋼材を組み合わせた構造であり，材料強度が高いため耐力も高めることができる．PC梁の耐力を上昇させるためには，PC鋼材量を増やすだけでよいことが多い．コンクリート断面を必要以上に大きくすると自重による負荷が増え，さらに耐力アップが必要になる．また，コストアップも避けられない．

PC構造は，引張側コンクリートにひび割れが生じないため，大きな荷重が加わったときでも全断面が有効に働き，耐力および剛性の低下がないぶん無駄のない合理的な構造設計が可能である．

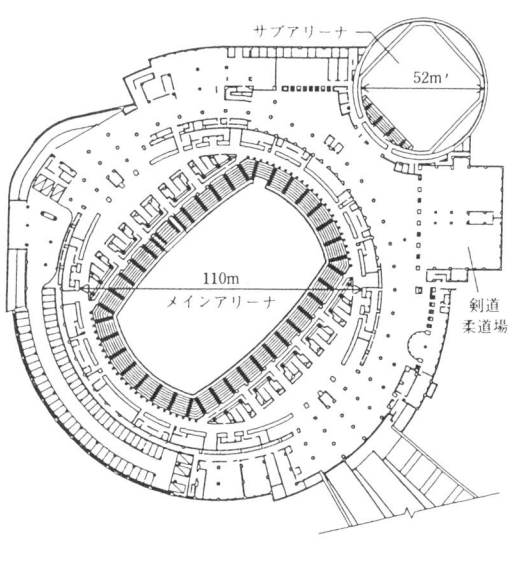

写真 2.11 大阪市中央体育館（スパン110 m の PC シェルドーム，屋上に盛土と植栽）[3]

一般に，PC構造は，設計荷重の1.7倍程度の過荷重に対して壊れないように性能保証する終局強度設計が行われており，安全性はきわめて高い．仮定荷重よりも大きな荷重を加えてしまった場合には，一時的にひび割れは発生するものの，荷重を取り去れば，その復元性により再び元

通りに戻るので，残留たわみが問題になることはない．このように，過荷重時の安全性や力学性状まで考慮すれば，PC構造の安全性はさらに優位にある．

積載荷重の大きな倉庫や駐車場，人工地盤は，PC構造を用いて数多く施工されており，その合理性が存分に発揮されている．特に，人工地盤のように，スパンや階高が大きく設計荷重も大きい建物は，他構造の追随を許さず，PC構造の採用が構造計画のカギになってくる．

写真2.12 国際展示場，西展示場（場所打ちPC大梁，158梁で大空間を実現）[3]

この大きな荷重に耐えるという性能は，別の見方をすれば，荷重環境の変化に柔軟に対応できるということである．将来の用途変更や改修による荷重の増加を想定して，耐力に余裕を見込むなど若干の配慮をしておけば，わずかのコストアップで将来の構造補強が不要になる．重量物の配置や積載荷重が不確定な場合でも，比較的容易に対応することができる．初期に建設されたボウリング場建屋では，大スパン架構と荷重の余裕度が顧客要求に合致して，スーパーマーケットやショールームに改修・再利用された例が多い．

PC構造は，鉛直荷重だけでなく，水平荷重に対しても同様に，1.5倍した地震荷重に対して壊れないことを保証する終局強度設計が行われている．他構造に比べ地震に抵抗する力が大きいだけでなく，変形が元に戻る弾性的な力学的特性は，地震後の補修が軽微になるという点で優れている．

耐震性能に優れていることは，多くの地震を経てすでに実証されており，阪神・淡路大震災でもPC構造にはほとんど被害が生じなかった．PC構造を採用すれば，大地震を含めた過荷重という将来のリスクを回避し，安全性の高い建築物とすることができる．

(5) 品質に優れ耐久性がある

PC構造には，通常のRC造で用いる場合の1.5倍から3倍の強度を持つ高強度コンクリートを用いる．PC鋼材も通常用いる鉄筋の3～5倍の強度を持つ高強度なものを使用する．

コンクリートの強度をアップさせるには，一般にコンクリートに含まれるセメントの量を増やし，練混ぜに用いる水の量を減らす必要がある．単位水量が少なくなると，一般に施工性は悪くなるが，より密実で耐久性のある品質の優れたコンクリートに仕上がる．最近では，コンクリートに投入する混和剤の性能がアップし，施工性を犠牲にしないで容易に高強度コンクリートが得られるようになってきた．

PC構造のコンクリートにはプレストレスを導入するので，コンクリートの打ち上がり状況が構造体の強度を直接決定するといってよい．豆板があってはいけないし，プレストレス導入時に所定強度を発現できるよう養生や強度管理を徹底しなければならない．

なにより，プレストレス導入という行為は，構造体に大きな荷重を直接加える試練であり，同時に構造体の強度を直接確認する行為である．施工者にとっては，失敗が許されないという重圧の中，綿密な計画のもとに慎重な施工が要求されるのはいうまでもない．もちろん，手抜きは不可能である．

このようにして施工されたコンクリートおよび構造体の品質は，一般のRC造のものより手間のかかった高級なもので，施工者にとっても自信が持てるものといってよい．

高強度コンクリートは，通常のコンクリートに比べ，透気性が小さく密実で，しかも，ひび割れの発生が少ない．コンクリートは空気中に含まれる炭酸ガスにより徐々にアルカリ分を失っていく中性化という現象があるが，この中性化の速度も遅くなる．

鉄筋はコンクリートのアルカリ分により錆の発生が抑えられているので，ひび割れが発生して鉄筋が露出したり，そうでなくてもコンクリートの中性化が内部鉄筋位置まで進展すれば，鉄筋は錆び，建物の寿命は損なわれる．

塩害が深刻な海沿いの建築物や波浪の荷重など環境条件の過酷な海洋構造物では，PC構造の高い耐久性能が特に発揮される．鉄骨造では錆の問題がつきまとい，また，RC造でも鉄筋の腐食の心配がある．一方，PC構造の建築物には高品質のコンクリートが提供され，プレストレス導入によりひび割れの発生が抑えられ，錆の心配から開放される．構造体の劣化がきわめて少ない半永久的な建築物を実現できる．

コンクリートでは，高強度＝高耐久という図式が成立し，大規模補修期間として100年という長期間を想定すれば，一般コンクリートの約1.5倍の高強度コンクリートが必要になる．PC構造で用いられる高強度コンクリート（最低でも$30\,\mathrm{N/mm^2}$以上）は，まさしく，この100年以上の長期保証できるもので，PC構造を選択したときにはすでに100年建築を達成しているといえる（表2.2参照）．

PC構造では耐震性能が高く，大きな荷重に対応でき，耐久性も高い．しかも，高復元性により，残留変形が生じにくく修復性に優れている．建物の寿命を延ばすために行う定期的なメンテナンスや改修，補修を，大幅に減らすことができる．

PC建築は，改修，補修にかかるランニングコストが少なくてすみ，この点で他構造より優れている．PC造のイニシャルコストは，高性能であるがゆえに，鉄骨造等に比べ若干割高になる

ことが多い.しかし,建築に必要なコストを,イニシャルコストだけでなくランニングコストも含めたトータルのライフサイクルコストという観点で評価すれば,他構造と比べて決して高くないことが実感できる.ライフサイクルコストでは,PC造の建物はRC造の建物の半額以下で建設できるというデータもある.

自然環境等が厳しく建て替えが不可能な建物では,PC構造を採用することで,100年,200年先を見据えた歴史に残るような永久構造物とすることが望ましい.

表2.2　コンクリートの耐久設計基準強度

	計画供用期間	耐久設計基準強度
一　般	大規模補修不要予定期間としておよそ30年 供用限界期間としておよそ65年	18 N/mm²
標　準	大規模補修不要予定期間としておよそ65年 供用限界期間としておよそ100年	24 N/mm²
長　期	大規模補修不要予定期間としておよそ100年	30 N/mm²

大規模補修不要期間:大規模な補修なしで鉄筋腐食やコンクリートの重大な劣化が生じない期間
供用限界期間:継続使用のためには構造体の大規模な補修が必要となる期間

写真2.13　那覇空港新旅客ターミナルビル(梁および床版をプレキャストPC部材とし高耐久化,塩害対策)[4]

（6） 資源節約型で環境にやさしい

私たちは，経済効率を優先させるあまり，地球環境に多大なダメージを与え続けてきた．その中でも，建設業が環境問題に与える影響は大きく，建設に関係する CO_2 排出量は全産業の約 1/3 に達するとの試算がある．

また，鉄筋コンクリート造の建物は 60 年以上の耐久性があるといわれているにもかかわらず，日本の建築物では約 30 年ほどで解体され更新されている事実がある．欧州では，古いものが調和した重厚な街並が形成されており，既存建物をその時代に合ったスタイルにお金をかけて改修していくといった文化が育まれている．日本の都会の街並が雑多で軽く，調和や歴史が感じられないのは，建物の更新が早すぎるのにも一因があるのではないだろうか．

建設工事は，スクラップアンドビルドという考えのもとに，建築用資材を大量に消費し，廃棄物を多量に発生させてきた．型枠材供給のために，CO_2 を消費してくれる熱帯雨林を伐採するという環境破壊を繰り返してきたため，日本の建設業界は世界各国から批判を浴びている．

日本の建設市場は米国と同程度であるが，維持補修費は半分以下というデータが示すように，まだ使えるものを壊して新築するといった無駄な行為を数多く行っている．建物寿命を 35 年から 100 年に延ばせば，ライフサイクル CO_2 は 10%程度減ずることができる．

このあたりで，地球環境保護を方針だけでなく実際に機能させ，積極的な取り組み姿勢を世界に広くアピールしていかねばならない．また，将来の変化を見据え，改修して永く使える建物を設計していく必要がある．

これからの建設工事に携わる人に課せられた課題は，無駄をなくし，環境破壊を最小限に抑えることである．設計者にとっても，基本設計の段階から，環境に十分配慮した設計をすることは避けて通れない．

表 2.3 建設市場の比較

	建設市場（兆円）	対 GDP 比（%）	維持補修費（兆円）
日　本	95	18.8	11.8
EU（15 か国）	105	10.7	35.9
米　国	87	10.5	25.3

・日本の建設市場は欧米と同程度である．
・日本では GDP に占める建設投資の比率が大きい．
・日本の維持補修費はきわめて少ない．

PC 構造は資源節約型の構造である．プレストレスにより全断面が有効に働くため，無駄がなく，鉄筋コンクリート構造よりも断面が小さくできる．加えて，コンクリート，鋼材ともに高強度のものを使用するため，使用材料も少なくできる．梁断面が小さくなれば，有効空間が拡大し，さらに仕様材料は少なくて済む．PC 構造の仕組みを知ってうまく利用すれば，省資源化の効果は大きい．

PC 構造は，品質に優れ耐久性があるため，補修がほとんど不要で改修にも対応しやすいため，建物寿命は必然的に長くできる．資源を有効に無駄なく利用し，維持補修にエネルギーを費やさない構造と建設システムが，地球環境にとって望ましいことは明らかである．CO_2 を吸収する南洋材を伐採してベニヤ板に加工し，用が済めば他の廃棄物とともに焼却して CO_2 を発生させるという，これまでの使い捨てサイクルはもはや理解されない．

最近の建設工事では，労務事情の悪化や省力化にも配慮して，型枠を合理化したり，できる限

りプレキャスト化するなど，現場での型枠使用量を削減していくことが必要不可欠となってきている．PC構造は，プレキャスト化しやすい構造であるので，工場で作って現場で組み立て，環境破壊を最小限に抑え，しかもコストダウンを図ることができる．

プレキャスト部材は，工場という効率化された環境のもとで，鋼製型枠を繰り返し用いて製作されるため，産業廃棄物の発生を最小限にすることができる．また，工期が短縮され，現場での作業も格段に少なくなるので，近隣環境に与える影響も格段に小さくなる．

建築主だけでなく社会にも広く愛され，かつ，貢献していくには，建設時の環境に対する設計コンセプトも重要で，建物が環境保護の面からも評価される時代に入ったといえる．

写真2.14 横浜流通センター（柱，梁，床版にプレキャストPC部材，延べ床面積32万m^2）[3]

（7） 工期短縮，省力化が図れる

日本の産業構造が変化するとともに，建設産業に従事する熟練労働者の数は減少し，また，高齢化している．今後もさらに高齢化は進展し，熟練労働者の不足から生じる種々の問題はより深刻になっていくと考えられる．

従前の建築システムを変更し，省力化・合理化された工法を積極的に採用していくことは，設計者に課せられた新たな命題である．規模の大きな建物では，省力化工法の採用が建物をスムーズに施工させる上での必要不可欠な条件であり，初期の段階で入念な構造計画および施工計画を行う必要がある．

PC構造はプレキャスト化に適した構造である．プレストレスによる圧着接合を用いて，部材同士を完全に一体化できることから，柱や梁を適当な大きさに部品化しておき，現地で組み立てる方法が採用されている．プレキャストPC部材の圧着接合は，部材を摩擦力で接合するという単純明快な機構であり，管理も容易で信頼性も高い．柱・梁の部材接合部は応力的にも最も厳しい場所なので，力学的にも施工的にも簡単な仕組みが望ましい．

複雑な接合鉄筋や現場打設コンクリートによるウェットジョイントに頼らざるを得ない RC 造のプレキャスト工法に比べて，PC 造のプレキャスト工法はあらゆる点で優位にある．

省力化工法の一つとして，柱・梁だけでなく，床や屋根，外装材など二次部材についても PC 構造のプレキャスト製品が数多く開発されている．これらの商品は，プレキャスト PC 造の柱・梁と自由に組み合わせられるので，大幅な工期短縮を図ることができる．プレキャスト PC 製品は，PC 構造の特性を利用してスパンを大きくできるため，小梁などの部材数を他の構造よりも少なくできる．

写真 2.15 深谷ショッピングセンター（柱，梁，チャンネル床版によるプレキャスト PC 組立工法）[1]

写真 2.16 谷津パークタウン参番街立体駐車場（柱，梁をプレキャスト PC 造，床はハーフ PC スラブ）[1]

プレキャスト部材を生産する工場では，同一形状の部材を繰り返し生産するため，システム化，機械化による合理化が図られており，量産が可能である．もちろん，現場での作業と違い，最適な作業環境に整備されているため，品質にばらつきが少なく，形状寸法の精度に優れた高品質の部材を生産できる．複雑な形状のプレキャスト製品も工場生産なら精度確保が可能になる．

コンクリートは，必要な強度を発現するのに一般的には約 4 週間が必要であり，それも現場の気象条件に左右される．一方，プレキャスト部材は工場で蒸気養生を行うため，わずか 1 日での強度発現が可能で，工期短縮が可能である．また，プレキャスト製品は製品検査に合格してから出荷されるため，品質管理は万全であり，気象条件等により施工不良となるリスクを回避できる．

プレキャスト PC 造の工期は，施工計画にもよるが，鉄骨造とほぼ同じ，RC 造の約半分で収まる．工程管理や施工管理も容易である．工期を短縮し，早期に建物を使用できれば，より早く営業収益を上げて建設投資を回収できるため，建築主にとってのコストメリットは大きい．営業を続けながらの改修工事など，工期短縮が絶対条件となる場合もある．たとえば，冬期に現場打ちで施工をする場合には，養生条件が厳しく大幅なコストアップは避けられない．品質確保についても相当のリスクが生じる．こういった場合には，プレキャスト PC 構造を選択して，超短工期で冬期前に躯体施工を完了してしまうことが得策である．

プレキャスト PC 構造は，現場作業の省力化による熟練工の大幅な削減，工期短縮による経済

性が発揮できる．支保工は不要となるので，場所打ちの場合と違い，現場環境は整然とし作業性および安全性は飛躍的に向上する．足場等の仮設も簡略化できるので，工期短縮による人件費の削減だけでなく，仮設材や事務所等のリース料など，建物以外にかかる仮設費用も削減できるというメリットがある．なお，プレキャストPC構造の設計に際しては，工場生産というメリットを生かして，部材数の削減，断面の統一など，シンプル化することがコストダウンのカギである．

プレキャストPC造は，労務環境を改善し，省力化を推進できるだけでなく，産業廃棄物の発生を抑制できる環境にやさしい工法であり，今後も建築構造をリードしていくであろう．

写真 2.17 エムズゴルフクラブ（北海道，柱，梁，床をプレキャストPC化し，超短工期を克服）[3]

（8） フレキシブルな空間を創造できる

建築物は，使用する側の要求を満足できなければ機能的な価値を失う．社会的な要求や生活様式は時代とともに変化し，設備機械の更新や間仕切り変更から，荷重条件の変更まで，種々の改修要求が生じてくる．オーナーや建物用途も最後まで同じとは限らない．

30年，50年先の社会情勢，経済情勢がどのようになっているかは予測が難しい．建物に対する価値観は時代に応じて大きく変わり，使用形態も変更される．改修・補強で対応できなくなるたびに，解体・新築していたのでは，建設工事が経済活動の一環だとしても，社会から批判を浴びるのは仕方がない．床面積が増えるなど，新築のメリットがない場合には，解体・新築のサイクルは環境破壊以外のなにものでもない．

PC構造は，無理なく大スパンにできるため，将来の間仕切り変更等の設計変更に対応しやすい．柱配置をRC造の場合の一つおきに減らすなど平面計画をすっきりできる．また，柱が少ない分，有効スペースが広がり建物の使い勝手は良くなる．階高も高くしておけば，天井高さをアップしたり，設備の改修がやりやすくなる．

PC構造の採用で，設計の自由度も広がり，それまで発想できなかったプランが現実味を帯びてくる．構造計画もシンプルなものになるので，耐力機構をしっかり把握でき，性能を満足しつつ無駄のない合理的かつ安全性の高い構造設計が可能になる．

工場では将来の製造ライン変更に対応した柱配置が最重要であるし，重量物の配置変更や用途変更も行われる可能性が高い．研究所や事務所でも改修を事前に考慮した設計を行っておかなければならない．他の用途でも，できれば中間の柱を省略して大スパンにしたいという潜在的な要求は多い．小梁を省略し，PRC床構造としたマンションでは，自由な間取りが確保され，将来の世代交替にあわせた間仕切り変更が可能となっている．

PC構造は，耐久性，耐震性に優れているので，階高に少し余裕を持たせるなど，設計当初に多少の配慮をしておけば，各世代，各時代を越えて要求を満足できる．

フレキシブルな空間を創造するという設計思想は，建物の将来性という付加価値を生み出していることである．設計者は，PC構造の優位性をアピールし，施主の潜在的要求を掘り起こし，その実現に向けて知恵を絞っていく必要がある．

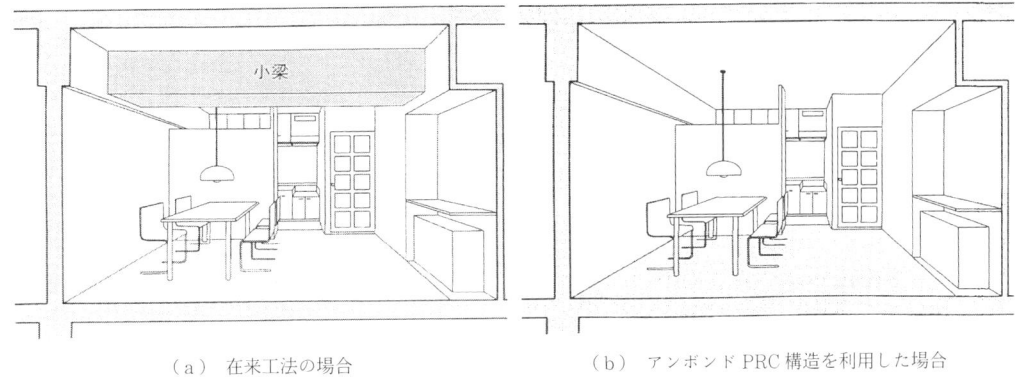

　　　（a）在来工法の場合　　　　　　　　　（b）アンボンドPRC構造を利用した場合

図2.1　在来工法とアンボンドPRC構造の比較

(9) 素材の意匠性が利用できる

PC構造は耐久性に関してきわめて優れている．これは，高強度かつ密実なコンクリートに圧縮を加え，ひび割れが発生しないようにしてあるためであり，コンクリートの中性化，鉄筋の錆をガードしている．ひび割れが発生しないということは，防水性能を保証しているということでもある．

柱，梁，屋根や床などのPC部材を，コンクリート素材のまま用いても，ひび割れや雨漏りを心配する必要はない．複雑な形状にも対応できるので，コンクリート打ち放しなど，コンクリート素材の意匠性を利用した建物にもPC構造は広く使われている．

プレキャストPC部材をシステム的に活用するのも一手法で，建物のデザインもシステム化した独特のものができる．個々の部材のデザインを幾何学的に組み合わせ，素材の質感を表現することが行われる．この場合，建物の美しさだけでなく，省力化，工期短縮，コストダウンにも配慮できる．

写真2.18　埼玉県立大学（プレキャストPC打ち放し仕上げ，柱230×630，梁せい400を実現）[1]

写真 2.19 千葉県立中央図書館（プレキャスト PC 十字形ユニットを結合し床を形成，格子梁のユニットはあらわし）[2]

写真 2.20 シドニーのオペラハウス（プレキャスト PC リブアーチによる球面シェル．PC構造は各ユニットの緊結だけでなく仮設用としても有効に用いられている

　鉄骨造の駐車場や倉庫では，耐火被覆の剥落が建物の維持管理上の問題になる．また，デッキプレートの発錆やスラブひび割れなど，耐久性の問題も避けて通れない．積載荷重が大きいのでブレースが必要になるなど，建物外観・内観のデザインに制約が多くなる．

　このような建物では，PC 構造の採用がヒントになる．大スパンで大荷重という構造材の機能が優先されるなかで，外観も軽快なデザインにまとめていくことが可能である．内観についても，素材の意匠性を利用して，直天井や打ち放しなど仕上げを機能的かつ合理的に活用していくことができる．PC 構造のプレキャスト PC 既製品にはリブ付きの床版など様々な部品があるので，これを活用してシステム的に組み立てていくのが簡便で効果的である．

　PC 構造の優れた力学特性を理解して有効に活用すれば，他の構造では実現不可能な奇抜なデザインをそのまま具体化できる可能性を秘めている．きわめて薄い板状の部材や大規模な片持構造，シェル構造，折板構造など，構造材をそのままデザインに利用することができる．また，PC 構造の耐久性は，海辺に建つといった環境条件の厳しい場合でも，外装メンテナンスの難問を解決してくれる．

　シドニーのオペラハウスは，PC 構造が採用された代表的な建築物で，独特の優美な造形が評価される名建築である．劇場部分は球面シェル構造になっており，分割されたプレキャスト PC

部材のリブにプレストレスを導入し一体化されている．コンコースにも PC 構造が採用されており，スパン 49 m と 41 m を梁せい 137 cm と 114 cm の折板構造の PC 梁で支持している．コンペ実施から竣工まで 17 年という歳月を要したが，施工方法も含めて数多くのアイデアがつまった設計であり，PC 構造の技術が結集されている．ポート・ジャクソン湾に突き出て建つという環境条件との調和，劇場の機能性，耐久性など，総合的な見地から，PC 構造の採用は当然の選択であったといえる．今後，このような歴史に残る有名な PC 構造の建築物が数多く出現することを期待したい．

(10) 特殊な構造，ハイブリッド構造も可能

　PC 構造は，シェル構造，吊り構造やドームなど特殊な構造にも威力を発揮し，歴史に残る名建築を数多く実現してきた．建物を設計する際には，一般に，多様で困難な条件が複雑に関係しており，設計者の頭を悩ませることになるが，PC 構造はこれを解決に導いてくれる．鉄骨造では容易でない複雑な形状でも，PC 構造では，より軽快，シンプルにまとめることができる．施工面でも，プレキャスト部材を現場で圧着して一体化するといった工法も選択できる．

　PC 構造を設計コンセプトの中心に据えれば，高品質，高性能が保証される．コンクリートという素材を用いて機能性と力学の合理性を同時に追求できるので，造形を自由に操作し，特殊な建物形状を実現させることも夢ではない．多くの人にアピールできる建築計画が可能になる．もちろん，構造設計者にとって綿密な構造計画と緊密な連絡・調整が必要になるが，満足できる結果が導き出されるに違いない．

　特殊形状，特殊構造では，建物の耐久性能をアップさせ，建物のメンテナンスを軽減させる必要が生じてくるが，高耐久性を誇る PC 構造はこの問題も解決してくれるだろう．

　他の構造と組み合わせて PC 構造の性能を存分に発揮させることもできる．たとえば，免震構造は PC 構造と相性が良い構造システムである．積層ゴムを用いた免震構造では，積層ゴムに加わる荷重を高めて免震効果を高め，かつ，スパンを広げて，地震時変動軸力で引抜力が発生しないような構造計画を行うことが必要になる．また，免震構造には，上部構造の剛性確保が重要課題であり，剛性の小さい鉄骨造では目標の性能が発揮されないことがある．スパンを大きくした上で，重量や剛性を確保するためには，上部構造を PC 構造とするのが合理的であり，免震性能を無理なく発揮できる．もちろん，積層ゴムの個数を少なくし，明快で合理的な構造計画を行うとともに，コストダウンをはかる意味も大きい．

　また，免震構造を採用して建物の耐震性能を確保する場合，上部構造についても高い耐震性能と弾性的な復元力特性，高耐久性が必要となるのは自明であり，この点でも上部構造に PC 構造を採用することが理にかなっている．PC 構造の高い耐震性，耐久性と免震装置の組合せを採用すれば，恒久的な建築物が完成することになる．

　高強度の PC 鋼材を用いてプレストレスを導入し，構造体の弱点を克服するという合理的な原理は，PC 構造以外にも各方面で広く利用されている．たとえば，大スパンの屋根に，鉄骨と PC 鋼材を組み合わせたケーブルトラス構造が用いられることがある．ケーブルトラスは，引張側の弦材がケーブルのみという，非常に軽快な外観をしているが，PC ケーブルに初期張力を導入しておき，風圧時の逆向き荷重でも，弦材が必ず引張りとなるような機構を用いているのがミソである．膜やガラスと組み合わせてさらに透明感の高い建築をめざすことができる．

　既存建物の耐震補強や改修にも PC 構造の原理が応用されることがある．構造部材の外側にPC 鋼材を配置しプレストレスを導入することで，簡単に耐荷重をアップさせたり，たわみを制御したりすることができる利点がある．

異種構造材の接合部は弱点になりやすいが，プレキャスト PC 構造と同様に，PC 鋼材を用いて両者を圧着する方法がよく用いられる．特に，鉄骨柱脚と基礎については，PC 鋼材にプレストレスを導入して緊結すれば，応力伝達は確実になり，信頼性も高い．

　このように，PC 構造は構造の一つのジャンルにとどまらず，特殊な構造やハイブリッド構造にまで展開が可能な奥行きの深い構造で，設計者のひらめきと工夫があれば大きな可能性を提供してくれる．著名な建築に PC 構造がしばしば登場するのは，その合理性と高い信頼性のためだけでなく，設計者の建築にかける意気込みとエネルギーを表現することができるからに違いない．こういった設計者の努力がある限り，さらに PC 構造は発展し続け，今後も建築界をリードしていくであろう．

写真 2.21　愛媛県美術館（プレキャスト PC 版の圧着組立工法を採用．強固な箱構造を形成）[4]

写真 2.22　大阪プール（柱，梁，段梁，段床版にプレキャスト PC．二重ケーブルネット膜と PC フレームの複合構造）[3]

参考文献

1) PC 建設業協会，プレストレストコンクリート建築マニュアル，1989 年版
2) PC 技術協会，プレストレストコンクリート，Vol. 35, No. 6, 1993
3) PC 技術協会，プレストレストコンクリート，1997 年版　建築
4) PC 技術協会，プレストレストコンクリート，Vol. 41, No. 4, 1999

第3章 PC構造に使用する材料

3.1 コンクリート

3.1.1 コンクリート用材料

(1) セメント

一般にプレストレストコンクリートにおいて使用されるセメントは普通および早強ポルトランドセメントである．セメント全体の使用量の中では普通ポルトランドセメントが圧倒的に多い．早強ポルトランドセメントは早期に高い強度（3日で普通ポルトランドセメントの7日に相当）が得られることから，型枠の回転効率を良くする必要のある工場製品や，工期短縮を要する工事，あるいはプレストレスを早期に導入する必要がある場合等に使用される．

高強度コンクリートにおいては，強度発現の促進や水和反応に伴う温度上昇の抑制のために高炉セメントやシリカセメント，フライアッシュセメント等の混合セメントが使用される場合がある．それらについてはJASS5に準拠して使用するとよい．

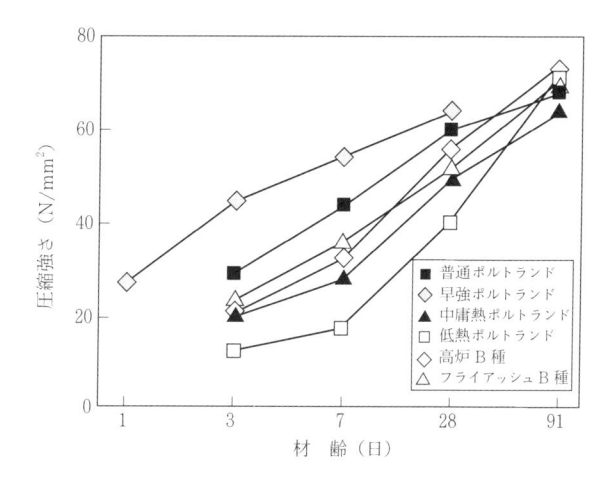

図3.1.1 各種セメントの圧縮強さ[1]

(2) 骨材

骨材はコンクリートの体積の約7割を占め，その品質がコンクリートの諸性質に及ぼす影響が大きい．プレストレストコンクリート造で要求される高品質，高強度のコンクリートを得るには十分な材料の吟味が必要となる．

材料の選定にあたって留意すべき点として以下の項目があげられる．
- 堅硬かつ物理的・化学的に安定している
- 耐火性を有する

- 適度な粒度・粒形を有する
- 有害量の不純物・塩分等を含まない

特に細骨材に含まれる塩化物量については，PC鋼材が腐食環境に敏感なことから，鋼材が直接コンクリートと接するプレテンション部材や，ポストテンション部材のグラウト用モルタルに用いる細骨材ではその含有量を厳しく規制しておく必要がある．JASS 5 ではその値を 0.02% 以下としている．

また設計基準強度が $60 N/mm^2$ を超えるような高強度コンクリートにおいては，使用する骨材の選定作業がきわめて重要となる．骨材の品質がコンクリートの強度，ヤング係数等に及ぼす影響が非常に大きいことがわかっており，選定にあたっては，実績データや実験データ等を十分吟味して材料特性を的確に把握した上で慎重に対処することが望ましい．

人工軽量骨材は骨材の種類によって吸水量やその他の性質が異なり，コンクリートの乾燥収縮やクリープおよび強度特性などを左右するので，使用に際しては十分な注意が必要である．

(3) 水

JASS 5 では高強度コンクリートに使用する水として回収水は原則として使用しないものとしている．

高く安定した品質が要求される高強度コンクリートでは，中に含まれる成分のコンクリートに及ぼす影響が十分に解明されていない段階では回収水の使用は控えたほうが望ましいが，将来的には資源の有効利用の観点から回収水の利用も大いに考慮されるべきものとなろう．

(4) 混和材料

混和材料はコンクリートの品質を改善したり，施工性を改善するために用いられる．最近は特にコンクリートの高強度化，高耐久化，あるいは施工方法の多様化に伴い種々の混和材料が用いられるようになってきている．

プレストレストコンクリート造においても，高品質，高強度が要求されるコンクリートや，早期強度が必要な目地材料，流動性等様々な性能が要求されるグラウトに標準的に使用されている．

プレストレストコンクリート造で混和材料を使用するにあたって特に留意しなければならない点は，PC鋼材の腐食と，PC鋼材あるいはシースと，グラウトあるいはコンクリートとの付着性能の低下である．

PC鋼材は黒皮等の保護膜がなく，かつ常に高い引張応力が作用した状態にあるため，鋼材表面の腐食環境に対してきわめて敏感である．したがって塩化カルシウムの成分を含む混和材料の使用は厳禁である．

プレストレストコンクリート造に用いられている混和材料としては主に以下のものがある．

a) 混和剤

化学混和剤は，JIS A 6204 に適合するもののうち塩化物イオン（Cl^-）量が $0.02 kg/m^3$ 以下のものとする．

1) AE剤——JIS A 6204 による．独立した微細な空気泡を連行することにより，コンクリートのワーカビリティーや耐凍害性を改善する．ただし圧縮強度は空気量にほぼ反比例して低下するので，高強度コンクリートにおいては注意が必要である．

2) 減水剤，AE減水剤——JIS A 6204 による．セメント粒子に対する分散作用により強度の増大あるいはワーカビリティーを改善する．AE減水剤は空気連行作用を併せ持った減水剤である．所要のコンシステンシーを得るための単位水量は，プレーンコンクリートに比し，一般に減水剤では 4〜6%，AE減水剤では 10〜13% 程度減少させることができる．

3) 高性能減水剤——JIS A 6204 にその品質規準は定義されていないが，静電気的な反発力が大きく凝集したセメント粒子を分散させることにより，高い減水性を得ることができる．また使用量を増加しても過剰な空気連行性や異常な凝結遅延性がないため，単位水量を大幅に減少することができ，その結果コンクリートの高強度化を比較的容易に達成できる．なおスランプの経時低下が大きいので注意を要する．

4) 高性能 AE 減水剤——JIS A 6204 による．高い減水性能と優れたスランプ保持機能を持った混和剤で，スランプ低下することなく，コンクリートの高強度化を可能とする．

5) 流動化剤——流動化剤の品質は，JASS 5 T-402（コンクリート用流動化剤品質規準）による．ベースコンクリートに流動化剤を添加して流動化コンクリートとする．流動化剤には標準形とスランプロスを低減させる遅延形がある．

b) 混和材

1) フライアッシュ——JIS A 6201 による．ポゾラン反応（フライアッシュの中の二酸化ケイ素（SiO_2）がセメントの水和反応生成物である水酸化カルシウム（$Ca(OH)_2$）と化合）を利用して，コンクリートの長期強度の確保，あるいはセメントの一部を代替することによって水和熱の抑制等が可能である．

2) シリカフューム——設計基準強度が 60 N/mm^2 を超える低水セメント比のコンクリートに対し高性能 AE 減水剤との併用により，流動性を改善し，かつ材料分離を防止することができる．

3) 高炉スラグ微粉末——JIS A 6206 による．高炉スラグ微粉末は急冷スラグを微粉砕したもので，高流動コンクリートや高強度コンクリート用等の混和材として使用される．省資源の観点からセメントの置換材として利用したり，コンクリートの流動性の改善や長期強度発現を目的として使用される．

3.1.2 コンクリート強度

(1) コンクリート強度の下限

プレストレストコンクリートに用いられるコンクリートの設計基準強度は，プレストレスの導入方式により下記の適用制限がある．またポストテンション方式の中でも，部材の設計種別によって設計基準強度の下限値が定められている．

表 3.1.1 コンクリート設計基準強度の下限値

プレストレス方式	設計種別	設計基準強度下限値 [N/mm^2]
プレテンション		35
ポストテンション	FPC	30
	PPC	30
	PRC	21

*FPC：フルプレストレストコンクリート
PPC：パーシャルプレストレストコンクリート
PRC：プレストレスト鉄筋コンクリート

プレストレストコンクリートは，コンクリート断面に PC 鋼材によって高いレベルのプレストレスが導入されたものであり，その利点を十分に発揮させるためには高強度のコンクリートを必

要とする．特にプレテンション方式においてはPC鋼材の定着を鋼材とコンクリートとの間の付着によって行っているため十分な付着強度が必要である．PRCにおいては一般にはFPCやPPCよりも低いレベルのプレストレスが導入される．したがって必ずしも設計基準強度を30 N/mm² 以上とする必要はないが，通常コンクリートは低強度となるほど単位水量は増大し，クリープ，乾燥収縮が大きくなって，プレストレス力の減少が大きくなる．また曲げひび割れ発生後のたわみ増大も大きくなるためあまり低強度とすることは望ましくない．

なおプレストレス導入時のコンクリート強度についても，局部的に大きな応力の生じるPC鋼材定着部のひび割れや，過大なクリープ変形を防止するために下記の制限が設けられている．施工の工程上早期のプレストレス導入が必要な場合には調合強度を決定する際に考慮する必要がある．

表 3.1.2　コンクリートのプレストレス導入時強度下限値

プレストレス方式	プレストレス導入時強度下限値 [N/mm²]
プレテンション	30
ポストテンション	20

(2)　コンクリート強度の上限

プレストレストコンクリートのコンクリート設計基準強度の上限値は，建設省告示第1320号において現場打ち54 N/mm²，プレキャスト63 N/mm² と規定されていたが，告示改正に伴いこの上限値は撤廃された．

JASS 5においては，設計基準強度が36 N/mm² を超えるものは高強度コンクリートの規定に従うものとなっており，さらに設計基準強度が60 N/mm² を超える場合は同仕様書の適用範囲外となっている．したがってJASS 5の規定からは一般的に用いることのできる設計基準強度の上限は60 N/mm² となる．

コンクリート強度は近年，コンクリートに関する技術の発展により高強度化の方向にある．

プレストレストコンクリートは，その特性を十分に発揮するために古くから高強度コンクリートを基本として発展してきており，特にプレキャストコンクリートでは高品質を保証できる工場製作により設計基準強度40〜60 N/mm² 程度が常用されている．高強度コンクリートはこれまでプレストレストコンクリートにおいて特に有効に利用されて発展してきたといえる．

最近は高性能の混和剤の開発，現場でのコンクリート施工方法の改善，あるいは間接的には部材のプレキャスト化や省資源化，高耐久化の時代的な要請によりさらに高強度化の方向をめざしている．

設計基準強度が60 N/mm² を超えるような超高強度コンクリートを使用する場合に検討すべき課題としてはおよそ以下の点がある．

1) 圧縮強度以外の物理的，力学的特性の確認
2) 製造方法の検討
3) 強度管理方法の検討
4) 施工方法の確認
5) 構造体コンクリート強度の確認
6) コンクリートの耐火性
7) 温度ひび割れの検討

超高強度コンクリートについては，建設省総合技術開発プロジェクト「鉄筋コンクリート造建築物の超軽量・超高層化技術の開発」（総プロ「New RC」）や日本建築学会「高強度コンクリートの技術の現状」等に詳述されているので参照するとよい．

軽量コンクリートについては，JASS 5で下記の上限値が定められている．

　　　　軽量1種　　$F_C \leq 36\,\text{N/mm}^2$
　　　　軽量2種　　$F_C \leq 27\,\text{N/mm}^2$

軽量コンクリートにプレストレスを導入する場合は後述するコンクリートの品質に十分注意するとともに上記コンクリート強度の上限値にも留意しておかねばならない．

3.1.3　コンクリートの品質

（1）　耐久設計基準強度

JASS 5では「構造体の総合的耐久性」として構造体の計画供用期間を3つの級に区分している．この級に応じて下記の耐久設計基準強度が定められている．

表 3.1.3　コンクリートの耐久設計基準強度

計画供用期間の級	耐久設計基準強度
一　般	$18\,\text{N/mm}^2$
標　準	24
長　期	30

プレストレストコンクリートは一般には設計基準強度が$30\,\text{N/mm}^2$以上あり，「長期」の級に該当する．

（2）　品質基準強度

JASS 5に規定されている品質基準強度は，構造体コンクリートと現場水中養生または現場封かん養生した供試体との間には強度上差異がみられることから，構造体のコンクリートの品質を確実に保証するために設けられたものである．コンクリートの設計基準強度または耐久設計基準強度に$3\,\text{N/mm}^2$を加えた値を品質基準強度としている．プレストレストコンクリートにも適用される規定であるが，特に$36 \sim 60\,\text{N/mm}^2$クラスの高強度領域においては上記の差異を的確に把握しておくことが重要である．プレキャストコンクリートの場合は，現場打ちコンクリートとは異なった施工方法，品質管理がなされるために別途検討すべき事項と思われるが，いずれにしろ製造工場の実績として製品の構造体コンクリートと管理供試体の強度の差異を把握しておくことが品質管理上重要である．

（3）　ワーカビリティー

高強度コンクリートは密実で均質なコンクリートとすることが重要であり，コンクリートの運搬，打込み，締固め，仕上げ等の作業性の良さを重視するとともに，ブリーディングが少なく，かつ骨材の分離のないものとしなければならない．

コンクリートは水セメント比の小さい調合となるために，適切な混和剤を使用してワーカビリティーを改善することが必要となる．

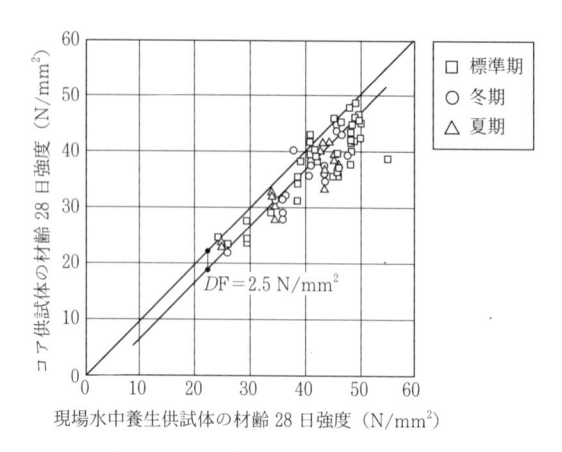

図3.1.2 現場水中養生供試体強度と
コア供試体強度の関係[2]

（4） スランプ

　プレストレストコンクリートは高強度のコンクリートとなるために，一般的に硬練りのコンクリートとなる．またコンクリートのクリープ，乾燥収縮によるプレストレスの減退を極力抑えるためにも単位水量を小さくする必要がある．JASS 5では以上の観点から，スランプに関し以下の制限を設けている．

表3.1.4 スランプの制限値

工場製品	12 cm 以下
現場打ちポストテンション	15 cm 以下
流動化コンクリート	18 cm 以下

　なお軽量コンクリートは，特にクリープ，乾燥収縮の値が大きくなる傾向にあるので，スランプは極力小さくすることが望ましい．

（5） 強度とヤング係数

　コンクリートのヤング係数は特に高強度の領域において，使用する骨材等の品質により値が大きく変動する．したがって原則としてはコンクリートの圧縮強度試験に併せて応力度-ひずみ度曲線を求め，ヤング係数を決定することが望ましいが，設計段階においてはその対応が難しい場合も多く，既往のデータをもとに設計者が適切に評価することになる．
　日本建築学会「PC規準（1998年版）」には種々のヤング係数評価式について詳細に述べられているので参照するとよい．

（6） クリープ，乾燥収縮

　プレストレストコンクリートでは導入されたプレストレスが極力減退しないようにすることが重要である．そのためにはクリープ，乾燥収縮の小さいコンクリートであることが望ましい．また本来プレストレストコンクリート構造はひび割れを許さない構造であり，乾燥収縮によるひび割れを防ぐ上からもクリープ，乾燥収縮は小さいほどよい．一般に乾燥収縮は単位水量が増加するに伴って大きくなるといわれており，単位水量を小さくすることが効果的である．

(7) 耐久性

1)凍害

凍害を防ぐ上からは，フレッシュコンクリートの空気量を 4% 程度とする必要があるが，空気量が多くなるほどコンクリートの圧縮強度は低下する．高強度コンクリートにおいては，部材の置かれる環境条件として凍害の影響を受けるかどうかを物件ごとに判断して調合を決めていく必要がある．

2)中性化

コンクリートの中性化は水セメント比の影響を大きく受ける．

JASS 5 の解説中に示される次式によれば，水セメント比が 40% 程度となると，コンクリートの鉄筋かぶり部分が中性化する期間はほとんど無限といってよい．

（水セメント比が 60% 以下のとき）

$$y = 7.2\, C^2 / [R^2(4.6\, x' - 1.76)^2]$$

y：C まで中性化する期間（年）
C：中性化深さ（cm）
x：水セメント比（%） $x' = x/100$
R：中性化率

3)アルカリ骨材反応

高強度コンクリートは単位セメント量が多くなり，アルカリ骨材反応が生じやすくなるために骨材の選定には十分注意する必要がある．

4)塩害

水セメント比が小さく密実なコンクリートは，塩素イオンの浸透度が小さくなり塩害を受けにくくなる傾向にあるために，プレストレストコンクリートは非常に耐久的といえる．

3.1.4 調合

(1) 調合決定上の条件

プレストレストコンクリートに使用されるコンクリートは，一般に高強度となるため，調合強度の決定および施工性への配慮が特に重要となる．また現場打ちコンクリートと工場製作のコンクリートでは当然調合の条件が異なってくるので，各々の条件を十分把握した上で調合計画を進めていく必要がある．特に現場打ちコンクリートの場合は個々の物件ごとに条件が異なるので，部材の種類，形状，環境条件，施工時期，施工場所等十分検討の上，調合計画を進めていかねばならない．この場合は原則として試し練りを行うことが望ましい．

(2) 調合強度

コンクリートの調合強度は JASS 5 または JASS 10 に準拠して定めればよい．なお現場打ちで高強度コンクリートを使用する場合は，前項で示したような条件およびコンクリート製造工場の能力等十分把握した上で決定していかねばならない．一方プレキャスト製品製造工場においては，高強度コンクリートの豊富な実績に基づく調合設計により，変動係数の小さい安定した品質のコンクリートの供給が比較的容易になされている．またプレストレストコンクリートでは調合強度を決定する条件として設計基準強度のほかにプレストレス導入時強度の確保があるので注意しなければならない．

（3） 単位水量

高強度で密実なコンクリートとするためには，ワーカビリティーに配慮した上で，可能な限り単位水量を減じる必要がある．JASS 5では高強度コンクリートの単位水量は $175\,\mathrm{kg/m^3}$ 以下に制限されているが，施工例からみると現場打ちコンクリートで $165\sim175\,\mathrm{kg/m^3}$，プレキャスト製品製作工場のコンクリートで $155\sim165\,\mathrm{kg/m^3}$ 程度が多い．

（4） 単位セメント量

高強度コンクリートの場合は，水セメント比を小さくするために単位セメント量が多くなる．特に工場製品の場合はより高強度が求められ単位セメント量が $500\,\mathrm{kg/m^3}$ を超える場合もある．

単位セメント量が多くなると，粘性が増大しワーカビリティーが悪くなったり，水和熱の発生が過大となったりするので，高性能AE減水剤を使用して単位水量を減じ，結果として単位セメント量を減らす等の配慮も必要に応じて講じることが望ましい．

（5） 水セメント比

水セメント比は調合強度より定まってくるが，施工例からみると $30\sim50\%$ の範囲が多い．コンクリートの耐久性の上からは非常に品質の良いコンクリートといえる．

（6） 空気量

プレキャスト製品製作工場のコンクリートでは，一般的には圧縮強度発現を優先して空気量は 2% 程度とする場合が多い．凍害を受けるおそれがある場合は適切な空気量とすることが望ましい．

（7） 塩化物イオン量

塩化物イオン量は高強度コンクリートにおいては $0.2\,\mathrm{kg/m^3}$ 以下と通常のコンクリートに比べ厳しくなっている．高強度コンクリートにおいて使用頻度の大きい混和剤中の塩化物量についても注意しておく必要がある．

3.1.5 品質管理，検査

プレストレストコンクリートに用いるコンクリートの品質管理，検査はJASS 5またはJASS 10による．

レディーミクストコンクリートを用いる場合は，JASS 5の通常コンクリート，または高強度コンクリート，プレストレストコンクリートの節の品質管理，検査の規定によればよい．

プレキャストコンクリートで，製品製作工場に常設されたコンクリート製造設備で製造されたコンクリートを用いる場合は，一般的にはJASS 10に準拠して行えばよいが，個々の工場には固有の生産システムがあり，品質管理もそのシステムに適合したものとしておく必要がある．

3.2 目地材料

3.2.1 目地材料の選定

プレキャストプレストレストコンクリート構造の部材接合目地部に使用される材料は，施工方法および目地幅に応じて表3.2.1のように使い分けられる．

表3.2.1 部材接合目地部の材料

施工方法	目地幅	目地材料
シースまたは鉄筋を目地内部で手作業により接合	15～20 cm	コンクリート
シース接合は特殊なジョイント材を用い，目地内手作業不要 鉄筋接合は不可	5～10 cm	豆砂利コンクリート
	2～3 cm	ドライモルタル
		無収縮モルタル
	～1 cm	グラウト材（モルタル，セメントペースト）
部材相互の接合面は原則として隙間なく接合し，シースのジョイントは不要 鉄筋接合は不可	0	エポキシ樹脂接着剤

3.2.2 目地材料の種類

（1） コンクリート

コンクリートの強度は原則として母材コンクリートと同等以上でなければならない．また調合はコンクリートの打込み，充填性に十分配慮したものとする必要がある．

（2） 豆砂利コンクリート

コンクリートを打込むには目地幅が小さく充填性に懸念がある場合に使用される．コンクリートの流動性は改善されるが，所定強度の確保については試験練りを実施して確実に把握しておく必要がある．

（3） ドライモルタル

ドライモルタルの調合は，セメント，砂の配合比率が1：1～1：2，水セメント比30～35％程度のものが使用される．目地幅が2～3 cmと小さい場合に利用されるが，最近は充填性が良くかつ早期に強度発現が可能な無収縮モルタルが多く使われ，ドライモルタルの使用頻度は減少している．ドライモルタルは比較的早期に強度発現が可能で，打込み1日後にプレストレスを導入することも可能である．ただし打込み量が少ないために水和熱による強度上昇は期待できず外気温等の条件により初期強度の伸びは大きく変動するので注意を要する．

またモルタルの充填性が悪いと目地部断面の欠損となり，緊張時あるいは長期においても不測の事態が起きる可能性がある．充填性には施工上十分注意することは当然として材料調合上からも配慮しておく必要がある．

（4） 無収縮モルタル

目地幅が2～3 cmと小さい場合に流動性に優れ，材料中の練混ぜ水の一部が遊離して上昇するブリーディングがなく，かつ早強性に優れた無収縮タイプのモルタルが使用される．養生温度20℃で，1日で20 N/mm^{2}程度の強度発現は十分可能である．最近は1週で60～70 N/mm^{2}程度発現する高強度タイプの無収縮モルタルも普及してきている．使用にあたっては各々の材料に

定められた使用方法に準拠するとともに，材料の流動性，粘性等に十分配慮しなければならない．
　なお無収縮モルタルは，充填性は優れているが一般には比重が大きく打込み時の圧力が大きくなるので型枠の側圧やモルタル漏れに対する検討を施工上行っておく必要がある．

（5）グラウト材

　グラウト材はわずか数 mm から 10 mm 前後の目地を充填するために用いられる注入用材料であり，セメントペーストまたは流動性を良くしたモルタルが使用される．
　グラウト強度は事前に試験練りを行うとともに，注入時には外気温等を十分考慮に入れて発現状況を確認しなければならない．
　また注入量が少ないことから，接合面からのペースト内水分の吸収，あるいは過度の接合面の湿潤による強度低下等に注意しなければならない．

（6）接着剤

　一方の部材接合面を型枠代わりに他方の部材を製作する場合や，相互の部材を等厚の端板を介して同時に製作する場合など，基本的には接合部の目地幅が 0 となるように製作する部材の接合目地材料として一般にはエポキシ樹脂接着剤が使用される．この部材製作方式は一般にマッチキャスト方式と呼称されている．
　接着剤は構造計算上その強度に期待することはないが，母材と同等以上の引張強度およびせん断強度をもつことが望ましい．
　接着剤の塗り厚は 2〜3 mm を限度とし極力薄いほうが望ましく，また材料の可使時間等を吟味の上使用する必要がある．

3.2.3　目地材料の調合

　目地材料はその使用量が少ないことから打込み時の外気温，湿度，天候等の影響を受けやすく，初期強度の伸びは大きく変動する．早期にプレストレスを導入しなければならない場合は特にそのような条件を考慮して調合計画をたてなければならない．
　また材料によってメーカー指定の使用方法がある場合は現場の条件を考慮しながら指定の方法に従って使用しなければならない．

3.3　グラウト

3.3.1　グラウトの品質

　グラウトには PC 鋼材を腐食から保護し，かつシースおよび PC 鋼材との付着を確保するという重要な役割がある．そのためにグラウトは注入作業中所定の品質を安定的に保ち，かつシースと PC 鋼材間の空隙が隙間なく充填されるようでなければならない．
　グラウトは注入作業中適度な流動性を保ち，また材料分離のないものでなければならず，一般にはセメントペーストが用いられている．またシース内に空隙を作らないために，グラウトの硬化前においては材料中の練混ぜ水の一部が遊離して上昇する現象であるブリーディングが少なくかつ容積変化が小さいこと，硬化後においては収縮がないか小さいことが必要である．
　またシース内の空隙率が大きいためにグラウト作業中にシース内の空気の排出が不完全になり部分的に空気溜まりが生じるおそれがある場合は，材料上からはグラウトに適度な粘性を付加す

ることも必要である．

　なお当然のことながらグラウトに用いる材料には混和材料を含め有害な物質を含有してはならない．

3.3.2　グラウト用材料

（1）　セメント

　セメントは JIS R 5210（ポルトランドセメント）に適合するものを用いる．

（2）　混和剤

　グラウトには所要の品質を確保するために混和剤が使用される．混和剤はシースと PC 鋼材間の空隙を充填するグラウト専用のものが用意されており，一般には要求品質に応じて，種々の専用混和剤の中から選択すればよい．なおいずれの混和剤においても PC 鋼材を腐食させる有害な物質を含むものは使用してはならない．

　グラウト専用の混和剤の主成分としては流動性，所要強度を確保するための減水剤や高性能減水剤，材料に適度な膨張性をもたせて空隙をなくすための膨張剤等が含まれている．膨張剤としては一般にはアルミニウム粉末が使用されている．

　またその他にも作業時間内の流動安定性確保のために遅延剤を含んだタイプや，シース内空隙残留の防止のために増粘剤を含んだタイプがある．

　なおブリーディングの生じるタイプのグラウトは，下り勾配のシース内にグラウトの先流れによる材料分離や残留空気溜まり（空隙）が生じやすい傾向にあり，グラウトの要求品質を確保するためには適度な粘性を持たせてブリーディングを生じなくしたノンブリーディングタイプのグラウトの使用が望ましい．ノンブリーディングタイプのグラウトには高粘性型と低粘性型がある．高粘性型はシースと PC 鋼材間の空隙率が大きい場合に使用される．なお高粘性型のグラウトを使用する場合は注入圧力が大きい等施工上配慮すべき事項が多いので十分留意しなければならない．

3.3.3　グラウトの調合

　グラウトの一般的な調合条件は下記のとおりである．

1) 圧縮強度——20 N/mm^2 以上．圧縮強度試験は通常直径 5 cm，高さ 10 cm の供試体により行う．
2) 水セメント比——45% 以下．ブリーディングを抑え，硬化後の収縮を小さくするためには水セメント比は小さいほうが望ましいが，あまりに小さいと流動性が急激に悪化することから一般には 40～45% としている場合が多い．
3) 単位水量——できるだけ小さく
4) 塩化物量——塩化物イオン量 0.2 kg/m^3 以下

3.3.4　グラウトの品質管理，検査

　グラウトの品質管理および検査については，土木学会のコンクリート標準示方書の施工編に表 3.3.1 に示す試験，検査方法が示されており，建築構造物のグラウトについてもこれらの方法に準じて行えばよい．

表 3.3.1　PCグラウトの品質管理および検査[3]

項　目	試験・検査方法	時期・回数	判　定　基　準
流　動　性	JSCE-F 531 の方法	工事開始前，工事中および品質変化が認められたとき	施工計画書に記載された範囲であること
ブリーディング率	JSCE-F 532 の方法	工事開始前	3% 以下
膨　張　率	JSCE-F 533 の方法	工事開始前，工事中および品質変化が認められたとき	10% 以下
圧縮強度	JSCE-G 531 の方法		材齢 28 日で 20 N/mm^2 以上
塩化物含有量	信頼できる機関で評価を受けた試験方法	海砂を使用する場合 2 回/日，その他の場合 1 回/週	0.3 kg/m^3 以下

3.4　PC 鋼材

3.4.1　PC 鋼線および異形 PC 鋼線

（1）　PC 鋼線および異形 PC 鋼線の規格

PC 鋼線および異形 PC 鋼線は原則として JIS G 3536（1999）に適合するものを用いる．

表 3.4.1　PC 鋼線の種類，機械的性質

種　類	記　号	耐　力 [N/mm^2]	引張強さ [N/mm^2]	伸び [%]	リラクセーション値 [%]	径の範囲
PC 鋼線　A 種 異形 PC 鋼線	SWPR 1 AN(L) SWPD 1 N(L)	1 420 以上	1 620 以上	3.5 以上	8.0(2.5)以下	径 4 mm 以下
				4.0 以上	8.0(2.5)以下	径 5 mm
		1 325 以上	1 520 以上	4.0 以上	8.0(2.5)以下	径 6 mm
				4.5 以上	8.0(2.5)以下	径 7 mm
		1 275 以上	1 470 以上	4.5 以上	8.0(2.5)以下	径 8 mm
		1 225 以上	1 420 以上	4.5 以上	8.0(2.5)以下	径 9 mm
PC 鋼線　B 種	SWPR 1 BN(L)	1 520 以上	1 720 以上	4.0 以上	8.0(2.5)以下	径 5 mm
		1 420 以上	1 620 以上	4.5 以上	8.0(2.5)以下	径 7 mm
		1 375 以上	1 570 以上	4.5 以上	8.0(2.5)以下	径 8 mm

（2）　製造方法

PC 鋼線は JIS G 3502 の線材に連続伸線に耐える靭性を付与すると同時に強度を高めるためにパテンチングと呼ばれる熱処理を行ったのち冷間加工して，最終工程において残留ひずみ除去のためにブルーイングと呼称される低温熱処理を行った線である．

（3）　材料特性

PC 鋼材の降伏荷重は永久伸び 0.2% に対する荷重として規定されており，一般には図 3.4.1

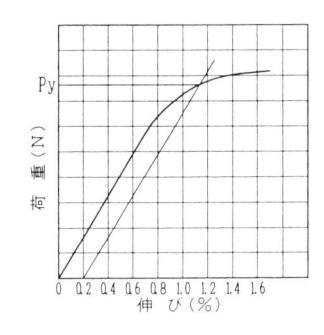

図 3.4.1　PC 鋼線の降伏荷重の求め方

に示す PC 鋼材の荷重 - 伸び曲線に対して直線部と平行な 0.2% 伸びの隔たりを持つ直線と原曲線の交点をもって降伏荷重とみなしている．

　PC 鋼線には A 種と B 種があり，B 種は引張強さが A 種より 100 N/mm² ほど高い．また PC 鋼線および異形 PC 鋼線は，リラクセーション規格値によって通常品（N）と低リラクセーション品（L）の 2 種類がある．

　なおリラクセーションとは材料に力を加えてある一定のひずみを保った場合に，時間とともにその応力が低下していく現象で，規格値は規格引張荷重最小値の 70% に相当する荷重をかけ，その荷重を 120±2 秒維持した後，1 000 時間つかみ間隔をそのまま保持したときの減少率をもって表示したものである．

3.4.2　PC 鋼より線

（1）　PC 鋼より線の規格

　PC 鋼より線は原則として JIS G 3536（1999）に適合するものを用いる．PC 鋼より線は，表 3.4.1 に示すように 2 本より線，3 本より線，7 本より線および 19 本より線がある．

表 3.4.2　PC 鋼より線の種類，機械的性質

種　類		記　号	耐　力 [N/mm²]	引張強さ [N/mm²]	伸び [%]	リラクセーション値 [%]	径の範囲
2 本より線		SWPR 2 N(L)	1 715 以上	1 910 以上	3.5 以上	8.0(2.5)以下	
異形 3 本より線		SWPD 3 N(L)	1 715 以上	1 910 以上	3.5 以上	8.0(2.5)以下	
7 本より線	A 種	SWPR 7 AN(L)	1 470 以上	1 720 以上	3.5 以上	8.0(2.5)以下	
	B 種	SWPR 7 BN(L)	1 570 以上	1 860 以上	3.5 以上	8.0(2.5)以下	
19 本より線		SWPR 19 N(L)	1 570 以上	1 860 以上	3.5 以上	8.0(2.5)以下	径 19.3 mm 以下
			1 570 以上	1 810 以上	3.5 以上	8.0(2.5)以下	径 20.3 mm 以下 径 21.8 mm 以下
			1 510 以上	1 780 以上	3.5 以上	8.0(2.5)以下	径 28.6 mm

（2）　製造方法

　PC 鋼より線は JIS G 3502 の線材にパテンチングを行ったのち冷間加工した線をより合わせ，最終工程において残留ひずみ除去のためにブルーイングを行ったより線である．

（3） 材料特性

7本より PC 鋼より線は引張強さおよび耐力のレベルにより A 種，B 種に分けられる．耐力とは 0.2% 永久伸びに対する応力をいう．A 種は引張強さ 1 720 N/mm² 級，B 種は 1 860 N/mm² 級のものをいう．

リラクセーション値は，PC 鋼線と同様に通常品（N）と低リラクセーション品（L）の 2 種類がある．

（4） JIS 規格外の PC 鋼より線

PC 鋼より線には JIS 規格品以外に太径 PC 鋼より線または PC 鋼より線をさらに複数本より合わせた多重より PC 鋼より線がある．太径 PC 鋼より線には 19 本より 25.4 mm がある．なお従来 JIS 規格外であった 19 本より 28.6 mm は 1999 年に JIS に規格化されている．多重より PC 鋼より線は 7 本より PC 鋼より線を複数本，大きなピッチでさらにより合わせたものであり，多重よりの本数として 4 本，7 本および 19 本がある．いずれの PC 鋼材も品質は JIS 規格を十分満足するものであり，JIS 規格品に準じるものとみなせる．

3.4.3 PC 鋼棒および異形 PC 鋼棒

（1） PC 鋼棒および細径異形 PC 鋼棒の規格

PC 鋼棒および細径異形 PC 鋼棒は原則として JIS G 3109（1994）および JIS G 3137（1994）に適合するものを用いる．

（2） 製造方法

PC 鋼棒は熱間圧延された丸鋼をストレッチング・引抜き・熱処理のうちいずれかの方法またはこれらの組合せを実施して製造する．なおストレッチングとは熱間圧延後の PC 鋼棒に緊張力を与え，伸直性と強度増大を与える工程をいう．PC 鋼棒端部のねじ加工は，製造工程中に引抜き工程を含むものはそのまま転造ねじ加工し，含まないものは端部を引抜き寸法に下削り加工した後転造ねじ加工する．

細径異形 PC 鋼棒は熱間圧延後焼入れ焼戻しを行う．異形加工は熱間圧延時，または圧延後の加工のいずれかで行われる．

（3） 材料特性

PC 鋼棒は耐力のレベルで A，B，C 種があり，引張強度のレベルで 1，2 号がある．ここにいう耐力とは 0.2% 永久伸びに対する応力をいう．

細径異形 PC 鋼棒は B，C，D 種があり，またリラクセーション値により通常品（N）と低リラクセーション品（L）がある．

表 3.4.3 PC 鋼棒の種類，機械的性質

種類		記号	耐力 [N/mm²]	引張強さ [N/mm²]	伸び [%]	リラクセーション値 [%]
A 種	2 号	SBPR 785/1030	785 以上	1 030 以上	5 以上	4.0 以上
B 種	1 号	SBPR 930/1080	930 以上	1 080 以上	5 以上	4.0 以上
	2 号	SBPR 930/1180	930 以上	1 180 以上	5 以上	4.0 以上
C 種	1 号	SBPR 1080/1230	1 080 以上	1 230 以上	5 以上	4.0 以上

表 3.4.4 細径異形 PC 鋼棒の種類, 機械的性質

種類		記号	耐力 [N/mm²]	引張強さ [N/mm²]	伸び [%]	リラクセーション値 [%]
B 種	1 号	SBPDN 930/1080	930 以上	1 080 以上	5 以上	4.0 以上
		SBPDL 930/1080				2.5 以上
C 種	1 号	SBPDN 1080/1230	1 080 以上	1 230 以上	5 以上	4.0 以上
		SBPDL 1080/1230				2.5 以上
D 種	1 号	SBPDN 1275/1420	1 275 以上	1 420 以上	5 以上	4.0 以上
		SBPDL 1275/1420				2.5 以上

　設計に用いる PC 鋼棒および細径異形 PC 鋼棒の引張荷重および降伏荷重は，母材部の公称断面積を用いて算出されている．一方転造ねじ部の引張荷重は図 3.4.2 に示されるように 26 mm 以上の径の PC 鋼棒では母材部に比べてほとんど低下しないが，23 mm 以下の PC 鋼棒では径が細くなるに従い母材部に対する低下が大きくなっている．この低下を考慮して 13 mm 径以下の鋼棒に対して，設計において許容引張力を 5% 低減するようになっている．またねじ部は定着部の一部と考えられ，後述する定着部に要求される耐力が保証されねばならない．それに基づき 13 mm 径よりも大きい PC 鋼棒では母材部の引張荷重の 95% 以上，また 13 mm 以下の径の PC 鋼棒では母材部の引張荷重の 90% 以上の荷重に耐えるようになっている．

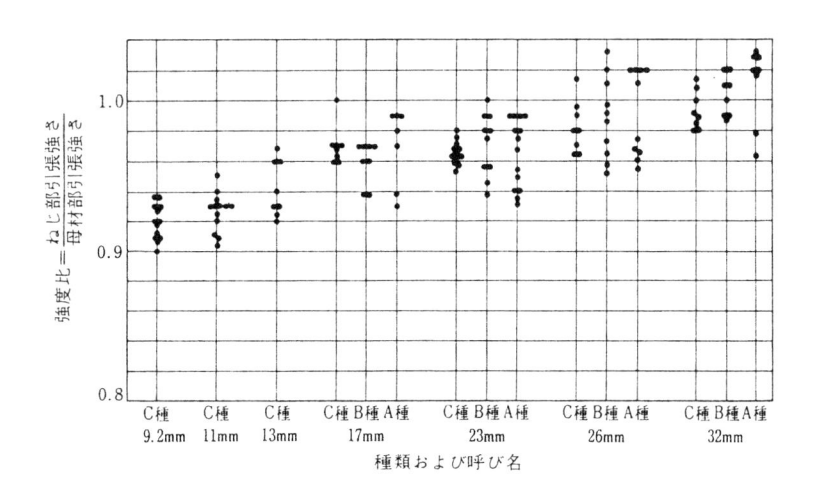

図 3.4.2 ねじ部引張強度の低下例[4]

(4) JIS 規格品外の PC 鋼棒

　JIS G 3109 (1994) に規定される PC 鋼棒以外に，熱間圧延時にねじ状の節を PC 鋼棒の全長にわたって成形した太径の異形 PC 鋼棒も実用に供されている．これらの PC 鋼棒は一般には JIS 規格の機械的性質を満足するものとなっている．

　なお太径異形 PC 鋼棒のねじ節の形状は製造業者により異なっており，設計において各製造業者が定める仕様を十分に把握の上用いる必要がある．

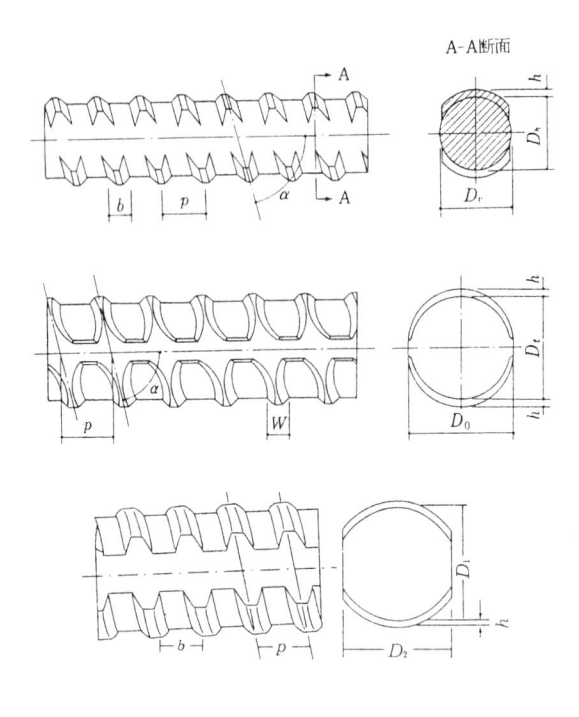

図3.4.3　太径異形PC鋼棒の形状

3.4.4　アンボンド工法用PC鋼材

（1）　アンボンド工法用PC鋼材の品質

　アンボンド工法用PC鋼材としてはPC鋼より線およびPC鋼棒が用いられるが，いずれもJIS規格品または品質がそれと同等以上と確認されたものを使用するものとする．また防錆材はPC鋼材の全長にわたって欠陥部がないよう施されねばならず，その要求品質は日本建築学会「アンボンド工法用PC鋼材の施工時の取り扱いについて（以下アンボンド工法指針）」に示されている．

（2）　アンボンド工法用PC鋼材の種類

　PC鋼より線の被覆材としては一般にポリエチレンシースが，また防錆材としてはグリースが用いられている．被覆材は破れにくく，耐水性，耐薬品性，耐候性に優れていなければならない．
　PC鋼棒はPC鋼より線と同様にポリエチレンシースで被覆し，シースとPC鋼棒の間にグリースを充填したタイプと，PC鋼棒の表面にアスファルト系またはポリマー系の防錆材を塗布し，防護用テープを巻き付けたタイプがある．いずれもその要求品質はアンボンド工法指針による．

3.4.5　後付着工法用PC鋼材

（1）　後付着工法用PC鋼材の品質

　一般にアフターボンド工法と呼ばれている後付着工法用のPC鋼材はPC鋼より線に樹脂を塗布し，凹凸のあるシースで被覆したものである．樹脂には一般に常温硬化性のエポキシ樹脂が用いられ，硬化速度を調整する硬化促進剤が添加されている．またシースはポリエチレン製が一般

的となっている．

　塗布される樹脂は緊張までは未硬化状態で，緊張時の摩擦損失が少なく，かつ緊張後に硬化してPC鋼材とコンクリートが一体化できるものでなければならない．

（2） 後付着工法用PC鋼材の特性

　後付着工法用PC鋼材は，塗布される樹脂の特性により緊張時はアンボンド工法用PC鋼材と同様な施工方法でよいために施工性に優れ，かつ樹脂の硬化後はコンクリートとPC鋼材間の付着が期待できるという特性を有する．

　しかしながら後付着工法用に加工されたPC鋼材は，樹脂が常温硬化性を有しているために，現場保管方法，緊張時期，外気温，コンクリートの硬化発熱量等を詳細に検討して使用しないと緊張前に硬化してしまう危険性もあるので十分注意する必要がある．

　また樹脂は火災時にある一定の温度を超えると炭化し，付着がなくなるおそれがあることから，通常のPC鋼材よりも多少多めのかぶりを確保する等の留意が必要である．

3.4.6　その他の緊張材

（1）　エポキシ樹脂塗装PC鋼より線

　エポキシ樹脂塗装PC鋼より線はPC鋼より線の表面をエポキシ樹脂で被覆したり，素線間の空隙を充填したりしてPC鋼材の腐食に対する耐久性を向上させたものである．エポキシ樹脂塗装PC鋼より線は無塗装のPC鋼材と同様にグラウトを行うPC鋼材やアンボンド工法用のPC鋼材として用いられる．

　なおエポキシ樹脂塗装PC鋼より線は，表面樹脂を傷つけると防錆効果がなくなるので取扱いには注意しなければならない．

　エポキシ樹脂塗装PC鋼より線は耐久性が要求される部材，特に海洋構造物等に今後の普及が期待される．

（2）　ポリエチレン樹脂被覆PC鋼より線

　ポリエチレン樹脂被覆PC鋼より線は，耐候性，耐食性に優れたポリエチレンによりPC鋼より線を被覆したものである．表面にひだのような異形加工を施したものやグリースを塗布してアンボンド加工を施したものもある．また前述のエポキシ樹脂塗装PC鋼より線をさらにポリエチレン被覆してエポキシの紫外線による劣化防止を図ったものもある．

（3）　連続繊維補強材

　炭素繊維，アラミド繊維，ガラス繊維等は引張強度がPC鋼棒と同等以上あり，緊張材として補助的に用いられる場合がある．これらの連続繊維補強材は腐食しにくい，軽量である，非磁性である，しなやかであるという特徴を有しており，そのような特性が要求される構造物への利用が考えられる．しかしながら連続繊維補強材の材料特性には塑性域がないことや熱膨張係数がコンクリートと異なる等PC鋼材と異なる点が多く，使用する場合はそれらの特性を十分検討しなければならない．

3.4.7　PC鋼材の検査および試験

（1）　PC鋼材の検査

　PC鋼材には有害な傷や変形および過度の錆その他の欠点があってはならず，また表面に油，

汚れが付着してはならない．使用にあたっては目視によりそれらの検査を行わねばならない．
　JIS規格に定められたPC鋼材の標準径などの寸法検査は，一般にはPC鋼材製造業者の提出する試験成績表に記載された検査結果を確認することで替えられる．

（2）　PC鋼材の試験

　PC鋼材の品質試験としては機械的性質を測定するための引張試験と，リラクセーション値を測定するリラクセーション試験がある．

　これらの試験方法はJIS G 3536（PC鋼線及びPC鋼より線），JIS G 3109（PC鋼棒），およびJIS G 3137（細径異形PC鋼棒）に規定されており，それに従って試験を行えばよい．なおこれらの試験は通常はPC鋼材製造業者が製造ロットごとに行っており，各工事においてはPC鋼材製造業者が提出する試験成績表によって品質を確認すればよい．

　参考にPC鋼材の試験成績の一例を図3.4.4，表3.4.5に示す．

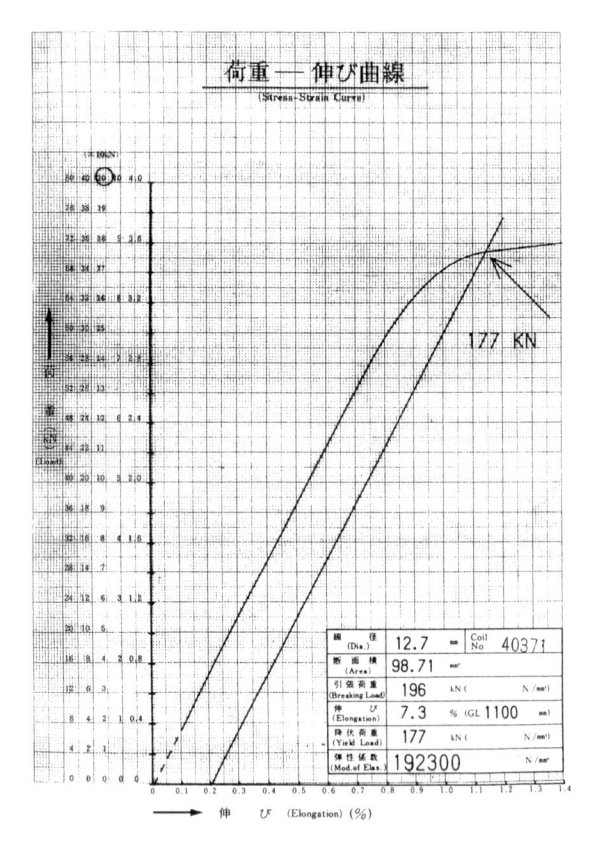

図3.4.4　PC鋼材の荷重-伸び測定（例）

表 3.4.5 PC 鋼材の試験成績表（例）

3.5 鉄　筋

3.5.1 鉄筋の品質

　鉄筋は原則として JIS G 3112（鉄筋コンクリート用棒鋼），または JIS G 3551（溶接金網）のうち素線の径が 4 mm 以上のものを用いる．

　なお使用するコンクリートが高強度の場合には，組み合わせて使用する鉄筋も高強度とすることが考えられる．JIS 規格にない降伏点が 490 N/mm^2 を超える鉄筋を用いる場合は試験または実験により所要の性能が得られることを確認しておく必要がある．

　その他，柱や梁のせん断補強筋として PC 鋼棒または高強度鉄筋が用いられる場合がある．これらは通常の鉄筋とその機械的性質が大きく異なるため，その加工形状等を含めて個別に仕様が定められている．これらの材料を使用する場合には各材料の設計施工指針等に準拠して用いなければならない．

3.5.2 鉄筋の継手

　プレキャストプレストレストコンクリート造では，部材の接合部で各部材から突出した鉄筋と鉄筋を継ぐ場合がある．鉄筋の継手は，JASS 5 に準拠して行えばよい．なおプレキャストプレストレストコンクリート造では，接合目地部の大きさや施工性から特殊な鉄筋継手を用いる場合も多い．特殊継手の分類を表 3.5.1 に示す．

　なお特殊継手の性能は，SA 級，A 級，B 級，C 級に分類され，部材の要求性能に応じて各々

の継手が使用できる部位が規制されている．

表 3.5.1 特殊継手の分類

大分類	小分類	
機械的継手	ねじカップラー方式	ロックナット方式，グラウト方式
	スリーブ内充填方式	モルタル充填方式，金属充填方式，くさび充填方式
	スリーブ圧着方式	グリップ継手，スクイズ継手
溶着継手	ガス圧接合継手	
溶接継手	鋼管あて金方式，鋼あて金方式	

3.6 定着具および接合具

3.6.1 要求品質

（1） 定着具および接合具の性能

　一般にポストテンション方式によるPC鋼材の緊張力のコンクリート部材への定着は，定着具およびその周囲のコンクリート，補強鉄筋が一体となって受け持つ．その一体となったものを一般には定着装置と呼称しており，通常は種々の定着装置ごとにコンクリート強度に応じた最小配置間隔，最小縁辺距離，最小補強筋量等の仕様が定められている．これらの定着装置は施工実績あるいは適切な試験等により定着部分が構造上十分に安全であることが確認されたものでなければならない．

　また定着具自体についても，PC鋼材の引張力を完全に保持することが必要である．PC鋼材の引張力は，プレストレス導入時でおよそ規格引張荷重の75%程度であるが，地震時等大きな繰返し荷重の作用を受ける部分に定着具がある場合は，引張力がPC鋼材の引張荷重近くまで達する可能性もある．したがって定着具および同様な引張力を受けるPC鋼材とPC鋼材を接続するための接合具は，PC鋼材の規格引張強度までの引張力を保持できることが理想である．しかしながら，くさびによる定着形式においてはくさび部分のPC鋼材の損傷，またPC鋼棒のねじ定着形式では，3.4.3 で述べたような転造ねじ部の引張強度の低下によりPC鋼材の引張強度までの引張力を保持することは現実には難しい面がある．それらのことを考慮して，また設計上からは曲げ破壊耐力の検査に用いるPC鋼材の強度は規格降伏点強度であることから，日本建築学会の「PC規準」では規格引張荷重の95%を保持できれば実用上問題ないとしている．

　また径13 mm以下のPC鋼棒においては前述したように母材の許容引張応力をあらかじめ5%低減していることから，規格引張荷重の90%を保持できればよいとしている．

（2） 検査および試験方法

　（財）日本建築センターの評定を取得した定着装置は，仕様の範囲内で品質が確認されているものとして使用することができる．

　上記仕様の範囲外，または新しく考案された定着装置や，外国から技術導入された定着装置で施工実績または実験等で安全性が確認されていないものについては，建設省住指発404号「プレストレストコンクリート造の緊張材の定着装置および接合部の有効性の確認について」によって性能試験を行い，所定の判定基準を満足していることを確認の上用いなければならない．

3.6.2 各種定着工法

(1) 定着形式の分類

PC鋼材の定着形式は大きく分けて，くさび定着形式とねじ定着形式に分類できる．くさび定着形式はPC鋼材の最大緊張時から定着までの間の戻りに伴うくさび効果により定着するものであり，ねじ定着形式は最大緊張後，PC鋼材の端末に施されたねじ部をナットにより締め付け定着するものである．ねじ定着形式にはPC鋼棒のように転造ねじによるもの，異形PC鋼棒のように母材表面のねじ節によるもの，PC鋼材の端末に圧着グリップを設けてその周囲にねじ加工を施したものがある．またくさび定着形式のくさびの戻りに伴う緊張力の損失（セットロス）を補うために，さらにねじ定着が行えるように工夫された定着具もある．

PC鋼材の引張力のコンクリートへの伝達は，ねじ定着形式においては一般にナットからコンクリートの支圧に耐えうる大きさをもった定着板を介して行われる．またくさび定着形式では定着板を介して伝達される形式のほか，通常キャスティングと呼称される鋳鋼製の定着具を介して伝達される形式がある．

表3.6.1 各種定着工法の分類

定着形式	定着工法名
ねじ定着形式	ディビダーク，普通PC鋼棒
フィッチングねじ定着形式	安部ストランド，BBR，KTB，OSPA，SEEE
くさび定着形式	CCL，ディビダーク，FKKフレシネーFSA，KCL，KTB，OBC，SEEE，SK，SM，SHS，STS，SWA，VSL

(2) 各種定着工法の概要

（財）日本建築センターの評定を取得している定着工法を資料編に示す．

そのほか，（社）プレストレストコンクリート技術協会から，「PC定着工法 2000年版」が発刊されているので参考にするとよい．

参考文献

1) セメントの常識：セメント協会，1997.5
2) 日本建築学会材料施工委員会：JASS 5改定小委員会資料
3) PC建設業協会：PCグラウト施工マニュアル
4) 日本建築学会：プレストレストコンクリート設計施工規準・同解説

第4章 場所打ちPC構造の設計

4.1 構造計画

4.1.1 はじめに

(1) 建築家と構造設計者との共同作業

構造計画を立てるとき，建築家と構造設計者とが綿密な連携を保つことが大切である．

もちろん，ほかの構造の場合でもこのことは大切であるが，プレストレストコンクリート造の場合には一層大切となる．

どんな構造材料を用いて建物を作るかは，様々な要因に基づいて決定されるべきであるが，とりわけ，その構造材料が建物に要求される"機能を満たすことができるか"，"耐久性に優れているか"，"美観上も好ましいか"等は重要な要因である．その上で，建設費が安ければ安いほど望ましいということになる．

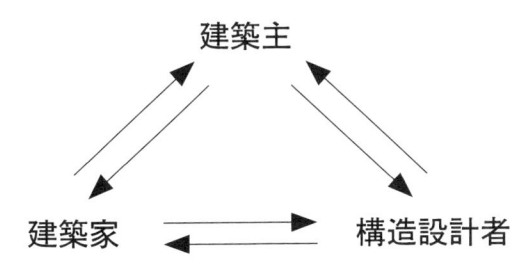

図4.1.1 建築家と構造設計者との共同

しかし，優れたものが安いとはいえず，プレストレストコンクリート造（以下PC造）の場合には，ほかの構造材料に比べてきわめて優れた特性を持ちながらも，建設費が高くなる場合が多く，建築主側の了解を得る交渉が重要な事項となる．

建築主および建築家，構造設計者三者が一体となっての計画の進行が望ましい．

(2) 建物形状整理

プレストレスを導入すると，建物は軸圧縮力を受けて縮みが生じる．建物形状が不整形であると縮み量が各部位で異なり，不測の変形，ひいてはひび割れを引き起こす危険性がある．これを避けるために平面，立面の両方がなるべく均等な形状になっていることが望ましい．PC造は，容易に大スパンを構成できるので，その特性を生かして中間の柱を取り除いて，スパンを揃えるなどして単純な平面とすることができる．

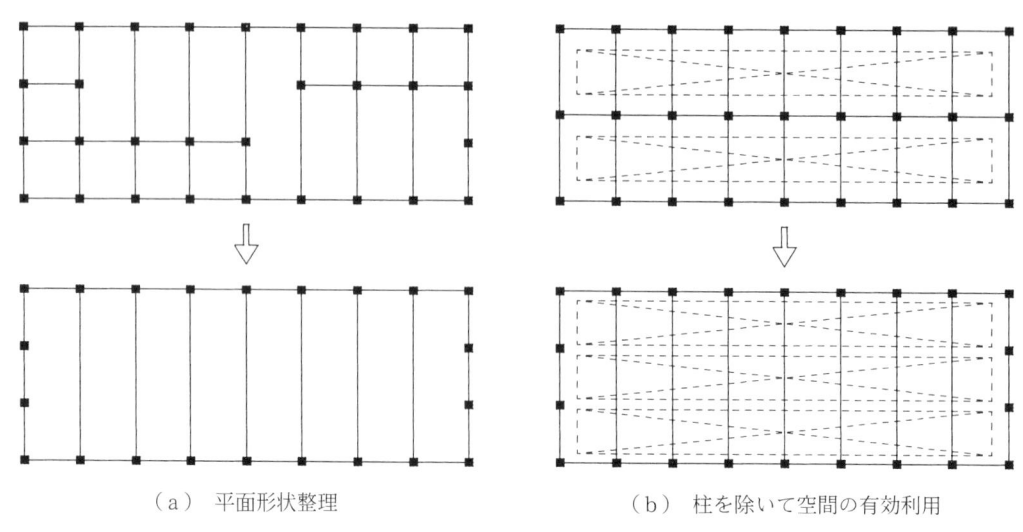

(a) 平面形状整理　　　　　　　　　　　　（b）柱を除いて空間の有効利用

図 4.1.2　平面形状整理

4.1.2　PC 構造の長所

（1）梁せいを小さく階高を低く

　PC 造は，高強度コンクリートと高張力鋼材を組み合わせて，引張に弱いコンクリートにあらかじめ圧縮力を与えて全断面を有効に使用する構造である．したがって引張側にあるコンクリートが無駄にならず，鉄筋コンクリート造に比べて小さい断面で作ることができる．

　PC 造を，Ⅰ種-Ⅱ種-Ⅲ種に分類する．この点は後でもう一度説明するが，長期荷重時に部材に生じるコンクリートの曲げ引張応力度の大きさ，および曲げひび割れ幅をいくらに制御するかによって種別分類がなされている．

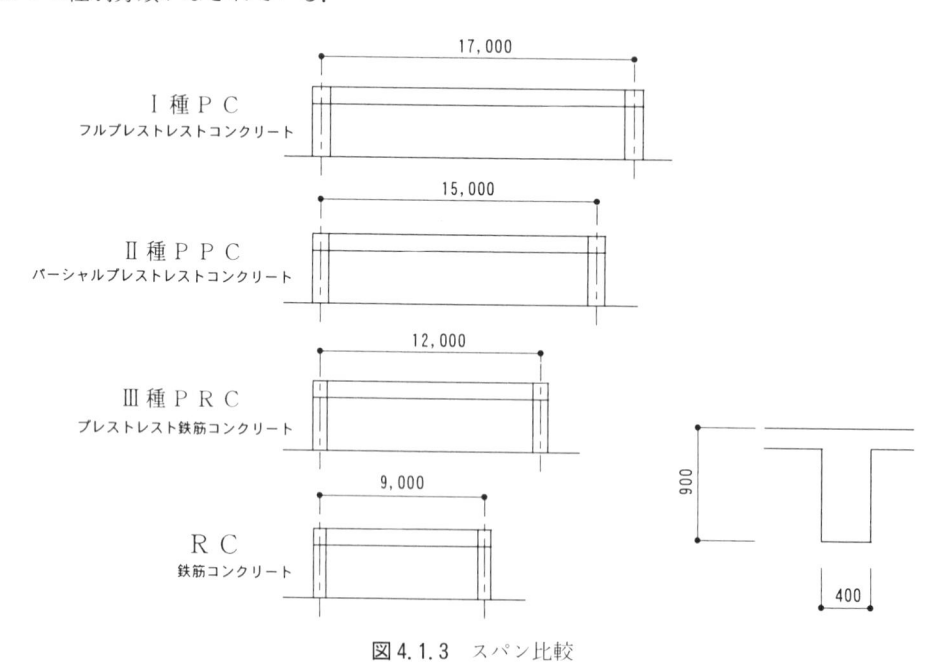

図 4.1.3　スパン比較

いま，梁寸法を一定にし同一荷重を想定した場合に，どれだけのスパンが可能かを各種別ごとに比較したものが図4.1.3である．

（2） 耐久性がある

密実な高強度コンクリートにプレストレスを導入し，ひび割れの発生を制御したPC部材は，きわめて耐久性に富んでいる．導入プレストレスが，ひび割れを発生させないかあるいは発生しても支障のない程度のひび割れ幅（0.2 mm以下）に抑えることで，PC鋼材や鉄筋を守る．一方，密実な高強度コンクリートは，中性化しにくく，PC鋼材や鉄筋を長期間腐食から守りつづけることができる．プレストレスと高強度コンクリートの組合せが耐久性を生み出す．

（3） 復元性に富む

PC部材は弾力性と復元性に富んでいる．過荷重を受けてひび割れが発生した場合でも，除荷すればひび割れは閉じてしまう．図4.1.4はPC梁の曲げ試験のときの中央たわみと荷重の関係を表したもので，破壊荷重の95%の荷重から除荷した場合でも残留たわみがわずかしか残らず，PC部材の復元性が極めて強いことがわかる[1]．

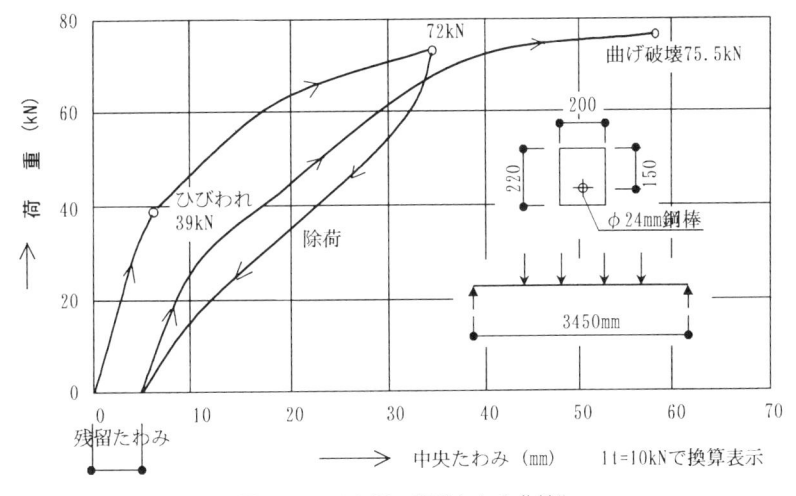

図4.1.4 PC梁の荷重たわみ曲線[1]

PC部材の弾力性と復元性は，PC鋼材に大きな緊張力と大きな伸びが与えてあることによって生じる．通常，10 mのPC鋼材は緊張力によって5 cm程度の伸びが与えられている．図4.1.5に示すモデルは，緊張力によってPC鋼材に伸びが与えてあるPC部材を模式的に示すものであり，長さ10 mのコンクリート部材内の穴にボルトを通し，コイルバネを挟んで縮み5 cmだけ締め付けたものである．このモデルでは，コイルバネが平衡の位置に戻ろうとする力によって，ボルトは引っ張られており，コンクリート部材に圧縮力が発生している．何らかの外力が作用してコンクリート部材が大きく変形したり割れたりした場合でも，外力がなくなればバネの力

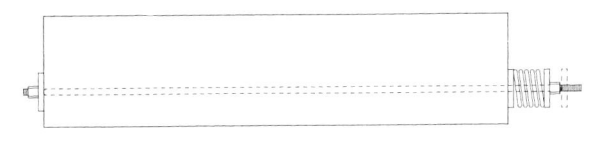

図4.1.5 復元性[1]

によって部材は元の状態に戻り，変形やひび割れは復元される[1]．

4.1.3 場所打ち PC 構造

(1) RC 構造の延長

表題で PC を RC 構造の延長としたが，PC を RC 構造の延長と考えるのではなく，RC を PC 構造の一分野と考えてみたらどうだろうか．

```
PC ──┬── Ⅰ種 PC = フルプレストレストコンクリート
     └── Ⅱ種 PC = パーシャルプレストレストコンクリート
PRC ──── Ⅲ種 PC = プレストレスト鉄筋コンクリート
RC  ────         = 鉄筋コンクリート
```

図 4.1.6　PC 種別

まず使用している構造材料は，コンクリート・鉄筋・PC 鋼材の3種類である．
一般的には，Ⅰ種 PC から RC へ行くに従って，それぞれ，コンクリート強度は高強度から普通強度へと変わっていき，使用鉄筋量は少量から多量へ，PC 鋼材量は多量から少量へと変動していく．

表 4.1.1　PC・RC 構造の特性と位置づけ[2]

構造種別		規制要因	プレストレス量	ひび割れの有無	引張縁応力
Ⅰ種 PC（フルプレストレス）		全断面で引張応力を生じさせない	相応のプレストレス（ほぼ 4 N/mm² 以上）	ひび割れなし	引張応力は発生せず
Ⅱ種 PC（パーシャルプレストレス）		引張応力を生じる箇所があるが，コンクリートの許容応力度以下	相応のプレストレス（ほぼ 3 N/mm² 以上）	ひび割れなし	コンクリートの許容引張応力度以下
PRC	Ⅲ種 PC（Ⅲt）	引張応力がコンクリートの引張強度以下	相応のプレストレス（ほぼ 2 N/mm² 以上）	ひび割れの発生が考えられる	コンクリートの引張強度以下
	Ⅲ種 PC（Ⅲtb）	引張応力がコンクリートの曲げ引張強度以下		微少なひび割れの発生	コンクリートの曲げ引張強度以下
	Ⅲ種 PC（Ⅲn）$n=0.1$ mm $n=0.2$ mm	ひび割れ幅が n[mm] 以下（最大 0.2 mm）		ひび割れ幅を n[mm] 以下に制御	ひび割れ幅相当の鉄筋ひずみ制御
	Ⅲ種 PC 規準外	RC 規準に準ずる	1 N/mm² 以下	RC 造のひび割れを 0.2 mm に近づける	鉄筋の引張応力度はプレストレスによるキャンセル量はあるが，計算外配置
RC		RC 規準	0	0.2 mm を目標とするが実施困難	鉄筋の引張許容応力度

性状的には，まったくひび割れを許さない I，II 種 PC から，許容値内のひび割れを許す RC へと変わっていく．I 種 PC はコンクリート全断面で引張応力が生じないように，したがってひび割れも発生しないようにプレストレスを与えた部材である．II 種 PC はコンクリートに引張応力が生じるが許容引張応力度以下に抑え，ひび割れを許さない部材である．III 種 PC はひび割れを許すが，必要なプレストレスを与えてひび割れ幅を制御しようとする部材である．RC は鉄筋に生ずる引張応力度を許容引張応力度以内に抑え，間接的にコンクリートのひび割れ幅を制御している部材である．表 4.1.1 に掲げたもう一つ，III 種 PC 規準外とは，RC 部材に，少量のプレストレス（平均断面積当たり 1 N/mm^2 以下）を与えて過大なひび割れが生じないようにした部材である．

(2) テンドンプロフィール（緊張材配置形状）

性状的には PC 構造の一分野として RC を考えてみたが，施工上からは，PC を，馴染みの RC に PC 鋼材を追加配置したものと捉えるほうがわかりやすい．この場合，コンクリート強度が RC よりも高いので，打込みに際して締固めに十分に注意を払うこと，および PC 鋼材の端部，特に緊張端は，柱鉄筋・梁主筋とのからみで混雑し合うのであらかじめその納まりを十分に検討しておくことが必要である．また，直交小梁の端部主筋と緊張材との納まりにも気を付けておかなければならない．

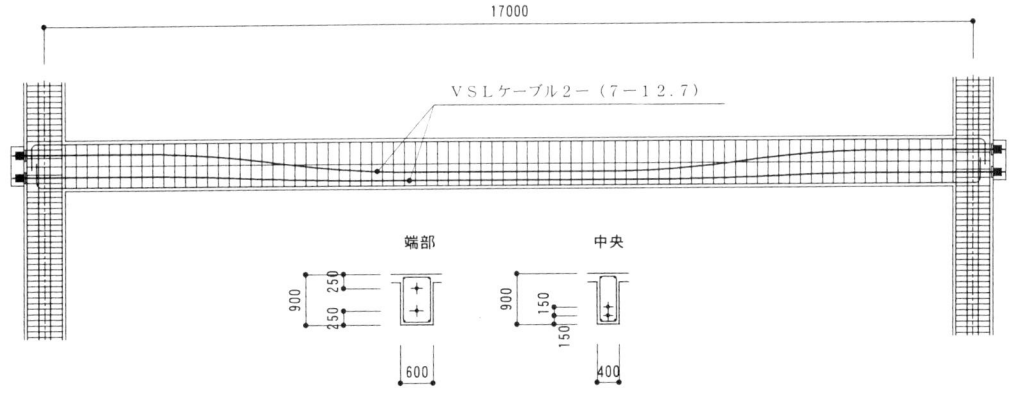

図 4.1.7 PC ケーブル配置図

4.1.4 適材適所

(1) 大荷重，大スパン向き

PC は，荷重が大きければ大きいほど，スパンが大きければ大きいほどその特性を発揮して威力を増す．倉庫，体育館，ショッピングセンター，駐車場，かつてはボーリング場などに，広く有効利用されている．橋梁などでは 240 m スパンの浜名大橋の例もある．

(2) 適用スパン

図 4.1.8 に PC 造と他の構造をも含めた適用スパンの概略を示す[2]．

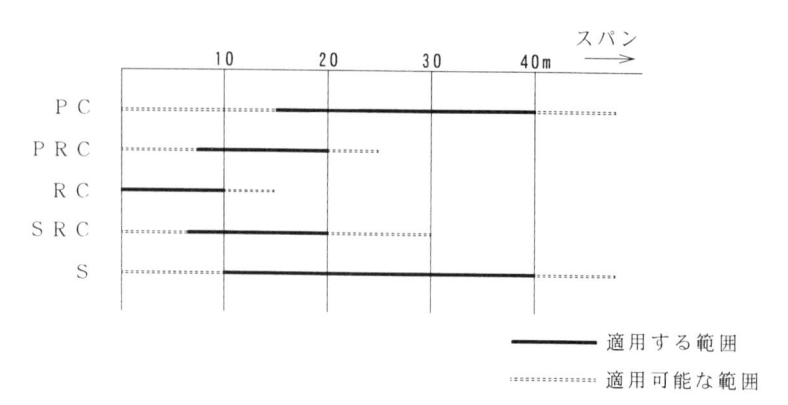

図 4.1.8 適用スパン

4.1.5 コスト比較

(1) イニシャルコストとロングライフコスト

建設費を検討するときに，建設時の初期費用を考慮するだけではなく，維持・保守に要する費用も含めて考える必要がある．もちろん構造物の寿命を考慮した償却費用の考えをも取り入れなければならない．ひび割れがなく，質の高いコンクリートを誇る PC 造は，長期的には安くつく構造である．

(2) 良いもので安い

PC 構造を採用して得られる広い空間，耐久性，耐震性等々の数々のメリットは，間接的に建設費を押し下げる要因となる．PC の建物にしてよかった… 初期費用が少し高くてもそれを補うに十分な満足度，実質的な内容が得られれば，結果的には安い買い物をしたといえるであろう．

(3) SRC より安い

表 4.1.2 は一般の事務所ビル程度を対象にして躯体工事費を概略比較したものである．まず，7.0 m×7.0 m スパンの RC 造を想定し，その躯体コストを 100% とする．次いで，スパンを 2 倍にして，7.0 m×14.0 m スパンの PC 造を想定する．このとき，PC 鋼材量は，3.5 kg/m^2～5.0 kg/m^2 程度必要となり，PC 造の躯体コストは RC 造に対して 103%～105% となる．また，同じ 7.0 m×14.0 m のスパンを SRC 造で計画したときには，鉄骨鋼材量が 70 kg/m^2～90 kg/

表 4.1.2　構造種別のコスト比較（事務所 6 階建て）[3]

比較項目	構造種別	RC	PRC	PC	プレキャストPC	SRC	S
建物のグレード	曲げひび割れ性能	ひび割れる	ひび割れを制御	ひび割れない	ひび割れない	ひび割れる	―
	耐久性能	普通	少し良くなる	良い	最も良い	普通	錆びやすい
	耐火性能	良い	良い	良い	良い	良い	耐火被覆が必要
経済性	経済コスト（躯体）	100%	103%	103～105%	115%	120～140%	100%

m² 程度必要となり，躯体コストは RC 造の 120%〜140% となる．したがって PC 造は SRC 造に対して約 20% 以上の躯体コスト削減ができる．

4.2 概略設計

4.2.1 鉛直荷重に対して

（1） 設計フロー

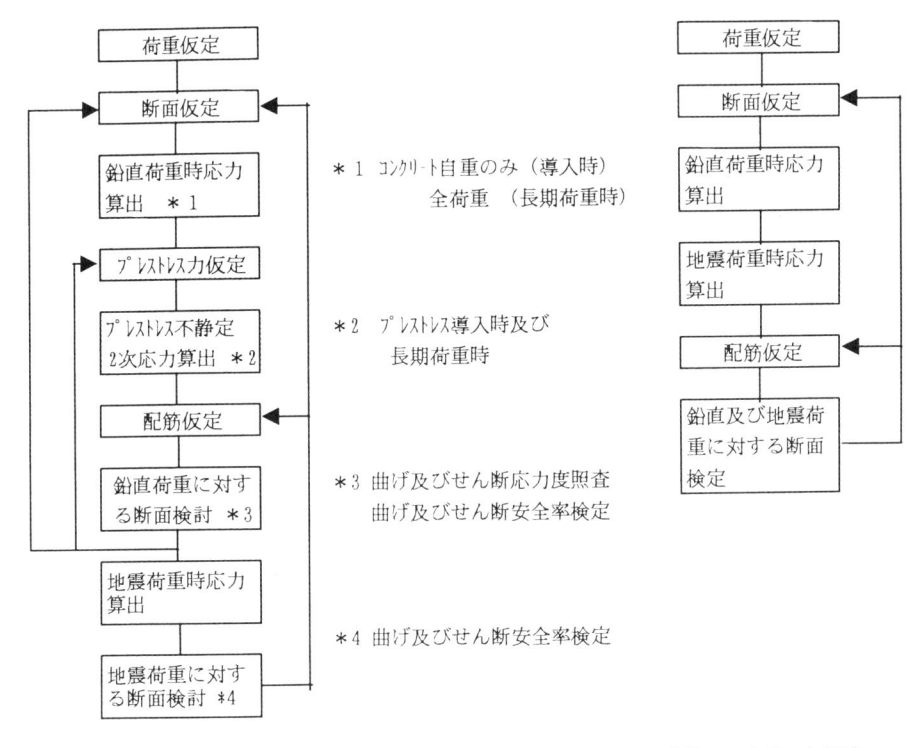

```
[プレストレストコンクリート構造]                    [鉄筋コンクリート構造]

  荷重仮定                                          荷重仮定
    ↓                                                ↓
  断面仮定 ←─────┐                              断面仮定 ←──────┐
    ↓           │                                    ↓            │
  鉛直荷重時応力  │   *1 コンクリート自重のみ（導入時）   鉛直荷重時応力    │
  算出  *1     │      全荷重   （長期荷重時）     算出             │
    ↓           │                                    ↓            │
  プレストレス力仮定←┐                               地震荷重時応力    │
    ↓           │ │                                算出             │
  プレストレス不静定│ │  *2 プレストレス導入時及び        ↓            │
  2次応力算出 *2 │ │     長期荷重時                  配筋仮定 ←──────┤
    ↓           │ │                                    ↓            │
  配筋仮定 ←────┘ │                              鉛直及び地震荷   │
    ↓             │                              重に対する断面  │
  鉛直荷重に対す    │  *3 曲げ及びせん断応力度照査    検定 ──────────┘
  る断面検討 *3 ──┘     曲げ及びせん断安全率検定
    ↓
  地震荷重時応力
  算出
    ↓                 *4 曲げ及びせん断安全率検定
  地震荷重に対す
  る断面検討 *4
```

図 4.2.1　設計フロー比較

　PC と RC の設計フローの比較を図 4.2.1 に示す．このフローは場所打ちラーメン構造を対象にしたものである．PC の設計では RC にはない手続きを必要とするので，ここに整理してみる．
1) プレストレス導入時と長期荷重時
　①PC 部材では，部材の断面検討をプレストレス導入時（導入時）および建物完成時（長期荷重時）の 2 回にわたって行う必要がある．
　②したがって鉛直荷重によるラーメンの応力を，この 2 回に分けて求めなければならない．
　③プレストレス導入時に断面検討を行わなければならない理由は以下による．
　　　プレストレス力は鉛直荷重を打ち消す上向きの力である．工事途中のプレストレス導入時には，普通，スラブおよび梁自重しかかかっていない．導入プレストレス力は，これ以後に加わる仕上げおよび積載荷重の分をも含んだ全荷重に対して与える必要がある．そこでこの上向きの打ち消し力が過大にならないようにチェックしなければならないためであ

る．

2) プレストレス不静定二次応力の算出
　①プレストレス力は部材に縮みとむくりといった強制変形を与える．ラーメンのような不静定架構では，そのために不静定二次応力が発生するのでこれを求める必要がある．
　②こうして求めたプレストレス不静定二次応力と鉛直荷重による応力の合計に対して，導入時・長期荷重時の2時点で断面検討をする必要がある．

（2）梁断面の仮定
　場所打ちラーメンのPC大梁断面を仮定する各種方法を紹介する．

表 4.2.1 場所打ちプレストレストコンクリート大梁の仮定断面

文献	仮定方法
①(社)プレストレストコンクリート建設業協会<プレストレストコンクリート建築マニュアル>[3]	・梁せい(D)梁幅(b, b_e)の仮定 事務所・店舗など $$D=\frac{L_x}{20-(L_y/2 \sim L_y/3)} \text{ (m)}$$ 駐車場・倉庫など(比較的床荷重の大きい構造) $$D=\frac{L_x}{18-(L_y/2 \sim L_y/3)} \text{ (m)}$$ L_x：スパン (m) L_y：桁スパン (m) 中央断面梁幅(b)＝350～550 (mm) 端部断面梁幅(b_e)＝b＋200～250 (mm) 水平ハンチ
②日本建築学会関東支部<プレストレストコンクリート構造の設計>[4]	・梁せいは，スパンの1/20程度の大きさとし，4階建てぐらいまでは各階とも同じ梁せいとすることが多い． 梁の幅　スパン15 m程度まで　b＝35 cm 　　　　スパン30 m程度まで　b＝40 cm 　　　　スパン40 m程度まで　b＝55 cm いずれの場合にも，梁端より3～5 mの位置より水平ハンチをとり，梁幅＋(10～20 cm)とする．
③(社)日本建築構造技術者協会 関西支部編<はじめてのPC・PRC構造>[2]	・図4.2.2に梁せい/スパンの関係を示す．I，II種のほうがスパンの幅が広く，ばらつきが多くなっている．I，II種では1/16，III種では1/14を一応の目安とする． 梁幅は350～600の間で選択する． D/Lの平均値と偏差値 1/9.15　　1/10.10　　1/9.46　　$x+\sigma_{n-1}$ 1/14.27　 1/13.45　　1/13.94　　x 　　　　　 1/20.08　　1/26.53　　$x-\sigma_{n-1}$ 1/32.36 N-27　　　N-17　　　N-44 I II　　　III RC　　 I II III RC　部材種別 図 4.2.2　D/L（梁せい/スパン）
④国土交通省告示[*] 注　本告示の記述事項は仮定断面ではなく遵守規定である	梁　$\dfrac{D}{L} > \dfrac{1}{18-8\eta}$ 床(片持ち以外の場合)　$\dfrac{t}{L_x} > \dfrac{1}{40-10\eta}$ 床(片持ちの場合)　$\dfrac{t}{L_x} > \dfrac{1}{15-5\eta}$ 左表の条件を超える場合には，長期たわみのチェックを行う．その方法は告示1459号による．ただし，弾性たわみの計算に用いる荷重としては，(固定荷重＋積載荷重－プレストレスによる荷重吊り上げ分)で行う．変形増大係数は，告示1459号の値を採用する． D：はりのせい (mm)　　t：床版の厚さ (mm) L：はりの有効長さ (mm)　L_x：床版の短辺方向の有効長さ (mm) $\eta=M_r/(M_p+M_r)$：部材の曲げ強度に及ぼす普通鉄筋の寄与率 M_r：材料強度に基づく普通鉄筋による曲げ強度 M_p：材料強度に基づくPC鋼材による曲げ強度
⑤本書の提案式 注　本式は日本建築学会<鉄筋コンクリート構造計算基準・同解説>に記載のRCに対する梁断面推奨式を参考に作成したものである．	・本書では以下の方法を提案する． 梁寸法算定式　$\dfrac{l}{D} \leq \sqrt{\dfrac{C_c}{\alpha}\dfrac{b}{w_0}} = \sqrt{\dfrac{C_c}{0.083}\dfrac{b}{w_0}}$ $\alpha=1/12=0.083$とする　ラーメンの標準値 C_c＝4.0 N/mm² 　T形梁　I種　PC　フルプレストレス 　　　3.0 N/mm² 　T形梁　II種　PC　パーシャルプレストレス 　　　2.0 N/mm² 　T形梁　III種　PC　PRC 　　　1.0 N/mm² 　T形梁　　　　　RC b＝梁の最小幅・中央幅 (mm) D＝梁せい (mm) w_0＝梁の平均荷重 (N/mm)

[*] 建設省告示1320号の改正は本書編集の時点では未公布．

⑤ 本書の提案式について説明する．
- 梁にかかる全荷重 W を求める．このとき梁自重を 15〜20% 程度見込む．そして平均荷重 $w_0 = W/L$ を求める．
- 仮定した梁幅 b（350 mm〜）をもとに $\sqrt{\ }$ 値を計算する．
- 適用スパン L を $\sqrt{\ }$ 値で割って梁せい D を求める．
- 端部の梁幅は地震荷重，あるいはせん断計算の結果修正する．

（3） 柱断面の仮定

場所打ちラーメンの RC 柱断面を仮定する各種方法を紹介する．

表 4.2.2　場所打ちプレストレストコンクリート架構の柱の仮定断面

文　献	仮　定　方　法
①(社)プレストレストコンクリート建設業協会 ＜プレストレストコンクリート建築マニュアル＞[3]	・柱の剛比は PC 梁の 3 倍以上とする． 　大スパンのため，たわみ・振動障害が生じやすいので，柱の剛性は，できるだけ大きいほうがよい． ・柱のせい（D_c）は，PC 梁せい（D）の 0.8〜0.9 倍とする． ・柱の幅（B_c）は，PC 梁幅（b_e）の 100〜200 mm 増とするか，柱のせい（D_c）の 0.8〜0.9 倍とする． ・3〜4 階程度までは，同一断面とする． 　略算断面を上記で仮定し，最上階については断面検討する．
②日本建築学会関東支部 ＜プレストレストコンクリート構造の設計＞[4]	・柱断面の大きさは 5 階建ぐらいまでならば，各階とも同じ断面にすることが多い．最上階は鉛直荷重による端部の曲げモーメントが大きいため，下層階では，地震時水平荷重による曲げモーメント・せん断力が大きいためである． ・平屋または最上階の柱で鉛直荷重の曲げモーメントによって決まる場合は，柱せいは，梁せいの 0.8〜1.0 倍程度，柱せいと柱幅との比は 1：0.7〜0.8 とする． ・梁と柱の剛比は 1：7 程度が望ましい．柱の剛度が小さいと，大スパンのため梁の振動，たわみによる障害が生じるおそれがある．
③(社)日本建築構造技術者協会関西支部編 ＜はじめての PC・PRC 構造＞[2]	・特記なし
④日本建築学会 ＜鉄筋コンクリート構造計算規準・同解説＞[5] ＜プレストレストコンクリート設計施工規準・同解説＞[7]	・短期軸方向力を柱のコンクリート全断面積で除した値が $F_c/3$ 以下となるように設計する．
⑤本書の提案式	・I 種・II 種 PC 　　柱せい＝0.9×梁せい 　　柱　幅＝0.9×柱せい 　　かつ　柱剛比＝5.0（梁剛比＝1.0） ・III 種 　　柱せい＝0.8×梁せい 　　柱　幅＝0.9×柱せい 　　かつ　柱剛比＝3.0（梁剛比＝1.0）

（4） 設計手法の概略説明

場所打ち PC 大梁の鉛直荷重に対する設計の手順の概略を示す．

設計条件

　　Ⅱ種 PC（パーシャルプレストレス）
　　スパン 15.0 m　桁行きスパン 5.0 m
　　床積載荷重　　　　　　　　　　2 kN/m²
　　固定荷重（仕上げ，スラブ，小梁）6 kN/m²
　　　　　　　　　　　合計　8 kN/m² ×1.15 → 9.2 kN/m²
　　　　　　　　　　　　　　　　（自重分割増）

設計手順 1　断面仮定

$w_0 = 9.2 \times 5 = 46 \text{ kN/m} = 46 \text{ N/mm}$, $b = 400 \text{ mm}$

$$\frac{L}{D} = \sqrt{\frac{C_c}{\alpha} \frac{b}{w_0}} = \sqrt{\frac{3}{0.083} \frac{400}{46}} = 17.7 \quad D = L/17.7 = 15\,000/17.7 = 847 \text{ mm}$$

$b \times D = 400 \times 850$ mm とする

設計手順 2　鉛直荷重時応力算出

鉛直荷重によるラーメンの応力を算出する．

このとき，プレストレス導入時点でのコンクリート自重のみによる応力と最終時点での全荷重による長期荷重時応力とを求める．

設計手順 3　プレストレス力仮定

プレストレス量は，梁有効断面積当たり 2〜4 N/mm² を設定する．

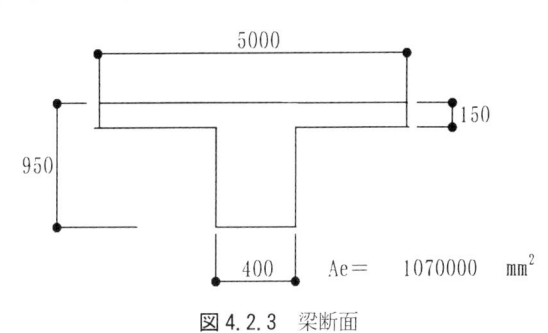

　　Ⅰ種 PC　4 N/mm²
　　Ⅱ種 PC　3 N/mm²
　　Ⅲ種 PC　2 N/mm²

図 4.2.3　梁断面

今の場合，Ⅱ種 PC で設計　$P = 3 \times 1\,070\,000/0.85 = 3\,776\,470$ N $= 3\,776$ kN

ここに 0.85 はプレストレス力の有効率

設計手順 4　プレストレス不静定二次応力算出

必要プレストレス導入力 P が求まったので，これを満足する PC 鋼材を選んで部材内に配置する．PC 鋼材の配置（テンドンプロフィール）が決まったら，プレストレス導入に伴って発生する不静定二次応力を算出する．それには，梁のプレストレス曲げ変形による梁材端固定モーメント $C_{梁}$，および，梁の軸縮みが引き起こす柱材端固定モーメント $C_{柱}$ をそれぞれ求め，これをもとに不静定ラーメン二次応力を算出する（図 4.2.7 参照）．

このときにも，プレストレス導入時と長期荷重時の 2 時点での応力を算出する．通常は導入時二次応力の 0.85 倍を長期荷重時二次応力とすることができる．

設計手順 5　鉛直荷重に対する断面検討

以上で求めた応力をもとにして断面検討を行う

- 曲げ応力度の検討 　　　許容曲げ応力度以内であることを確認する
　　　　　　　　　　　　　プレストレス導入時および長期荷重時の2時点で行う
- せん断応力度の検討　　　許容斜張応力度以内であることを確認する
　　　　　　　　　　　　　長期荷重時にて行う（必要に応じてプレストレス導入時も行う）
- 曲げ破壊耐力の検討　　　曲げ破壊耐力が各種荷重の組合せに対して一定の安全率があることを確認する（表4.2.3参照）
- せん断破壊耐力の検討　　せん断破壊耐力が各種荷重の組合せに対して一定の安全率があることを確認する（表4.2.4参照）

　付属のプログラム「PC 部材の計算プログラム」は，通常の一貫構造計算プログラムとの組合せで，場所打ちプレストレストコンクリート大梁（I 種，II 種）の不静定モーメントの算出および断面設計を行うのに利用することができる．

表4.2.3　曲げ破壊に対して考慮すべき応力の組合せ[7]

荷重および外力について想定する状態	一般の場合	令第86条第2項但し書きの規定によって特定行政庁が指定する多雪区域における場合
常　時	$1.2G+2P$	$1.2G+2(P+0.7S)$
	$1.7(G+P)$	$1.7(G+P+0.7S)$
積雪時	$G+P+1.5S$	$G+P+1.5S$
暴風時	$G+P+1.6W$	$G+P+1.6W$
		$G+P+0.35S+1.6W$
地震時	$G+P+1.5K$	$G+P+0.35S+1.5K$

表4.2.4　せん断破壊に対して考慮すべき応力の組合せ[7]

荷重および外力について想定する状態	一般の場合	令第86条第2項但し書きの規定によって特定行政庁が指定する多雪区域における場合
常　時	$1.2G+2P$	$1.2G+2(P+0.7S)$
	$1.7(G+P)$	$1.7(G+P+0.7S)$
積雪時	$G+P+1.5S$	$G+P+1.5S$
暴風時	$G+P+1.6W$	$G+P+1.6W$
		$G+P+0.35S+1.6W$
地震時	$G+P+\sum M_u/L'$ または $G+P+2.0K$	$G+P+0.35S+\sum M_u/L'$ または $G+P+0.35S+2.0K$
	$G+P+1.2\sum M_u/L'$ または $G+P+2.25K$	$G+P+0.35S+1.2\sum M_u/L'$ または $G+P+0.35S+2.25F_{es}K$

注：地震時の下欄は文献8) 日本建築センター指針による

4.2.2 地震荷重に対して

(1) 設計フロー（設計ルート）

日本建築センター「2001年版建築物の構造関係技術基準解説書」に記載のプレストレストコンクリート造建築物の地震荷重に対する構造計算のフローを図4.2.4に示す[6]．

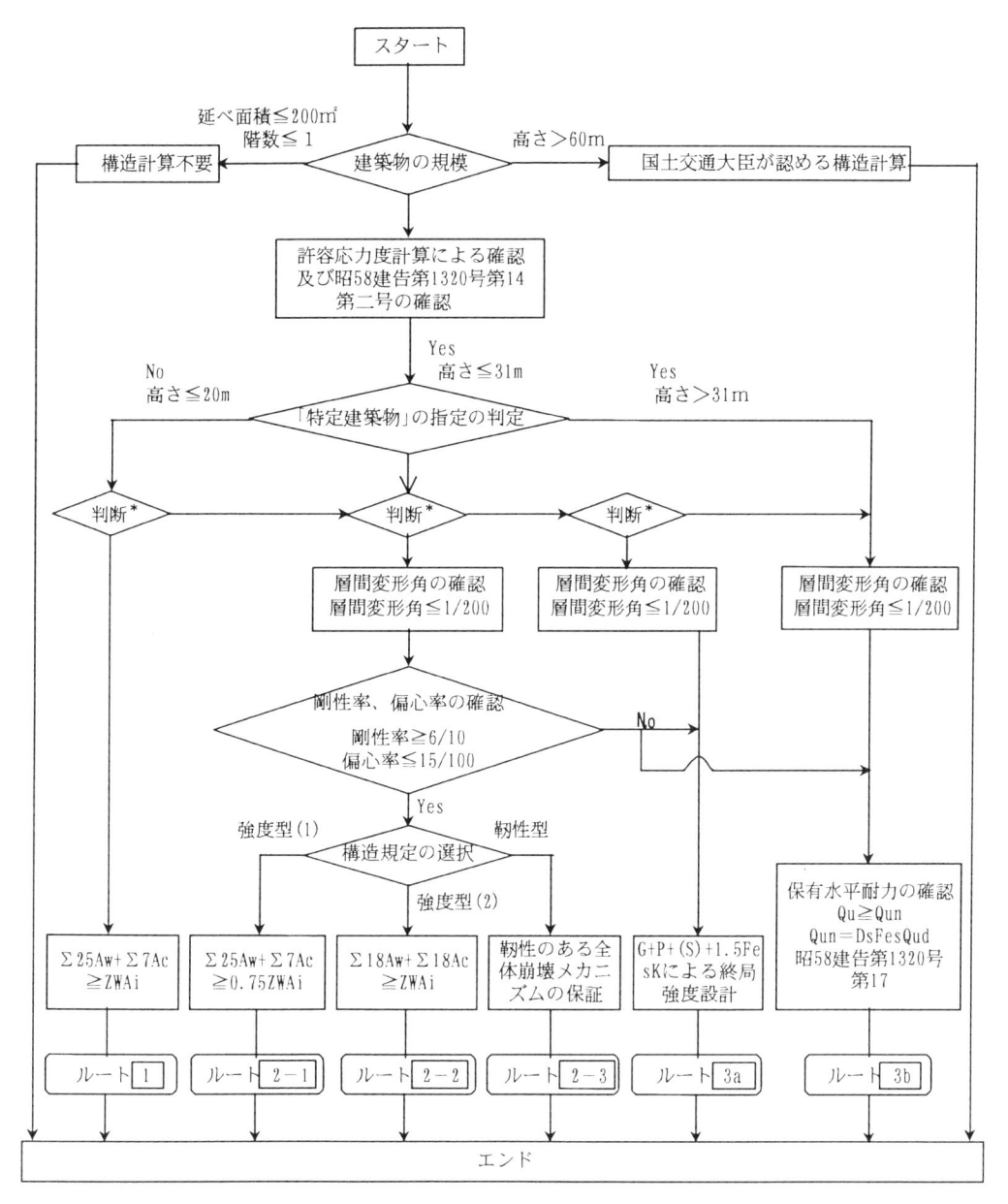

```
                        スタート
                           │
        延べ面積≦200㎡      │
        階数≦1            │       高さ＞60m
    ┌─────── 建築物の規模 ───────┐
構造計算不要                          国土交通大臣が認める構造計算
                           │
                  許容応力度計算による確認
                  及び昭58建告第1320号第14
                  第二号の確認
                           │
                          Yes
       No          高さ≦31m              Yes
       高さ≦20m                          高さ＞31m
    ┌─────「特定建築物」の指定の判定─────┐
    │             │             │
   判断*          判断*          判断*
    │             │             │
    │       層間変形角の確認   層間変形角の確認   層間変形角の確認
    │       層間変形角≦1/200  層間変形角≦1/200  層間変形角≦1/200
    │             │
    │       剛性率、偏心率の確認
    │       剛性率≧6/10  ──No──┐
    │       偏心率≦15/100        │
    │            Yes              │
    │   強度型(1)   │    靱性型    │
    │       構造規定の選択         │
    │            強度型(2)         │
    │                              │
ΣAw+Σ7Ac  Σ25Aw+Σ7Ac  Σ18Aw+Σ18Ac  靱性のある全  G+P+(S)+1.5Fe  保有水平耐力の確認
≧ZWAi    ≧0.75ZWAi   ≧ZWAi       体崩壊メカニ  sKによる終局   Qu≧Qun
                                    ズムの保証   強度設計       Qun=DsFesQud
                                                              昭58建告第1320号
                                                              第17
 ルート1   ルート2-1   ルート2-2   ルート2-3   ルート3a      ルート3b
    │        │          │         │         │            │
    └────────┴──────────┴─────────┴─────────┴────────────┘
                                エンド
```

＊判断とは設計者の設計方針に基づく判断のことである．例えば，高さ31m以下の建築物であってもより詳細な検討を行う設計法であるルート 3 を選択する判断等のことを示している．

図4.2.4 耐震設計フロー図（建築センター指針）[6]

（2） 梁，柱断面の仮定

梁については，大スパンで使用されることが多いPC大梁では，先に鉛直荷重時で決めた梁断面をそのまま地震時にも適用できる．特別に地震時を意識する必要はない．しかし，純ラーメン構造で4,5階建て以上の場合には，地震時を考慮した断面修正を行う必要が出てくる．

柱については，鉛直荷重時で決めた柱断面をもとにして，建物階数や，地震荷重のラーメン負担率等により実施設計で修正していく必要がある．

（3） 純ラーメン構造

もともと大スパンでの使用が多いプレストレストコンクリート構造では，広い空間を確保した，間仕切り壁等が少ない純ラーメン構造の架構形式とすることが多い．プレストレス力は，梁に縮みとむくりといった強制変形を引き起こすので，できる限り自由にこの変形が行えることが架構にとっても望ましい．純ラーメン構造は最も単純な架構形式でこの点からもPC構造に適した形式である．

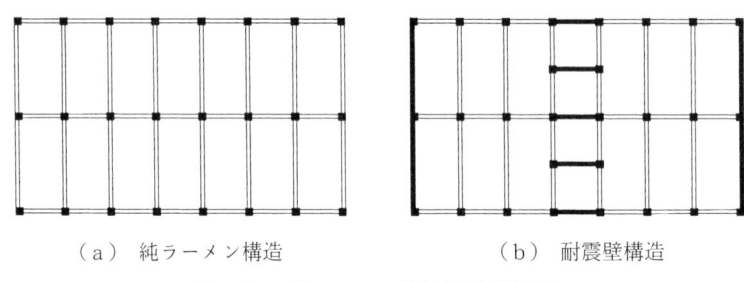

（a） 純ラーメン構造　　　　　　　（b） 耐震壁構造

図4.2.5　純ラーメン構造と耐震壁構造

（4） 耐震壁構造

適正に配置された耐震壁は，建物に適度な剛性と強度を与えて耐震性の向上をもたらす．PC構造の場合も例外ではない．ただプレストレスの導入作業の際に耐震壁構造部が変形の妨げにならないように施工上の配慮が必要であり，完成後もプレストレスによるクリープ変形を耐震壁が拘束して，不測のひび割れを発生させないように気をつけなければならない．

（5） $1.5K$に対し設計をする

PC構造では，わが国で設計され始めた当初から，PC部材に対して終局強度設計を行ってきた．常時荷重時には，許容応力度およびたわみの確認，さらにPRC構造の場合にはひび割れ幅の確認を行った上で，表4.2.3の荷重係数を部材応力に乗じた値よりも部材の終局強度が上回るように設計する．地震荷重時には，地震荷重による応力（K）を1.5倍した応力組合せよりもやはり部材の終局強度が上回っていることを確認する．地震時のせん断応力に対しては$2.0K$を採用し，曲げよりも安全率を大きくしていて，この$2.0K$に対して終局強度確認を行うか，せん断破壊が曲げ破壊よりも先に起こらないことを確認する．この終局強度設計法は，PC部材と一体となって架構を形成しているRC部分の設計にも適用するように建築学会の規準に決められている．これまでに遭遇した数度の地震に際し，PC構造がきわめて健全であったいくつかの理由の一つに，この設計法が貢献していることは間違いない．

（6） 設計手法の概略説明

場所打ち PC 大梁の地震荷重に対する設計の手順の概略を以下に示す．

|設計手順1| 地震荷重時応力算出

　　　地震荷重によるラーメンの応力を算出する．

|設計手順2| 地震荷重に対する断面検討

　　　先に求めた鉛直荷重およびプレストレス不静定二次応力との組合せ応力をもとにして断面検討を行う．

- 曲げ破壊耐力の検討　　曲げ破壊耐力が $1.5 \times$ 地震時応力 を考慮した組合せに対して安全であることを確認する（表4.2.3参照）．
- せん断破壊耐力の検討　せん断破壊耐力が $2.0 \times$ 地震時応力を考慮した組合せに対して安全であることを確認する（表4.2.4参照）．

4.2.3 プレストレス導入に対して

（1） プレストレス量の仮定

部材種別に応じたプレストレス量を表4.2.5のように設定する．

プレストレス量とは，長期荷重時有効プレストレス力をスラブ有効幅を含む部材断面積で割った圧縮応力度で，部材全長の平均値と考えてよい．

プレストレス力は，初期導入時点の値から，コンクリートのクリープ・乾燥収縮の影響で15〜20％減少するので，長期荷重時には導入時点の85から80％となる．また端部の緊張力はシースとの摩擦の影響で，中央にいくに従って減少する．特に緊張材が曲線配置される場合には角度変化に応じて一層減少するので，部材全長にわたって一様ではない．したがって，導入プレストレス力を求めるにはこれらの影響を考慮しなければならない．

表4.2.5　プレストレス量の目安

部材種別	プレストレス量
Ⅰ種PC	4〜　N/mm²
Ⅱ種PC	3〜4 N/mm²
Ⅲ種PC	2〜3 N/mm²
Ⅲ種PC　規準外	1　N/mm² 以下

（2） あたり計算

RC では梁などの曲げ部材の断面設計を行うとき，$M=a_t f_t j$ という簡便な式が使える．PC でもこれに似た式が使えないものであろうか．

PC では，断面検討の際，梁の曲げ破壊耐力 M_u に対して，$M_u \geqq 1.7(G+P)$ であることが要求されている．鉄筋を考慮しないで PC 鋼材だけで M_u を満足させる設計と考え，この式をもとにどれだけの PC 鋼材が必要かを算定してみる．

まず梁中央部での必要 PC 鋼材降伏力 P_y を求める．M_u は簡単な式①で算定できる．応力中心距離 j は，場所打ち T 形梁で $\fallingdotseq 0.7D$ と考えて差支えない．場所打ち一体式ラーメンの梁中央部での設計モーメント M は，プレストレス不静定モーメントも考慮しておよそ $0.8M_0$ と概算できる．ここに M_0 は$(G+P)$ 合計の全荷重による単純梁中央モーメントの値である．これらの関係を取りまとめると，結局③式 $P_y=2.0M_0/D$ で必要 PC 鋼材降伏力が求まる．④式の $M_0=0.5 \cdot P_y \cdot$

図 4.2.6 あたり計算

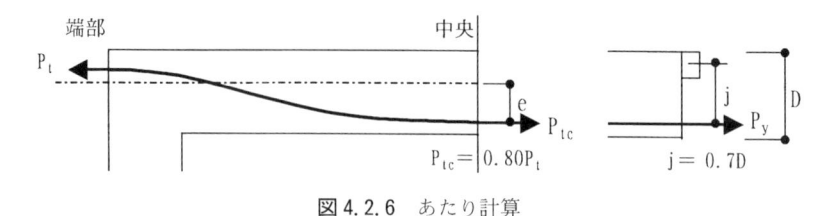

D は，RC に類似の簡便式である．

① $M_u = P_y \cdot j$
② $M_u \geq 1.7(G+P)$
　①②より　$P_y \geq 1.7(G+P)/j = 2.43 M/D = 2.43 \cdot (0.8 M_0)/D$
　　　　　　　　　　$= 1.94 M_0/D \rightarrow 2.0 M_0/D$
　ここに　$M = G+P,\ j ≒ 0.7 D\ \ M = 0.8 M_0$
③ $P_y = 2.0 M_0/D$
④ $M_0 = 0.5 \cdot P_y \cdot D$
　ここに　M_0：$(G+P)$ による単純支持梁の中央モーメント
　　　　　P_y：PC 鋼材の降伏荷重
　　　　　D：梁せい

およその目安として，最低限，③または④式を満足させる PC 鋼材が中央断面で必要であることになる．

図 4.2.6 には，中央部緊張力 P_{tc} が端部作業緊張力 P_t のおよそ 0.80 倍になることも一つの目安として記しておいた．PC 鋼材とシースとの摩擦のために端部緊張力は順次減少していく．その値はもちろん，梁の寸法，ケーブルの配置により異なるが，スパン 18 m 前後の場合，中央部ではおよそ 0.80 倍程度になると考えて差し支えない．

(3) 縮みとむくり

プレストレスを与えるとは，部材に圧縮力 P とモーメント $P \cdot e$ を与えることである．P が縮みを，鉛直荷重と逆向きに効かせる $P \cdot e$ がむくりを引き起こす．その量はどの程度かおよその値を算出してみる．

まず縮み量であるが，$F_c = 35\,\text{N/mm}^2$，平均プレストレス量 $4\,\text{N/mm}^2$ の場合，10 m 長さについて 1.4 mm である．長さが n 倍になれば縮み量は n 倍になる．

ついでむくりを求める．事務所荷重を想定し，全設計荷重から積載荷重を除いた固定荷重分のモーメントを $P \cdot e$ で打ち消す設計を行うとする．全設計荷重を 1.0 とするとその内訳はコンクリート自重 0.7，仕上げ荷重 0.1，積載荷重 0.2 程度である．全設計荷重によるたわみを 1.0 と

表 4.2.6 梁の変形比率（全荷重たわみを 1.0 とする）

荷　重　時　点	プレストレス導入時	仕上げ荷重時	長期設計荷重時
荷重によるたわみ (A)	0.7	0.8	1.0
プレストレスによるむくり (B)	−0.94 (= −0.8/0.85)	−0.94	−0.80
合　　計　　(A)+(B)	−0.24	−0.14	0.20

する．固定荷重によるたわみ0.8を打ち消すむくりは−0.8であるが，クリープ等によるプレストレスの損失率0.85をあらかじめ考慮して初期導入時には1/0.85倍のPを与えるので−0.8/0.85＝−0.94となる．これをもとにして各荷重段階での合計たわみ比率を求めたのが表4.2.6である．場所打ちPC梁の場合，全設計荷重によるたわみはおよそスパンの1/1000くらいであり，プレストレス導入時のむくりはスパンの0.24/1000＝1/4000と見当がつく．

（4） プレストレス不静定応力

上に述べたように，プレストレスは梁に縮みとむくりという変形を引き起こす．場所打ち一体式構造では梁柱が剛接なので，架構全体を強制的に変形させて二次応力を生み出す．

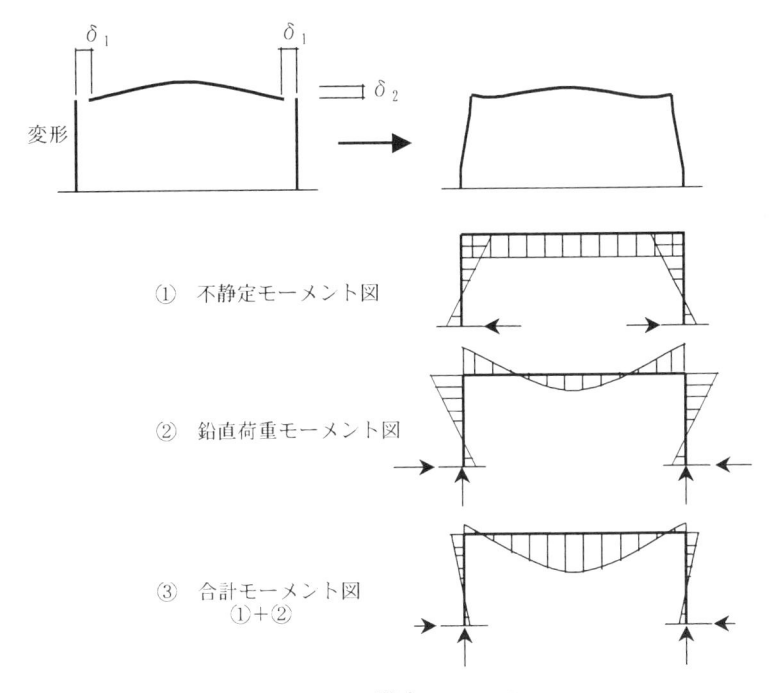

図4.2.7 不静定モーメント

（5） 太径で少なくか，細径で多くか

必要プレストレス量が決まり，梁端部での必要作業緊張力が求まったら，それに適合する最適

表4.2.7 太径と細径

	太　径	細　径
緊張力≧2 000 kN	○	△
2 000＞緊張力≧1 000 kN	○	○
緊張力＜1 000 kN	▲	○
端部収まり	収めにくい	収めやすい
曲線か直線か	曲線	曲線・直線
ねじ止めくさび止め	ねじ止め・くさび止め	ねじ止め・くさび止め
グラウトによるボンド	あり	あり・なし（アンボンド）

の緊張材を選定しなければならない．多くの選択肢があるので整理してみる．
　PC鋼材の配置にあたっては，以下の点を注意する．
①最小限2本のPC鋼材を配置するのが望ましい．
②緊張端の納まりに気をつける．特にラーメン大梁の端部は，柱および直交大梁の主筋との重なりを避けられることを確認しておく必要がある．
③スラブ，小梁等で細径のPC鋼材を多数分散配置する部材の場合にはアンボンド工法が適している．

（6）　曲線配置のプレストレス

　すでに述べてきたように，PC部材は圧縮力Pによる圧縮応力と，曲げモーメント$P \cdot e$による曲げ応力の両方の効果で鉛直荷重に抵抗する．しかし場所打ち床スラブにプレストレスを与えるような場合，梁，柱，壁等の拘束を受けて軸縮みが有効に生じないで，圧縮応力の効果がなく，曲線配置をしたPCケーブルの曲げモーメント$P \cdot e$のみが有効に働く．

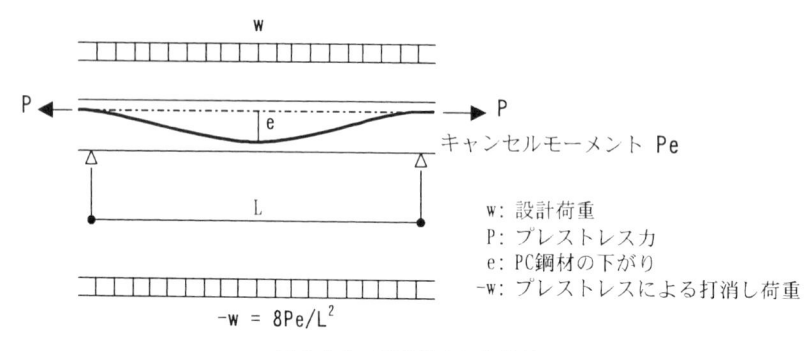

図4.2.8　荷重釣合い設計法

　曲線配置をしたPC鋼材はその長さに沿って曲率に応じた分力$w = 8P \cdot e/L^2$を生み出し，これが鉛直設計荷重と逆向きに作用し，プレストレスの効果を発揮する．荷重釣合い方式（Load Balancing Method）といわれ，アンボンドPC鋼より線を使ったスラブの設計に使われている．

4.3　設計上の注意点

4.3.1　プレストレス導入による変形

（1）　縮みに対する構造上の配慮

　先にも述べたが，プレストレスを導入すると縮みとむくりが発生する．主体ラーメンに対しては計算に基づいて正確に応力を求めて設計するので問題はないが，主体ラーメンに接続しているそれ以外の部分，スラブ，壁等に影響を与え，一方では影響を受けて障害が起きることがある．設計に際してこれらの障害を引き起こさないように配慮する必要がある．図4.3.1は端部スパンのスラブがせん断変形を受ける様子を示している．このままではスラブにひび割れが生じるおそれがあり，

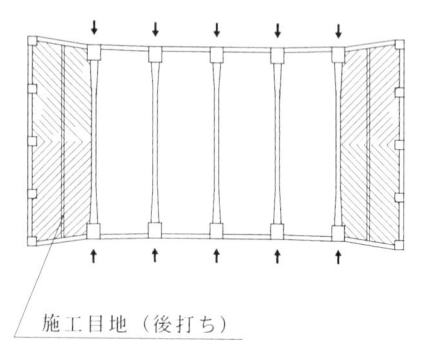

図4.3.1　スラブの変形

施工上の目地を設けて障害を避ける等の対策が必要である.

　場所打ち一体式構造ではスラブ・梁一体のT形梁にプレストレスを与える．プレストレスは梁に集中して与えられるのでスラブに力が流れるとき，図4.3.2に示した引張応力が生じる．ひび割れの発生を避けるように引張応力の方向に沿って用心鉄筋を配置する．

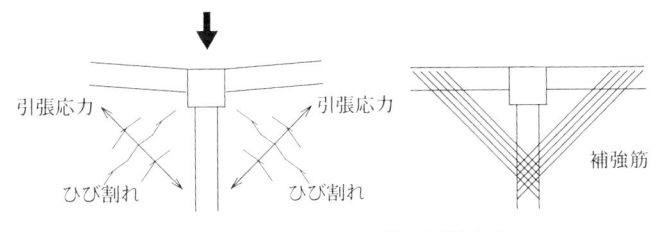

図4.3.2　端部スラブに働く引張応力

(2) むくり，たわみに対する構造上の配慮

　意匠上の理由から，図4.3.3に示したようなRCの間仕切り壁が必要とされる場合にはプレストレス導入時にPC梁と縁を切り，梁が自由に変形できるようにするのがよい．

　また完成後も梁はクリープ現象によって変形が継続するので，そのままこういった壁とは切り離したままがよい．これらの間仕切り壁はできる限りRC壁ではなく，ほかの材料を使用するように意匠設計者と協議するのがよい．

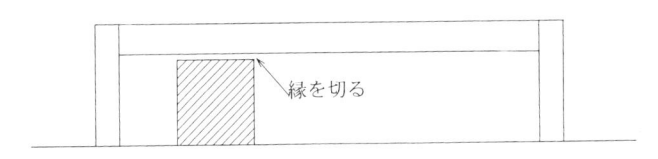

図4.3.3　邪魔な壁の取り除き

(3) クリープと乾燥収縮

　コンクリートにはクリープと乾燥収縮という現象が伴うことはよく知られている．加力直後に瞬間的に起こる弾性ひずみのほかに，その後持続する応力によって時間の経過とともに増大する流動ひずみをクリープひずみといい，この現象をクリープ現象という．また持続する応力がない場合でも時間の経過とともに収縮ひずみが起き，これを乾燥収縮という．

　プレストレトコンクリート構造は，初期の段階で与えた圧縮力がそのまま持続して作用する．プレストレス導入時の弾性変形だけではなく，クリープおよび乾燥収縮によってその後も継続する変形に配慮した構造計画を心がける必要がある．場所打ちPC構造では，梁，スラブ，壁等が一体となってこれらのひずみを受けるので，できうる限り整形な構造系を採用することが望ましい．

表4.3.1　クリープ係数と乾燥収縮[7]

		クリープ係数 ϕ_n	乾燥収縮ひずみ最終値 S_n [mm/mm]
ポストテンションの場合	普通コンクリート	2.0	2×10^{-4}
	軽量コンクリート	2.0	3×10^{-4}
プレテンションの場合	普通コンクリート	2.5	3×10^{-4}

建築学会の設計規準からクリープ変形および乾燥収縮の係数を示したものが表4.3.1である．

この表はクリープひずみの最終値が弾性ひずみのϕ_n倍になること，および乾燥収縮ひずみ量の最終値が部材長さのS_n倍になることを示している．

部材長さ18 m，平均プレストレス量4 N/mm^{2}の場所打ちPC梁が自由に変形できるとした場合，弾性縮みは2.5 mm，クリープによる縮みはその2倍の5.0 mm，乾燥収縮による縮みは3.6 mmと計算できる．クリープおよび乾燥収縮による縮みは弾性縮みの3.4倍になる．

クリープおよび乾燥収縮は長期にわたって進行するものであり，弾性変形とは性質が違う．PC部材と一体となっている他の部材も同様にクリープあるいは乾燥収縮変形をして，相互に拘束し，馴染みあいながら全体の変形が進行して応力の再分配が起こる．応力再分配が大きくなる場合，たとえば大スパンの場合，クリープ性状の違う材料と接合されている場合，さらには曲げ剛性の大きい柱を多数含む架構の場合などでは，これらの変形がひび割れ発生やたわみの増大などの障害を生じるおそれがあるので注意を要する．

4.3.2 プレストレス導入に固有の現象

（1） 緊張力の摩擦損失

端部の緊張力は，PC鋼材とPC鋼材配置孔（シース）との間の摩擦により中央へ行くに従い小さくなる．この現象を摩擦損失という．摩擦損失によるPC鋼材の引張力は次の式で計算する．

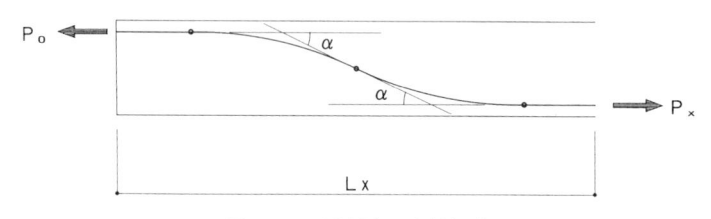

図4.3.4 緊張力の摩擦損失

$$P_X = P_0 e^{-(\mu\alpha_x + \lambda L_x)}$$ あるいは近似的には
$$P_X = P_0(1 - \mu\alpha_X - \lambda L_X)$$ で計算できる．

ここにα_Xは全角度変化，L_XはPC鋼材の全長，μは角度変化に対する摩擦係数（1/rad），λは単位長さ当たりの摩擦係数（1/m）である．

表4.3.2 摩擦係数の標準値[7]

PC鋼材の種類	μ （1/rad）	λ （1/m）
PC鋼線	0.3	0.004
PC鋼より線	0.25	0.004
PC鋼棒	0.3	0.003
アンボンドPC鋼より線	0.06～0.07	0.002～0.003

たとえば，材長20 m，梁中心まで10 m，角度変化合計が35度の梁の梁中心位置での摩擦損失率を算出すると，PC鋼より線を使用した場合で，$P_X = P_0(1 - \mu\alpha_X - \lambda L_X) = P_0(1 - 0.25 \cdot 0.61 - 0.004 \cdot 10) = 0.8 P_0$となる．

(2) 緊張力のセットロス

PC鋼材をくさび定着する工法が多く用いられているが，この場合くさびのすべり，戻り（セット）によってPC鋼材に与えた緊張力が失われる．これをセットロスという．

セット量は各種定着工法によって異なり，3～10 mmの範囲にある．

いま，材長20 m，梁中心まで10 mの梁を両端から緊張する場合を考えてみる．PC鋼材は緊張力によって50 mm伸びる．セット量を5 mmとするとセットによるロスΔPは10%となり緊張力は90%に減少する．ただし，これは鋼材の摩擦係数を無視した場合であり，実際にはPC鋼材に沿って存在する摩擦が働き，セットロスはPC鋼材全長にわたって生ずるわけではない．緊張端から遠ざかるにつれてセットロスが減少し，なくなってしまうためである．梁中央ではセットの影響がなく，導入緊張力をそのまま保持していることが多い．一方，端部でのΔPは，セットの影響範囲がLでなくL_1に縮められるので，その分だけより大きくなる．図4.3.5はその様子を示したものである．

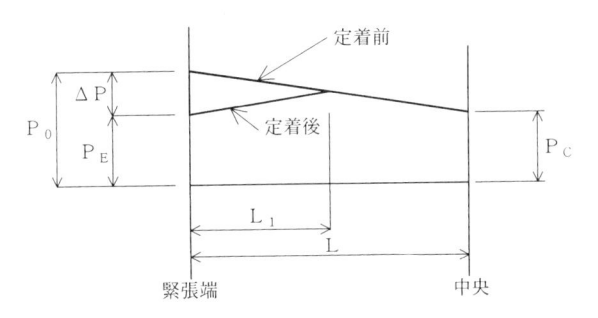

図4.3.5 セットロス

(3) PC鋼材のリラクセーション

PC鋼材を緊張し一定の伸びを与えたまま保持していると，PC鋼材が緩み，その張力は減少する．この現象をリラクセーションという．減少の割合をリラクセーション係数と呼び，建築学会の設計規準では表4.3.3の値を採用している．

表4.3.3 PC鋼材のリラクセーション係数[7]

PC鋼材の種類	リラクセーション係数
PC鋼線・異形PC鋼線	5%
PC鋼より線	5%
PC鋼棒・異形PC鋼棒	3%
低リラクセーションPC鋼線およびPC鋼より線	1.5%

(4) 有効プレストレス力

PC鋼材に蓄えられた緊張力は，時間の経過とともに当初の80～85%程度にまで減少する．PC鋼材自体がリラクセーションによって緩むこと，そしてコンクリートがクリープおよび乾燥収縮によって縮んでPC鋼材が緩むためである．クリープおよび乾燥収縮に影響を及ぼす要因としては，コンクリートの調合，養生条件，部材断面寸法，さらには気象条件等がある．

表4.3.4 プレストレス有効率[7]

$P_n = \eta P$　P_n：有効プレストレス力 P：初プレストレス力 η：プレストレス有効率	
プレテンション方式の場合	$\eta = 0.80$
ポストテンション方式の場合	$\eta = 0.85$

建築学会のプレストレストコンクリート設計施工規準では，静定構造物の場合として，便宜上，損失後の有効プレストレス力 P_n を求める有効率 η を表 4.3.4 のように決めている．不静定構造物の場合には，必要に応じて計算し断面設計に考慮することとなっているが，一般的には不静定構造物の場合にも，静定構造物と同じ有効率を採用している場合が多い．

（5） 定着部の支圧応力と割裂補強

PC 鋼材の定着端直下では局部的にきわめて大きな圧縮応力（支圧応力）が生じている．定着工法にもよるが，支圧応力度は 25 N/mm² を上回ることが多い．支圧応力度は通常の圧縮応力度の 2 倍程度の許容値が許されてはいるが，この局部支圧が大きすぎないよう注意をする必要がある．一般に使用されている定着具はこの点を考慮して安全なように設計されている．

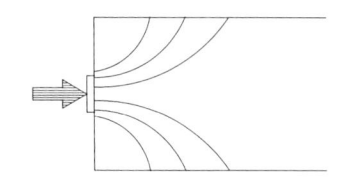

図 4.3.6　支圧応力の伝達

また，定着具から局部的な強い圧縮力を受けるため，定着具直下のコンクリートには圧縮力の作用方向と直交する方向に引張応力が発生する．これを割裂応力と呼ぶ．発生する割裂応力度が，コンクリートの許容引張応力度を超えるときには補強鉄筋を配置して対処する．通常割裂補強筋の配置は必須であり，補強筋の形状にはグリッド，スパイラルさらにはフープ形等がある．支圧応力に対する場合と同じく割裂補強筋に関しても，

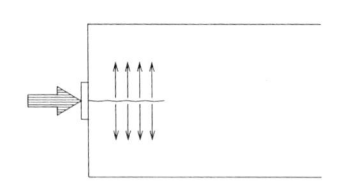

図 4.3.7　割裂応力

一般に使用されている定着具は，補強鉄筋の必要量・配置位置が標準化されているので，これに従うことで設計計算を省略できる．

（6） グラウトとアンボンド工法

グラウトは，PC 鋼材の腐食を防ぐために，またシースと PC 鋼材間の付着を確保するために行うものである．緊張作業終了後できるだけ早い時期にグラウトを行う．グラウトに必要とされる強度は，通常，材齢 28 日シリンダー（直径 50 mm，高さ 100 mm）圧縮強度で 20 N/mm² 以上とされている．しかしグラウトに関しては，圧縮強度の確保も大切ではあるが，むらなく，均一にシース内に完全充填されることがもっとも大切である．

アンボンド工法は，全長にわたって防錆されたアンボンド工法用 PC 鋼より線を小梁やスラブに分散配置したもので，グラウトの手間を省いた工法といえる．この一方でアフターボンド工法もあり，緊張作業終了後シース内に充填された樹脂が硬化してコンクリート部材と PC 鋼より線が一体化するものである．

4.3.3 定着端

（1） 各種定着工法

巻末一覧に示したように，PC 定着工法には数多くの種類がある．分類すると

　①複数本の PC 鋼材をくさびで定着するくさび形式タイプ　　　　　　　｝マルチシステム
　②複数本の PC 鋼材をねじで定着するねじ形式タイプ
　③一本の PC 鋼材をくさびで定着するシングルストランドタイプ　　　　｝シングルシステム
　④一本の PC 鋼材をねじで定着する PC 鋼棒タイプ

となる．

定着工法選定の目安として，プレストレストコンクリート建築マニュアルに記載の適用表を引

表 4.3.5　各種定着工法の特徴および適用箇所[3]

システム	マルチシステム		シングルシステム	
タイプ	①くさび形式タイプ	②ねじ形式タイプ	③シングルストランドタイプ	④PC鋼棒タイプ
工法名	CCL, フレシネー, FSA OBC, ストロングホールド SWA, VSL, KTB	安部ストランド, BBR, KTB, OSPA, SEEE	CCL, KCL, SK, SM, STS	ディビダーク PC鋼棒
特徴	$\phi 5\,mm \sim \phi 8\,mm$ のPC鋼線または, $\phi 9.3\,mm \sim \phi 21.8\,mm$ のPCストランドを複数本まとめたものを1ケーブルとしており, 大きな緊張力を必要とする場合に適する. また, くさび形式であるためセットロスが生ずるので, 特に短いケーブルの場合には, この影響を考慮して設計する必要がある.	緊張力としては, ①くさび形式タイプと同程度であるが, 定着方式がねじ形式となっているため, セットロスの影響がなく, カップリング(ケーブルの接続)も容易である.	$\phi 12.4\,mm \sim \phi 21.8\,mm$ までのシングルストランド定着工法であり, 緊張力としては140~430 kN/本程度で, 小さな緊張力を分散して与える場合などに適している.	緊張力としては, 150~700 kN/本程度であるが, ねじ式定着なので, セットロスの影響がなく, 短い部材および部材の圧着に適している.
適用箇所	○大スパンの梁など		○スラブ, 壁 ○スパン12 m以下の梁など	○柱, 小梁 ○柱と柱, 柱と梁の圧着など

用する.

(2) 定着端の納まり

図 4.3.8 に最も標準的な定着端の納まりを示す. マルチシステム, くさび形式タイプの定着工法により, 柱外に定着具を設置した場合である. この場合にはコンクリート等を打ち増しして定着具を保護しなければならない. 打ち増しコンクリートを避けて柱内に定着具を埋め込む方法もある.

定着端には, 定着具・PC梁主筋・柱主筋・直交大梁の主筋が交差して配置され混雑するので, あらかじめ, 常にこの点を意識して, 梁・柱の寸法, 梁の寄りを確認しながら, 納まりの検討を設計の重要な部分として取り入れていく必要がある. 先に述べた太径で少なくか, 細径で多くかの選択を考慮して, 納まり上から最も適当なPC定着工法を採用するのがよい.

断面図

平面図

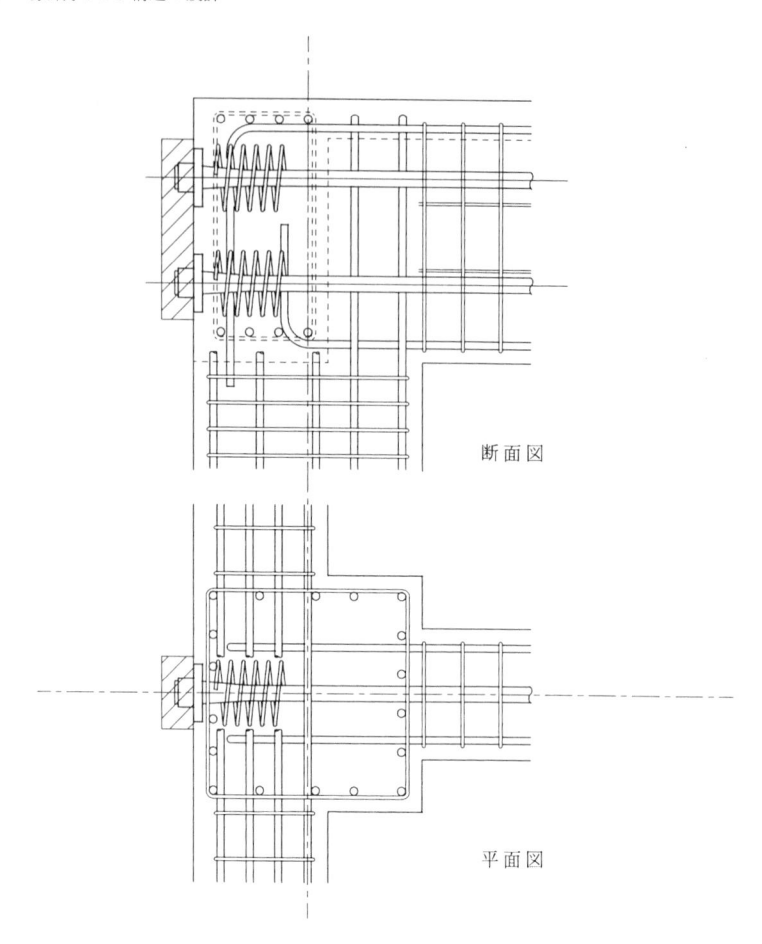

図 4.3.8 定着端配筋の収まり

4.3.4 異種構造との接合部

(1) PC と RC との境界での破壊

先の兵庫県南部地震の際，場所打ち PC 造のうち，唯一の被害を受けた 1 棟の被害状況は，PC 梁にはまったく損傷がなく，RC 柱がせん断破壊を起こしたものであった．梁を PC，柱を RC とした中低層の PC 造では，PC 梁に比べて RC 柱が弱くならないように終局強度設計を行って終局強度，特にせん断強度を確保する必要がある．

(2) PC 部材以外の構造部材に同等以上の強度を与える

高強度コンクリートを使用し，高強度鋼材によりプレストレスを与えられた PC 梁の強度はきわめて高く，接続する RC 部材・柱にも同等の強度を付与した設計を行うことが望ましい．それには，耐震設計ルートのいかんを問わず，柱材も PC 部材同様の曲げ，およびせん断破壊安全率をもたせること，そして，PC 梁と同等の強度のコンクリートを使用するのがよい．

(3) コンクリート強度の違い，打継ぎ

場所打ちコンクリート構造に，コンクリートの打継ぎは避けられない．これまでの PC 造は，梁のみに高強度コンクリートを使用し，柱には普通強度コンクリートを使っていたので，そのた

めの打継ぎが余計に加わって施工を煩雑にしていた．柱梁ともに同じコンクリートを使用すれば，打継ぎ箇所を最小にすることもでき，簡明である．

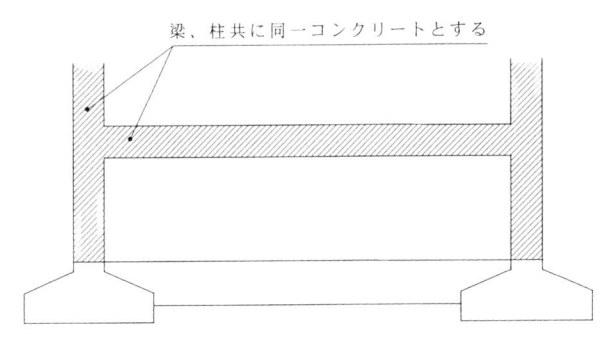

図4.3.9　柱・梁同じコンクリート強度

4.3.5　PC梁貫通

(1) PC梁に開口部設置

かつてはPC梁に開口を設けることはタブー視されていて，一般的には許容されていなかった．最近，建築学会の設計規準に開口部設計に関する規定が盛り込まれて，一般設計段階での実施が容易になった．設計の詳細については規準を参照していただくこととして，構造規定と補強配筋例のみを引用する．

(a) 開口寸法　　　　(b) 開口間隔

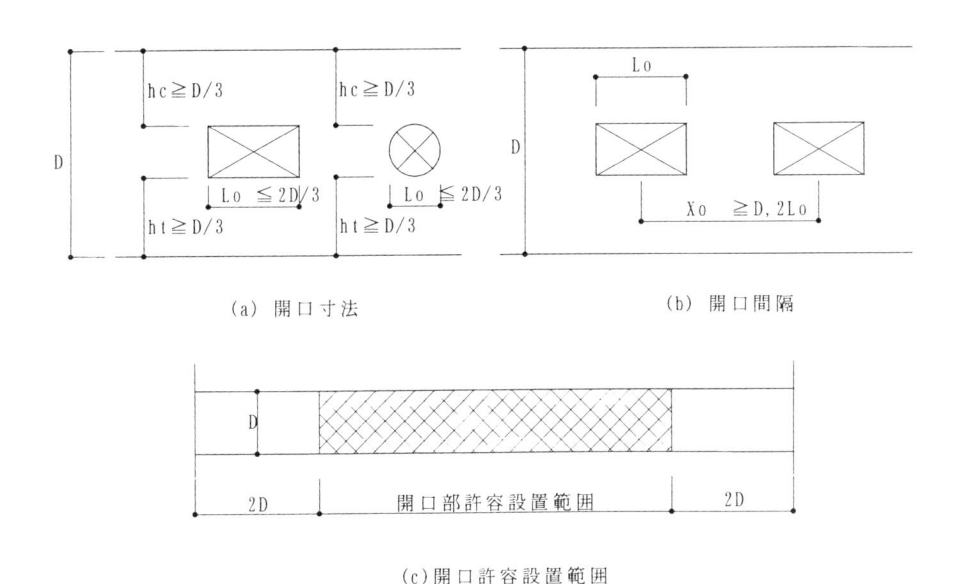

(c) 開口許容設置範囲

図4.3.10　構造規定

a) 開口寸法
　開口の寸法は以下の規定に従う
　$h_t \geq D/3$, $h_c \geq D/3$ かつ $L_0 \leq (2/3)D$
b) 開口間隔
　開口の中心間の間隔 X_0 は以下の規定に従う

$X_0 \geqq D$ かつ $X_0 \geqq 2L_0$

c) 地震力を負担する部材の開口の許容設置範囲は原則として梁の内法スパンの両側から $2D$ の範囲より内側とする．ただし以下の条件を満たす開口は，この限りではない．

$h_t \geqq D/3$, $h_c \geqq D/3$ かつ $L_0 \leqq D/5$, $h_0 \leqq D/5$

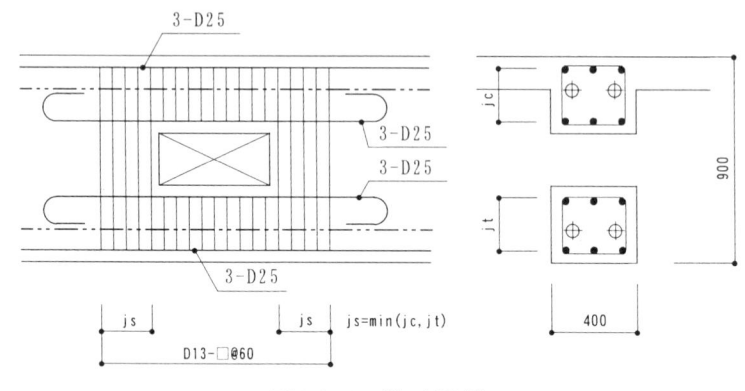

図 4.3.11 開口補強例

（2） PC 梁に先付けインサート

高圧縮力が蓄えられた PC 梁を不用意にはつったり，貫通口をあけたりして痛めつけることは避けるべきである．あらかじめ設備関係の吊材を想定してインサート等を余分に埋め込んでおくなどの対処が必要である．

4.4 PC 構造の展開

4.4.1 免震構造

（1） 柱数を少なく，柱軸力を大きく

免震構造を計画するときに，積層ゴムに引張力を生じない架構計画をたてることはきわめて大

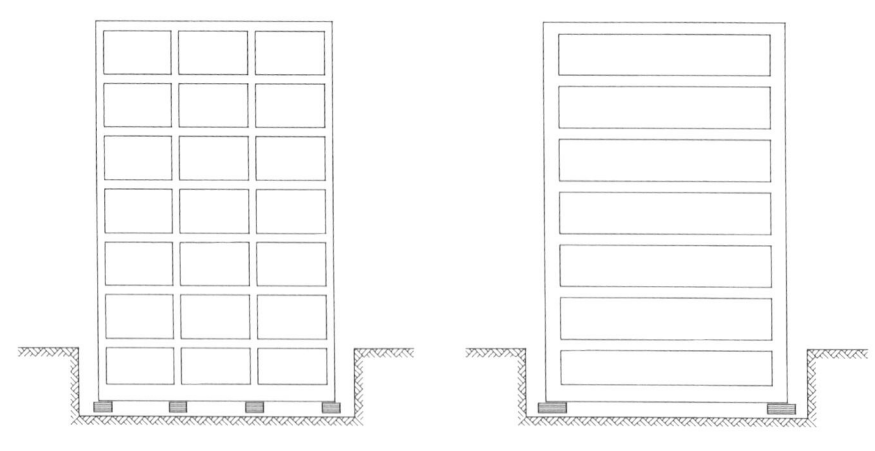

引張力の生じやすい架構計画　　　　　　引張力の生じにくい架構計画

図 4.4.1 積層ゴムに引張力が生じない架構計画[9]

切である.

　プレストレストコンクリート造は，この構造計画に必要な条件を満たすのに最適の構造である．スパンを飛ばして柱数を少なくすることは PC 造の得意とするところであり，柱1本あたりの軸力が大きくなり，地震時に浮上りが生じなくなると同時に，積層ゴムの使用数が減り，工事費の削減につながる．

（2）　地震力を緩和して中層の建物に

　PC 造はその最も得意とするところが大スパン構造であるために，低層の大スパン建物によく使われ，中層の建物への利用度があまりない．中層の建物の場合，地震荷重が支配的になり柱断面積を多く必要とし，柱数が多くなり，RC で十分なスパンになってしまうためである．免震構造を採用すれば，地震入力を大幅に低減できるので，架構の支配荷重が鉛直荷重になる．柱数を少なくしてスパンを飛ばしての PC 構造の採用により有効な空間利用が可能になる．

（3）　梁せいを低くして層数を多く

　また，梁せいを低くできる PC 造の長所を生かして，限られた建物高さの内に一層でも多くの層数が得られる点も見逃せない．敷地の有効活用によって経済効率の高い建物建設が可能である．

4.4.2　性能設計

　性能設計の観点からみて，PC 造はきわめてすぐれた構造材料である．

（1）　使用性

　プレストレスを導入することで，たわみや変形を制御し，ひび割れ性能を調節できる PC 造は，要求性能に応じた構造体を実現できる．Ⅰ種からⅢ種 PC のどれを選択するかによって，そのまま思い通りの性能を満足することができる．

（2）　修復性

　すでに述べたように，PC 造はきわめて復原性が強い材料である．使用荷重を超える大きな荷重が作用してひび割れが発生しても，荷重がなくなればほとんど元に復してしまい，少し修復をすれば原状どおりになり，再使用が可能である．

（3）　安全性

　プレストレスを与えることは，それ自体，部材の品質検査を行っているのと同じで，鋼材に高張力を，コンクリートに高圧縮力を与えるという試練に耐えた PC 部材は，高品質な構造部材であるとの保証を得たものといえる．

　また，過去の震害体験では，PC 造は地震に対して高い安全性を示している．従来，エネルギー吸収能力に欠ける履歴減衰特性を持ち，地震入力の増大を招くといわれてきた PC 造ではあるが，その点を適切に考慮した設計を行えば，鉄骨のようには座屈しない，RC のようには大きなひび割れを生じない，といった長所を持つ安全性の高い構造材料としての特徴を発揮できる．

　必要に応じて免震装置または制振装置との併用で，PC 構造の長所である広い自由な空間を確保した構造の実現が可能である．

4.5 限界耐力計算

4.5.1 限界耐力計算法の流れ

平成12年6月1日に改定・施行された建築基準法・同施行令のうち性能規定を目的とした限界耐力計算法について，耐震設計の流れを図4.5.1に示す．

基本的な考え方は，設定した地震動に対する建物の応答値が，限界値に至らないことを検証することである．限界耐力計算法は，地震動および限界値の組合せにおいて，損傷限界時および安全限界時の2段階の検証を行うこととなっている．

設計手順を大きく分けると以下の3点である．
（1）設計用地震動の設定
（2）建物の水平力に対する荷重-変形関係の算定
（3）地震時の応答値が限界値に至っていないことの確認

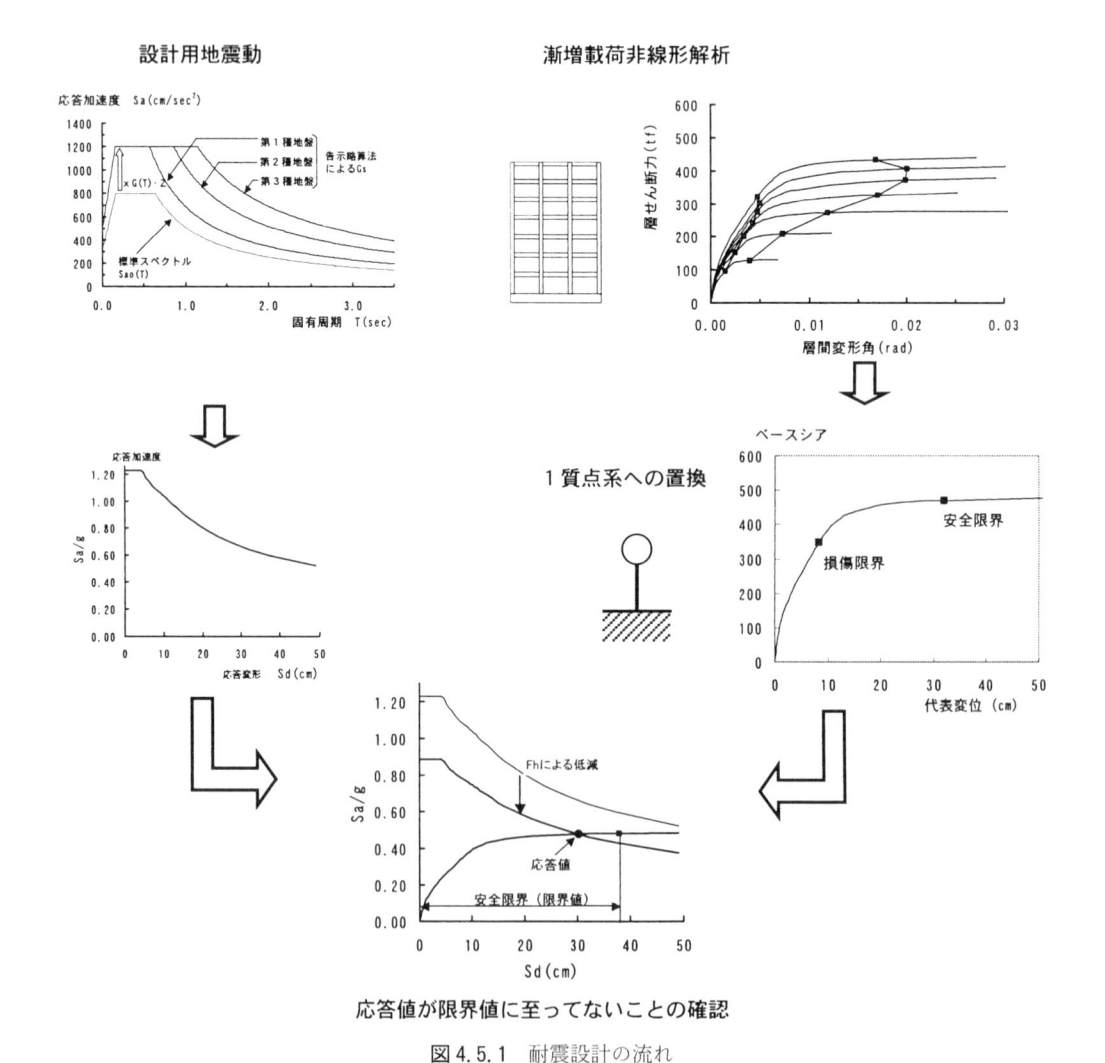

図 4.5.1 耐震設計の流れ

（1） 設計用地震動の設定

設計用地震動は，解放工学的基盤における基準地震動（標準スペクトル）に，建設地の表層地盤の増幅特性を考慮して決める．具体的には，設計用地震動（設計用応答スペクトル）は以下の式で与えられ，解放工学的基盤の標準スペクトルに表層地盤増幅係数と地域係数を乗じた形となっている．なお，ここでいう解放工学的基盤とは，かなり堅固な地盤を示しており，せん断波の伝達速度が 400 m/sec 以上と考えている．

$$S_a(T) = G(T) \cdot Z \cdot S_{a0}(T)$$

$S_a(T)$：設計用応答スペクトル
$G(T)$：表層地盤増幅係数
Z：地域係数
$S_{a0}(T)$：解放工学的基盤での標準スペクトル（減衰5.0%）

（2） 建物の水平力に対する荷重-変形関係の算定

建物を構成する構造部材の弾塑性性状をもとに漸増載荷非線形解析を行う．解析の結果，建物に作用するせん断力と変形角の関係が各階において得られる．また，このとき，建物における損傷限界および安全限界を定めることになる．損傷限界・安全限界の定義は，各構造や架構構成により異なり，設計者が判断する上で最も重要なポイントとなる．

漸増載荷非線形解析から得られた各階のせん断力-層間変形角関係を等価な1質点（有効質量）系のせん断力-変形関係（ベースシア-代表変位関係）に置換する．

（3） 地震時の応答値が限界値に至っていないことの確認

（1）で求めた設計用応答スペクトルは，固有周期（横軸）と応答加速度（縦軸）の関係で表されるが，縦軸を2回積分することにより固有周期（横軸）と応答変形（縦軸）の関係が得られ，この両グラフを関係づけることにより，応答変形（横軸）と応答加速度（縦軸）の関係が得られる．また，（2）で求めた1質点系のせん断力（縦軸）-変形（横軸）関係も縦軸を有効質量で除すと加速度-変形関係になる．よって，（1）と（2）の両グラフは同一の軸を持つグラフに表現でき，同一軸を持つ両関係の交点が地震時の建物の最大応答を表すこととなる．しかし，実際には，設計用応答スペクトルは，5%減衰を与えた弾性応答であるので，建物が塑性化する場合（安全限界の検証時）には塑性化の度合に応じ付加される履歴減衰を考慮し，応答スペクトルを低下させる必要がある．よって，建物の塑性化を表す塑性率（D_f）から地震時の応答に期待できる履歴減衰（h）を求め，履歴減衰（h）から加速度低減率（F_h）を求め，実際の応答を算定する．この応答が限界を超えないことを確認する．

4.5.2 プレストレストコンクリート構造物への適用

限界耐力計算法は，性能規定型設計法を目指した耐震設計法であり，構成部材の荷重-変形関係が明らかであれば，どのような構造の建築物にも適用できる．部材の荷重-変形関係を用いて漸増載荷非線形解析を行い，建物の水平力に対する荷重-変形関係を算定し，限界状態を設定することが，限界耐力計算法では求められる．プレストレストコンクリート構造物への適用の場合も，プレストレストコンクリート部材の，①荷重-変形関係における骨格曲線，②変形（塑性率）と履歴減衰の関係および，③限界状態の設定が必要となる．ここで，上記の3項目に分けて説明し，限界耐力計算法への適用を考える．

（1） プレストレストコンクリート部材の荷重-変形関係における骨格曲線

　プレストレストコンクリート部材の荷重-変形関係は，RC部材からの連続として扱うことができる．RC系の部材と同様に，荷重-変形関係の定める方法として，骨格曲線を曲げひび割れと曲げ降伏を表すトリリニア型に置換し，このときの初期剛性に対する降伏点剛性の比率（剛性低下率）に菅野式を適用する．この菅野式の鉄筋量の項に，PC鋼材の影響を普通鉄筋と等価な形で加えて適用することにより，RC部材からPC部材へと連続的に扱うことができる．具体的な荷重-変形関係における骨格曲線を定める方法を図4.5.2に示す．

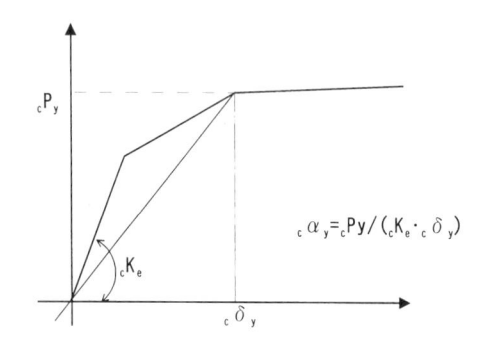

$$_c\alpha_y = _cPy/(_cK_e \cdot _c\delta_y)$$

$$_c\alpha_y = [0.043 + 1.64\{n_r \cdot _rp_t + n_s(_s\sigma_y/_r\sigma_y)_sp_g \cdot _sd_{g1}\} + 0.043a/D](_rd_t)^2$$

図4.5.2　PC部材の荷重-変形関係のモデル化

（2） プレストレストコンクリート部材の塑性率と履歴減衰の関係

　プレストレストコンクリート部材は，繰返し加力を受けた場合の履歴ループにおいて，RC部材に比べ履歴減衰効果が少なくエネルギー吸収能力が小さいという力学的性状を有する．また，PC鋼材の終局曲げモーメントの寄与率が大きくなるとこの傾向が大きくなり，純PC構造部材の履歴ループは逆S字形に近くなる．

　限界耐力計算法においては，この傾向を考慮し，塑性率と減衰の関係を図4.5.4のように定めRC部材からPC部材に連続するように履歴減衰の設定を行っている．

試験体名	No.1	No.2	No.3	No.4	No.5	No.6
断面 $b \times D$ (cm) 32.5×30						
PC鋼棒	2-ϕ23 A種 2-ϕ23 B種	同左	同左	同左	同左	同左
普通鉄筋 (SD345)	3-D25 1-D19	3-D25 1-D16	3-D22	2-D13 1-D16	2-D13	—
λ	0.50	0.61	0.70	0.86	0.89	1.00

ここで，$\lambda = M_{py}/(M_{py}+M_{py})$：曲げ耐力比

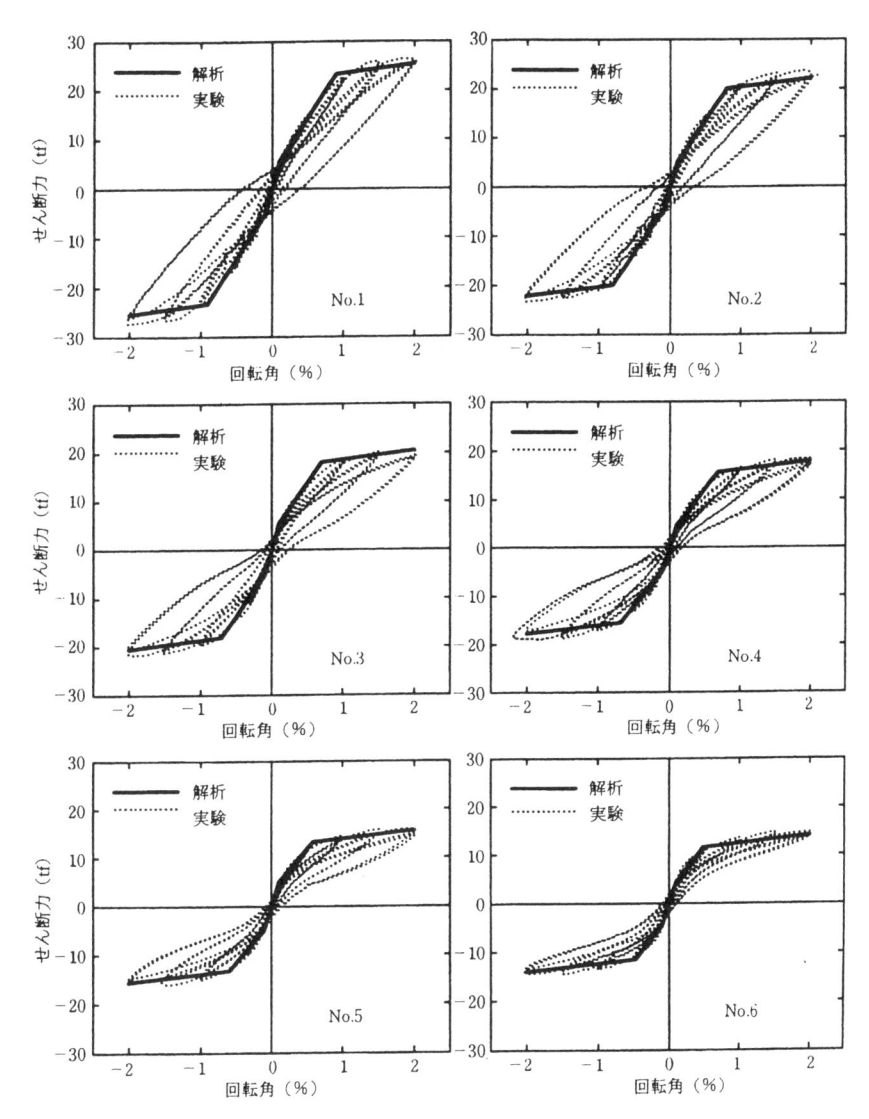

図 4.5.3　PC の履歴性状

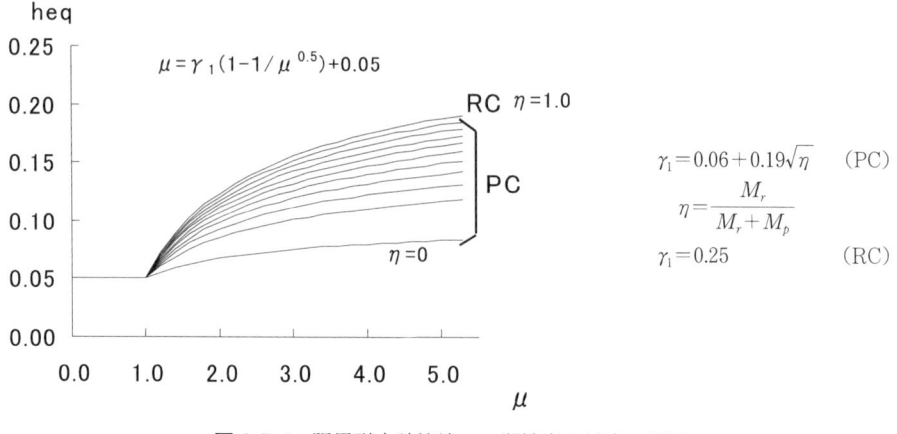

$$\mu = \gamma_1(1-1/\mu^{0.5})+0.05$$

$$\gamma_1 = 0.06 + 0.19\sqrt{\eta} \quad (PC)$$

$$\eta = \frac{M_r}{M_r + M_p}$$

$$\gamma_1 = 0.25 \quad (RC)$$

図 4.5.4　限界耐力計算法での塑性率と減衰の関係

（3）プレストレストコンクリート部材の限界状態の設定

a) 損傷限界

損傷限界とは，地震を受けた後に修復を要せずに当初の構造性能を維持することができる状態で，RC系構造物においては，鉄筋・コンクリートのひずみやひび割れの状態によって評価できる．また，部材の損傷の程度には，微細なひび割れから，ひび割れの進展，鉄筋の降伏，コンクリートの圧壊，PC鋼材の降伏，部材終局強度時があり得るが，ひび割れの状態（たとえば，残留ひび割れ幅）や残留変形の程度で損傷限界が定義できると考えられる．たとえばPC部材の場合の考えられる損傷限界を図4.5.5に示す．

しかしながら，検定設計式と損傷の状態の関係を示す明確な資料は少なく，損傷限界の定義自体今後の研究に依存するところが大きい．損傷限界の設定と検証法の確立は課題であるが，設計者が，損傷の度合いを想定しながら，地震に対し，ある範囲内の損傷にとどめる行為が本来の設計行為で，この意味で研究者のみでなく設計者側からの提案も必要とされる．

b) 安全限界

安全限界とは，建物の存在期間中にきわめてまれに発生する地震に対し，建物が倒壊崩壊しない限界である．具体的には鉛直荷重支持部材が鉛直支持能力を喪失する直前の状態と考えられるが，実際は，地震力による部材の応答値が鉛直荷重支持能力の喪失が生じない範囲であることを

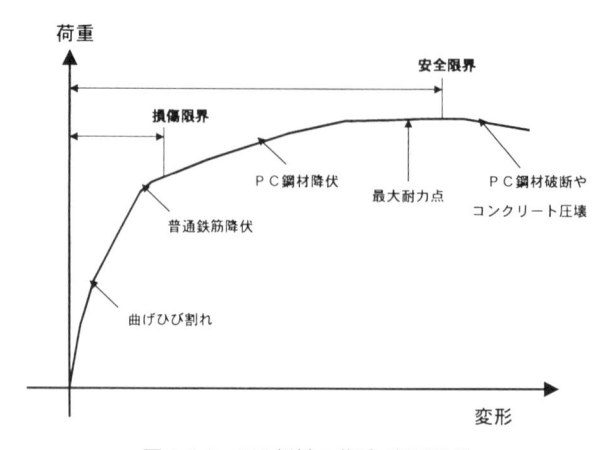

図 4.5.5　PC部材の荷重-変形関係

確認することとなる．

一般にPC部材はスパンが大きく曲げが支配的になり図4.5.5の荷重-変形関係に示すように，最大耐力点，コンクリートの圧壊やPC鋼材の破断が安全限界の指標になり得る．損傷限界と同様に安全限界に対しても，確立した検定設計式はないが，荷重と変形の関係を追跡した上での評価式が与えられることになるであろう．

4.6 新告示・改正の要点

プレストレストコンクリート造は建築基準法施行令第80条の2第2号（構造方法に関する補則）の規定に基づき，これまでは告示1320号でその技術的基準が示されていた．しかし近年の建築基準法改正に伴い，PCの技術的基準も新たに告示されることとなった（資料8.7）．以下に1320号からの主な変更箇所を抜粋した．

- **アンボンドPC鋼材の使用範囲**

ポストテンション法による場合にあっては，グラウトの充填が不要となる要件として「はり，柱又は耐力壁をプレストレストコンクリート造とする場合で，あらかじめ有効な防錆剤で被覆された付着がない緊張材を，付着が良好な鉄筋又は緊張材との併用その他安全上必要な処置を講じた上で，配置し，コンクリートを打ち込む場合で，かつ，第19に定める構造計算を行い構造耐力上安全であることを確認した場合」が明記され，限界耐力と同等以上の計算をすることで梁，柱又は耐力壁へのアンボンドPC鋼材の使用が認められた．

（第3 緊張材の防錆及びグラウト 1号のロ）

- **グラウトの品質**

「グラウトは，緊張材の防錆上有効であり，かつ，高温下においても付着力の著しい低下のないものとしなければならない．」とされ，グラウトの品質に関する規定が新設された．

（第3 緊張材の防錆及びグラウト 2号）

- **床版の構造**

床版に要求される最小のスラブ厚と配筋に変更はないが，除外規定として確認が必要な構造計算に，変形増大係数を用いたスラブの長期たわみの確認が明記された．

（第9 床版の構造）

- **圧着接合**

新規に圧着接合部についての規定が追加された．これにより，構造計算で耐力上安全と確認されれば，プレキャスト部材の圧着接合部に配筋は不要であることが明記された．

（第13 圧着接合）

- **部材せいの制限と変形増大係数**

PCの部材耐力に対する普通鉄筋の寄与率に応じた部材せいの条件式が設けられた．条件式を満足しない場合は，告示1459号によって，部材の長期たわみを確認する．弾性たわみの計算に用いる荷重は，固定荷重＋積載荷重－プレストレスによる吊上げ荷重とし，変形増大係数はRC造と同じ数値を使用する．

	条 件 式	変形増大係数
は　　り	$D/L > 1/(18-8\eta)$	8
床（片持ち以外の場合）	$t/L_x > 1/(40-10\eta)$	16
床（片持ちの場合）	$t/L_x > 1/(15-5\eta)$	16

D：はりのせい（単位 mm）
L：はりの有効長さ（単位 mm）
t：床版の厚さ（単位 mm）
L_x：床版の短辺方向の有効長さ（単位 mm）
$\eta = M_r/(M_p + M_r)$
　　　η：部材の曲げ強度に及ぼす普通鉄筋の寄与率
　　　M_r：材料強度に基づく普通強度鉄筋による曲げ強度
　　　M_p：材料強度に基づく PC 鋼材による曲げ強度

（第 14 応力度等 2 号）

・緊張材の許容応力度

旧第 19 許容応力度 1 号は本告示から削除され，告示第 1024 号に移行した．

・コンクリート強度の上限

旧第 19 許容応力度 2 号，第 20 材料強度 2 号は本告示から削除され，告示第 1024 号に移行した．

・限界耐力計算

新たに限界耐力計算に関する規定が追加された．計算方法は RC 造と同じであるが，建物の減衰特性を表わす係数 γ_1 の数値が RC 造との違いである．

　　　$\gamma_1 = 0.06 + 0.19\sqrt{\eta}$
　　　$\eta = M_r/(M_p + M_r)$
　η：部材の曲げ強度に及ぼす普通鉄筋の寄与率
　M_r：材料強度に基づく普通強度鉄筋による曲げ強度
　M_p：材料強度に基づく PC 鋼材による曲げ強度

（第 19 限界耐力計算と同等以上に安全さを確かめることができる構造計算）

・耐久性等関係規定の指定

第 1，第 3 から第 7 まで及び第 12 で定める安全上必要な技術的基準を耐久性等関係規定として指定する．

（第 20 耐久性等関係規定の指定）

参考文献

1) 坂静雄,岡田清,六車熙:プレストレストコンクリート,朝倉書店,1961
2) JSCA 関西支部:はじめての PC・PRC 構造,建築技術,1992
3) プレストレスト・コンクリート建設業協会:プレストレスト・コンクリート建築マニュアル,1989
4) 日本建築学会関東支部:プレストレストコンクリート構造の設計,技報堂出版,1977
5) 日本建築学会:鉄筋コンクリート構造計算規準・同解説,1999
6) 国土交通省住宅局建築指導課他:2001 年版建築物の構造関係技術基準解説書,2001
7) 日本建築学会:プレストレストコンクリート設計施工規準・同解説,1998
8) 日本建築センター:プレストレストコンクリート造設計施工指針,1983
9) 日本免震構造協会:免震構造入門,オーム社,1995

第5章 プレキャストPC構造の設計

　本章では，構造部材をプレキャスト（以後PCa）プレストレストコンクリート（以後PC）部材とする構造の設計について，主として設計方針および概要について述べる．対象とする部材は，柱，梁，耐力壁，小梁および床スラブである．基礎，基礎梁は施工例が少なく，カーテンウォールは非構造部材であることから対象としない．また，すべての部材が必ずしもPCaである必要はなく，場所打ちPC構造または鉄筋コンクリート（RC）造部材との混合構造である場合もある．ただし，本章ではすべての部材がPCa構造であるとして話を進める．

5.1 構造計画

　建物の建設段階は，「計画」「設計」そして「施工」と大きく3つのステップに分けられる．設計には「意匠」，「構造」，そして「設備」が含まれる．本章では主として構造計画について述べるが，意匠，設備計画との関係は場所打ち造の場合よりも重大な影響を受けることが多い．

5.1.1 設計フロー

　建物の設計は以下のようなフローを経て行われる．
1) 構造計画：意匠，設備との連携
2) 構造形式選択：ラーメン構造，耐力壁付ラーメン構造，壁式構造等の種類がある．
3) 構造体の配置：平面計画に応じて部材を配置する．
4) 構造体の分割：構造体を柱，梁，壁，スラブなどの単一部材へと分割する．必要に応じて単一部材をさらに分割する．
5) 架設順序：建物の高さや平面形状に応じて部材の架設順序を決定する．たとえば1層ずつ完了する方法や部材を雛段式に架設しながら後退（建て逃げ）する方法などの適切な架設方法を選択する．
6) 接合方法の選択：柱―梁，柱―柱，梁―梁，壁―梁，壁―柱，スラブ―梁などの接合において，各部材の接合に応じて適切な方法を選択する．接合方法は，PC鋼材で圧着接合する方法，接合鉄筋を配置してコンクリートを打設して一体化する方法などがある．
7) 設計クライテリアの設定：常時荷重，ひび割れ荷重，短期荷重，終局時荷重など荷重のレベルに応じて安全性の検討を行う．
8) 安全性の検証：建物の構造特性に応じて終局強度設計法（ルート3a），保有水平耐力設計法（ルート3b）により建物の耐震安全性を確認する．また改正基準法では限界耐力の計算を行って建物の安全性を確認する方法が付加された．

(1) 構造家と建築家，設備工事との共同作業

　PCaPC造は簡単にいえば，コンクリート部材を工場で製作し，それを建設現場に搬送して組み立てる構造物である．現場ではすでにコンクリート強度が発現しているので，意匠，設備のた

めの取付け治具は，あらかじめ製造計画に取り込み，工場で取り付けなければならない．場所打ち造では，意匠設計や設備設計は，施工が開始された後でも変更することができ，設備パイプ用梁貫通孔なども施工時に決定されれば間に合う．

しかしPCaPC造では現場で梁に孔をあけることはできない．したがって部材製作時には，意匠計画，設備計画はすでに完了し，製造計画におりこまれていなければならない．このように意匠計画，設備計画の完了時期と構造計画の完了時期が，場所打ちとで前後するので，意匠，設備担当者との打合せが重要となり，設計段階で綿密な共同作業が必要である．

（2） 平面形状の整理

PCa構造では，部材を工場で製作する．コンクリート部材の製作には型枠が必要であり，工場では通常鋼製型枠を使用する．鋼製型枠は高価であり，型枠の数はコストに影響する．したがって，部材の種類を少なくして型枠の数をいかに抑えるかが，工事原価を抑えることとなる．

部材の種類を少なくするためには整形な平面計画とするのが有効である．すなわち柱と柱の間隔を一定にして梁の長さをそろえたり，柱や梁の断面をそろえることにより型枠の種類を減ずることができる．

また，X軸，Y軸の通り心が斜めに交差する場合などは，梁柱の接合部で繁雑な検討が必要になることが多く，通り心は直交するのが望ましい．

このように建物の平面形状を整理して，部材の断面や長さをそろえて基準部材を設定することにより，標準部材を多用すれば，部材製作が効率的になる．

5.1.2 プレキャストの選択

PCa部材は工場で製作され，現場で組み立てられる．それぞれの場所における特徴を以下に列挙する．

（1） 工場において

a） メリット

①品質
- 工場内にコンクリートプラントがあるので生コン搬送に要する時間が短い．場所打ちの場合，生コンプラントから現場まで搬送するミキサー車が交通渋滞に巻き込まれ，所定の時間内に到着しないなどのリスクがある．
- 同一プラントで製造するので高強度コンクリートの品質管理が容易であり，強度が安定している．
- 作業条件の良い工場内の所定の場所で鉄筋の加工を行うため精度がよく鉄筋の継手部の信頼性が高い．
- 足場のよい工場で，鋼製または木製型枠を組み立て，同一作業場で打設するので形状寸法の精度が安定している．ACI-347では場所打造の寸法許容誤差の約半分程度と記述している．

②効率性
- 鉄筋の加工，配置，型枠工，コンクリート打設工が一定の場所で集中して行えるので労務の集約化が可能である．材料の運搬距離が短く一定であるので，量産効果があり，作業機械化，作業の標準化が容易に行える（図5.1.1）．

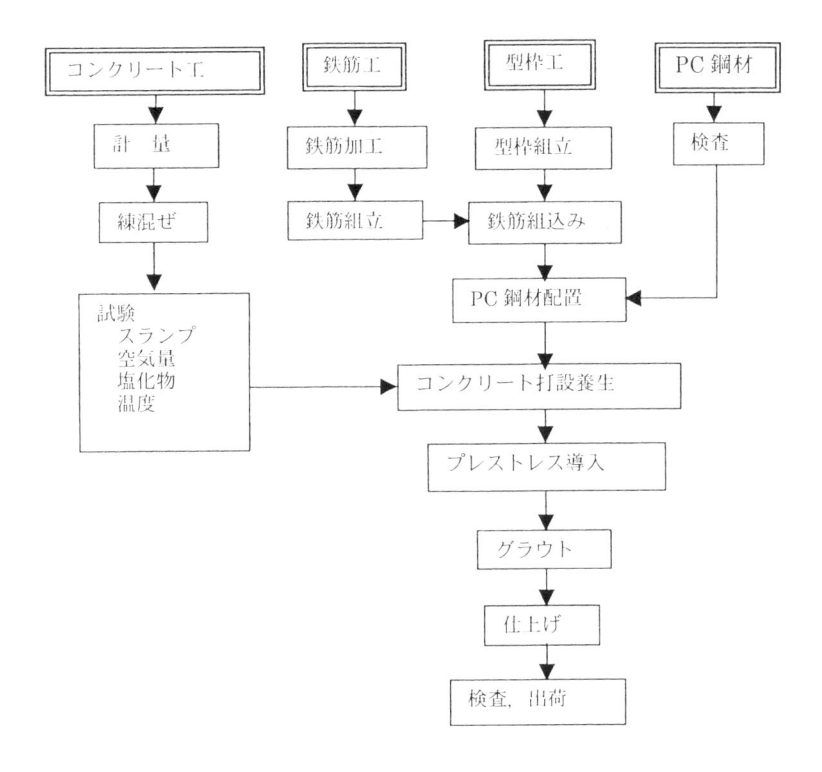

図 5.1.1 標準作業系統図

③コンクリートの強度発現時間の短縮

コンクリート強度を蒸気養生により早期（1日）に発現させることができる．そのため現場養生では強度発現の遅くなる冬でも無理なく強度発現が可能である．コンクリートの硬化速度は，材料の初期温度と反応による発熱量により変化する．温度の急激な変動は部材にひび割れを誘発することがあるのでこれを防止するため，蒸気養生は夏と冬とでそれぞれ最適温度にプログラミングされている（図 5.1.2）．

④複雑な形状のキャスト

整備された環境における作業であり，複雑な形状の部材を製造することが可能である．

⑤同一パターンの繰返し

型枠を高価な鋼製とする場合，同一形状の部材を繰り返し製作するため，作業機械化，部材の標準化が容易である．

b) デメリット

①部材はあらかじめ工場で製造するため現場工程よりも早めに製造計画を決定しなければならない．

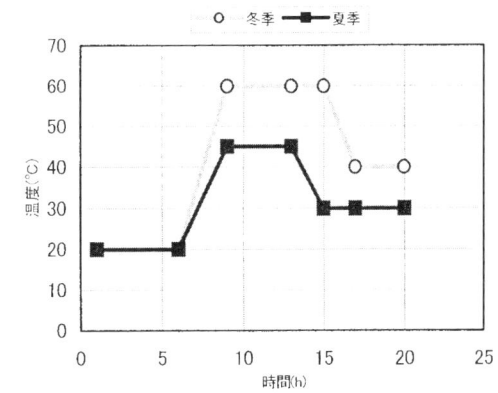

図 5.1.2 蒸気養生標準プログラム

②製品は製造後現場に搬入するまでの間仮置きする必要がある．そのためのストックヤードが工場に必要である．工場のストックヤードが満杯の場合は近辺に土地を借りてストックヤードとすることもある．
③多品種，小ロットの製品の場合，型枠の種類が多くなり，コストが上がる．

（2） 現場において
a） メリット
①現場の労務が少なく，現場労務事情の悪化（熟練工の高齢化）に対応できる．また圧接等の現場溶接を省略できる．
②鉄筋工，型枠工，コンクリート工などの現場作業が少なく，現場での作業が大幅に省力化され，工期が短縮される．
③工期の短縮により，仮設物，リース物件の期間が短くなる．また鉄筋工，型枠工，コンクリート工の人工が減少し労務費などのコスト削減が可能．
④部材が十分な強度を有するよう製造するため現場架設する場合の支保工は不要．
⑤型枠，鉄筋，コンクリートなどの残材が出ず産業廃棄物が少ない．また取り扱う材料が少ないため，足場周りが良く，安全性が高い．

b） デメリット
①PCa 工事には部材の接合作業がある．PCa 部材を使用した施工で最も煩雑なのが目地工である．目地作業をどれだけ簡略化できるかが PCa 工事の命運を左右する．ただし圧着接合は RC のウェットジョイントに比べると作業性ははるかに良い．
②部材の重量が大きく，揚重機に大きな能力が要求される．能力の大きな揚重機は車体が大きく，施工において広い空間，丈夫な地盤が要求される．また，能力の小さな揚重機は比較的手配が容易であるが，能力の大きな揚重機は数が少なく手配が困難なことがありまたコストも高い．
③部材が大きい場合，道路交通法上の制約を受ける．幅 3.0 m 以上，長さ 25 m 以上の部材は道路を通行することができない．大きな部材は曲がり角を曲がれなかったり，橋下を通れなかったり，通行できない道路もある．したがって確実に現場に搬入できるよう運搬経路を確認しておく必要がある．
④製品のストックヤードが現場に必要である．ストックヤードがない場合はトラックから直接吊り上げて架設することになり，トラックを長時間現場付近の道路に駐車させる必要が出てくる．

（3） 構造上の特徴
①高強度コンクリート部材のメリット：PCaPC 構造では場所打ち PC 構造のコンクリートよりさらに高い強度のコンクリート（$F_c=50〜60 \text{ N/mm}^2$）を使用する．断面が高応力に耐えるので高強度鋼材である PC 鋼材と協働して高い部材耐力を発揮するため断面を小さくできる．梁の高さを抑えることができれば，多層の場合，場所打ち PC 構造以上に建物の高さを抑えたり，同じ最高高さで階数を増したりすることも可能である．
②取り替え可能：工場製の部材を何らかの方法で現場で接合しているため接合部の除去により，部材の取り替えが可能なものがある．

（4）その他

①耐震壁：PCa耐震壁は柱や梁との接合が煩雑であるが，周辺フレームとの接合を確実にして，一体打と同等以上の構造性能として設計することができる．最近は壁にスリットを設け，柱との接合を省略して施工性の向上，性能の向上を意図した研究がなされている．また接合部で変形を吸収する構造性能は研究する価値がある．

②耐震性：場所打ちPC構造と同じように，地震エネルギーの吸収性能が小さく応答が大きくなるが，RC部材と比較して部材耐力は大きく復元性が高いので，残留変形や部材の損傷が小さい．地震エネルギーを吸収する有効な部材と組み合わせて使用することにより，耐震性の高い建物を設計することができる．

③接合部の強度：部材接合部の耐力は学会PC規準では摩擦係数$\mu=0.5$として設計する．終局強度については，学会の壁式PCaの規準では$\mu=0.7$を採用している．またMattockは$\mu=0.8$と報告している．

④補修工事：RC造建物の5～10年の補修費を1.0として，住都公団においてPCa構造の経年数と補修費と比較した例を示す．

表5.1.1

経年数	RC	PCa
5～10年	1.0	2.0
10～20年	4.0	3.0

PCa造は初期コストがかかるが補修費増大の割合はRC造に比べて小さく，供用期間が永いほどPCa造のほうが有利になっている．

⑤建設業の現況：性能設計が主流となり高品質化，製品の均質化が世の中の流れである．

⑥省資源化：高強度材料を使用するため，小断面部材とすることができる．そのため使用する材料の量が節約できる．またコンクリートや鋼材を製造するために必要な原料化石燃料も節約できる．また波及効果としてCO_2の排出を抑えることができる地球にやさしい構造といえる．

⑦自然保護：鋼製型枠の使用により森林伐採の一因とされる木製型枠の消費を抑えることができる．

⑧工期：躯体の工期が短いため，気候条件（雪など）により工期が制限される場合の対応が容易である．また営業開始時期が早くなり，収益，利払いに有利となる．

5.1.3 プレキャストPC構造

（1）各種構造パターン

プレキャストPC構造には多くの分類パターンがある．他章でも紹介されているが，とりまとめて以下に各分類別に内容を列挙する．

a）架構

プレキャストPC構造の適用される架構の種類は多く以下のとおりである．

①ラーメン構造：柱と梁の曲げ剛節部材を主構造として構築される構造（写真5.1.1）．

写真 5.1.1 国際基督教大学[1]

② 壁構造：壁を主たる鉛直部材として構築される構造，PC 構造ではあまり例がない（写真 5.1.2）．
③ トラス構造：充腹梁ではなくトラス梁を PC 部材で製作した構造．鉄道橋に例が見られる．
④ シェル構造：曲面板を主構造として構築される構造，シドニーオペラハウスが有名．プラネタリウムのドーム（写真 5.1.3）などにも使用されている．
⑤ アーチ構造：曲線状の線材で構築される構造．
⑥ グリッド構造：プレキャストユニット部材を組み合わせて構築される構造（写真 5.1.4）．

写真 5.1.2 志免町 佛の浦配水池[1]

写真 5.1.3　真岡市プラネタリウムドーム[1]

写真 5.1.4　グリッド構造[1]

b) 部材の機能分類

　プレキャスト PC 部材は，負担する応力の違いによる機能分類，部材が製造される過程の違いによる製造分類，プレストレスレベルおよび PC 鋼材の特徴に応じて分類される．建築物は様々な部材で構成されるが各々の部材にはそれぞれ役割，機能がある．
　①柱：鉛直荷重に対し軸剛性により抵抗する部材．曲げ応力とせん断力のほか軸力が作用する．RC・PCa 部材が使用されることも多い．
　②梁：鉛直荷重に対し曲げ剛性により抵抗し，荷重を柱に伝達する部材．RC 梁では軸力は無視できるほど小さいが PC 梁では軸力（プレストレス）を積極的に導入して曲げ耐力を高くしている．

③壁：鉛直荷重は負担しないものとされるが一般の施工順序からすれば鉛直荷重を負担していると思われる．地震，風等による水平力を負担し，柱と比較してきわめて大きな水平剛性を有する．プレキャスト壁は柱，梁との接合が簡便な方法が考案されていないため耐震壁としての実績が少ない．PCa カーテンウォールはよく使用されている．

④スラブ：鉛直荷重を直接支持し，曲げ剛性により抵抗する．小梁または大梁に荷重を伝達する．PC スラブは合成床版として使用されることが多い（写真 5.1.5）．場所打ちスラブではアンボンド PC 鋼材を配置し，アンボンドスラブとして使用されることがあるが，PCa 部材の場合はアンボンドスラブとすることはない．

⑤小梁：スラブから伝達される鉛直荷重を大梁に伝達する．地震力等の水平荷重は負担しない．正負交番荷重がないため大梁との接合部は下筋を省略した RC 接合とされることもある．

写真 5.1.5 プレキャスト合成床板[1]

c) 製造分類

①ハーフ PCa：プレキャスト部材と場所打ちコンクリートの合成断面で応力に抵抗する．
②フル PCa：全断面がプレキャスト部材として工場で製造される部材．

d) プレストレスレベル

①RC PCa：プレストレス力 0 の RC 部材．PCaPC 建築では壁が RC PCa 部材として製造されることが多い．柱も RC PCa として使用されることがある．
②PRC：ひび割れ幅を制御した PC 部材．
③PPC：曲げ引張応力度がコンクリートの引張強度以下に制御された PC 部材．
④PC：曲げ応力による引張り応力を許さないようにプレストレスを導入された部材．

e) プレストレスの導入方式

①プレテンション方式：部材の製造ベッドにおいてコンクリート打設前に PC 鋼材に緊張力を与え，コンクリート強度が発現した後に緊張力を解放して付着によりプレストレスを与える方法．
②ポストテンション方式：部材のコンクリート強度が発現した後に PC 鋼材を緊張し，定着具の反力により部材にプレストレスを与える方法で PCa 合成床板に多く利用されている．

f) PC 鋼材とコンクリートとの関係

通常は PC 鋼材はコンクリート断面内部に配置され，コンクリートとの間に付着抵抗力が生じように施工されるが，それ以外にも以下のようなものがある．

①ボンド：PC 鋼材緊張後，PC 鋼材とシースの間にグラウトを注入し，その硬化により PC 鋼材とコンクリートの間に付着抵抗力が発生するもの．

②アンボンド：PC 鋼材と部材コンクリートとの間の付着力をなくしたもの．

③外ケーブル：PC 鋼材を部材コンクリート断面の外に配置したもの．

④アフターボンド：通常のグラウトと異なり，施工時は粘性体で，時間が経過すると硬化して強度の出るグラウトを使用した PC 鋼材で，後硬化グラウトまたはプレグラウトとも称される．

(2) PCa 部材の接合方法

接合方法は大まかに次のように分類される．

①ドライジョイント：プレキャスト部材同士の隙間にモルタルを充填し PC 鋼材により圧着する方法で圧着接合と呼ばれている．

②ウェットジョイント：接合部分に鉄筋を配置し応力の曲げ伝達を鉄筋に期待する方法で RC 造と同程度の耐力を有するとされている．

③坂式：後打ちコンクリートの部分を長く取って鉄筋により補強し，シースを配置してダクトを形成した上で PC 鋼材を通して圧着する方法で京都大学・坂教授のアイデアによる．

PCa 部材は接合される部位に応じて様々な工法が開発されているが，原則的には前述の①，②を応用している．

a) 基礎－柱

①ソケットベース（柱：RC，PC）

差し込み式ともいう．柱を基礎に設けた箱貫穴に設置し，空隙部にモルタルまたはコンクリートを充填して剛結する方法（写真 5.1.6，図 5.1.3）．ドライジョイントであるが圧着接合ではない．ソケットベース内の付着力，摩擦力を利用したものである．施工が簡単で正確な建方ができるが基礎梁が大きくなる．設計は鋼管構造指針を準用すると埋込み深さが深く

写真 5.1.6 ソケットベース[1]

なってしまう．小山内らの研究[2]によりソケット部に発生する応力算定方法が提案され，シアキーを設けて埋込み深さを軽減できるようになった．

②アンカー式（柱：RC, PC）

　　アンカーボルトをあらかじめ基礎に埋設しておき，柱の突起部を基礎に締め付けて固定する方法（図5.1.4）．施工しやすいが柱に突起が必要で柱脚の処理に難がある．

③カップラー式（柱：PC）

　　基礎にPC鋼材を埋設しておき，柱のPC鋼材とカップラーで接続して，柱頭でPC鋼材を緊張してプレストレスを与え，柱を基礎に圧着する方法（図5.1.5）．PC鋼材を型枠にセットするときは基礎コンクリートがなく足場が悪い状態なので作業性が悪い．また，PC鋼材を所定の場所に固定するための組立鋼材が必要である．PC鋼材とPCa部材の取付け誤差を吸収するために，PC鋼材がいくらか移動可能な取付け方法とする必要がある．

b) 柱—柱

①柱脚接合：部材の接続部が柱脚にある柱．上部の部材に接続するためのPC鋼材を，カップラーを使用して柱脚で接続する．作業性は良いが柱の曲げ応力が最大となる部分での接続では鉄筋が存在しないので設計で考慮する．

②中間接合：接続部が柱の中間部にある柱．曲げ応力の小さな部分での部材接続であり，力学的には合理的であるが，作業性が良くない（図5.1.6）．

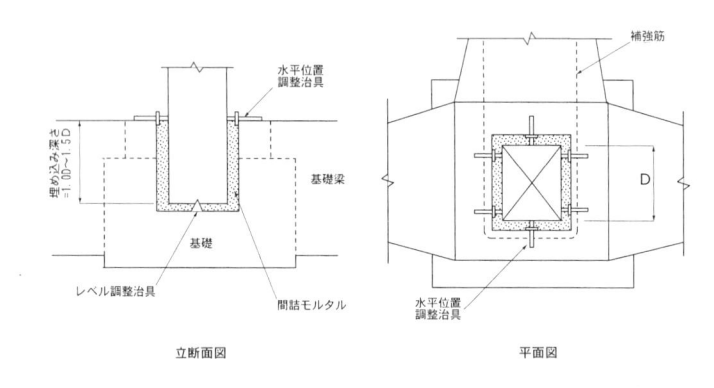

図5.1.3　基礎—柱接合部（ソケットベース方式：差し込み式）

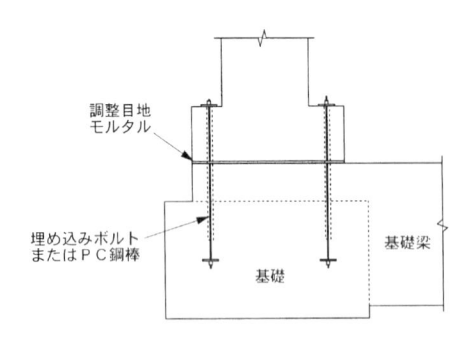

図5.1.4　基礎—柱接合部（アンカー締付け方式）

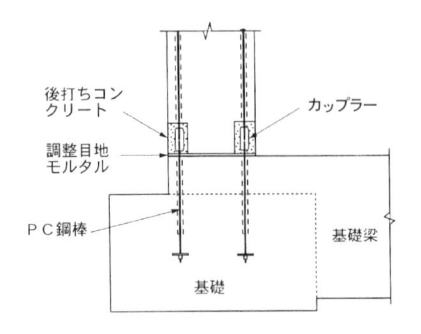

図5.1.5　基礎—柱接合部（カップラー方式）

(a) 柱脚接合　　　　　　　(b) 中間階接合

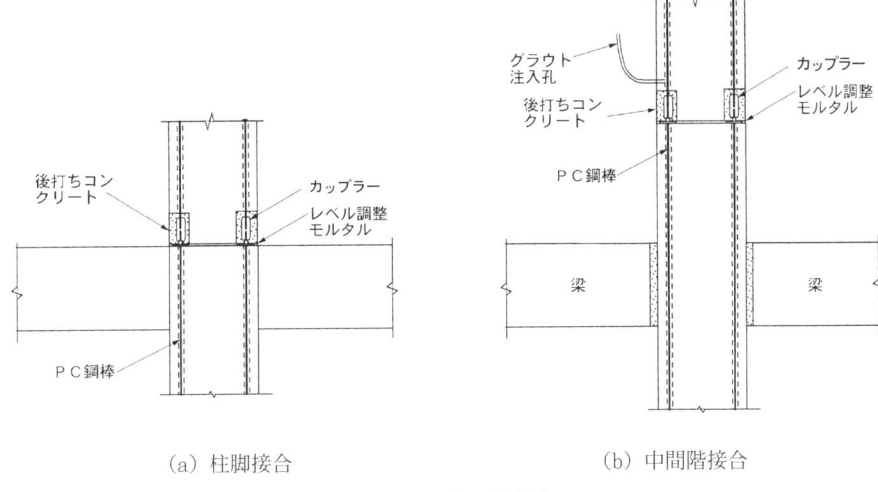

図 5.1.6　柱―柱接合

c) 柱―梁

①部材の取り合い
- 柱通し型：柱の側面に梁を PC 鋼材により圧着接合する方法（写真 5.1.7）．接合するまでに仮置きするための治具かポスト，または突起が必要．
- 梁通し型：柱頭に梁を載せ，上階の柱は梁の上に設置して PC 鋼材により圧着する（図 5.1.7）．キャンチ梁がある場合は内部の梁と一体で製造できるため，架設時の作業性は良好である．

②圧着接合の方式
- ホチキス式：短い PC 鋼材を使用して梁を柱に圧着する方法で，梁端の柱に近い部分だけにプレストレスを導入する方法（図 5.1.8）で不静定二次応力が小さい．不利な点としては PC 鋼材の定着具が多数必要となることが挙げられる．
- 通線式：梁全長にわたり PC 鋼材を配置し，梁のプレストレス導入と柱への圧着を兼用する方法（図 5.1.9）．プレストレスにより梁の軸長変化が生じることがあり，不静定二次応力が発生する．二次応力は構造上有利に作用する場合もあるが，不利な場合もあり，十分な検討が必要である．

写真 5.1.7　柱―梁接合部（柱通し型）[1]

(a) 外柱　　　　　　　　　　(b) 中柱

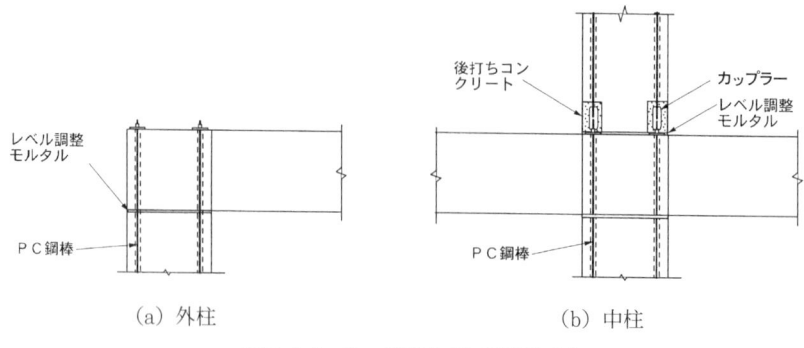

図 5.1.7　柱―梁接合部（梁通し型）

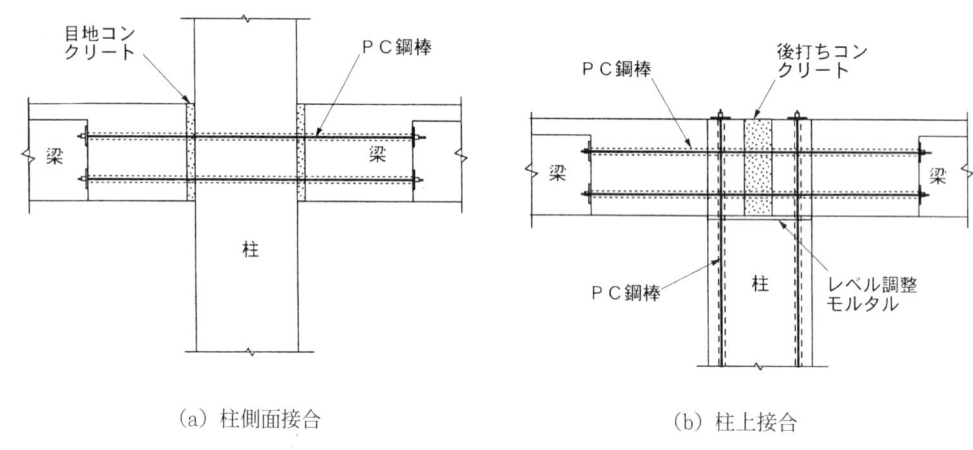

(a) 柱側面接合　　　　　　　(b) 柱上接合

図 5.1.8　柱―梁接合部（ホチキス方式）

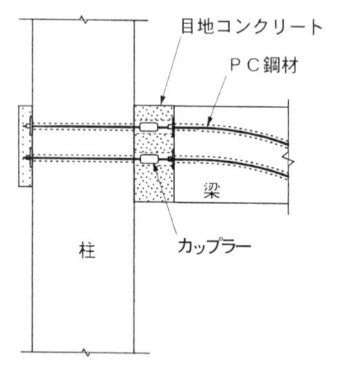

図 5.1.9　柱―梁接合部
（カップラー方式）

d)　大梁―小梁

　大梁を貫通して PC 鋼材を配置し圧着により小梁と大梁を接合する方法．PC 構造では小梁の使用は少ないため大梁と小梁の接合方法はあまり用いられない．

e)　梁―スラブ

　RC 接合：梁の場所打ちコンクリートとスラブのトップコンクリートを同時に打設し，配置し

た鉄筋で合成する方法．プレキャスト合成床板と呼ばれる．スラブは全断面が場所打ちの場合もある．フルプレキャストスラブの場合，梁との接合部に鉄筋を出しておいて梁のトップコンクリートに定着させる．スラブ同士の接合は埋設した鉄板を相互に溶接して床剛性を確保することが多い．

f) 壁―柱
　①RC接合：鉛直接合部分の壁と柱の鉄筋を露出させておいて，後打ちコンクリートにより壁と柱を一体化する方法で最も一般的に使用される．
　②圧着接合：PC鋼材を壁内に水平方向に配置して柱と壁を圧着する方法．せん断力の伝達は目地部に形成されるシアキーでなされる．シアキーがない場合は摩擦接合となり，摩擦係数 $\mu = 0.5$ で設計することとなる．
　③絶縁型：柱と壁を接合せず分離したままにしておく方法で，施工性の向上を図ったもの．壁と架構との接合方法は，梁と壁の接合によるもので梁と壁を一体で製造したものもある．柱と壁を分離する場合，壁の構造性能を適切にとれば変形能力の高い耐震壁を実現できることが実験により確認されており，耐力の評価方法も提案されている[4]．

g) 壁―梁
　①RC接合：水平接合部分の壁と梁の鉄筋を露出させておいて，後打ちコンクリートにより壁と梁を一体化する方法
　②圧着接合：PC鋼材を壁内に鉛直方向に配置して柱と壁を圧着する方法．

(3) 取り替え可能

　工場製の部材を何らかの方法により現場で接合しているため，接合部の除去により，部材の取り替えが可能なものがある．地震などで損傷を受けた部材を交換し，建物の構造性能を復旧させることが可能となる場合がある．

5.1.4 コスト比較

(1) 良いものは高い

　PC梁は同じ断面のRC梁と比較するとプレストレスに関する工事の分だけコストが高くなる．しかし同じ断面であればRC梁と比較してスパンを2～3倍にすることができるため柱の数が少なくなりその分のコストは下がる．PCaPC梁は高強度コンクリートを使用しているためにコンクリートの中性化速度が遅く，部材精度も高くかつ高耐力など高品質な部材である．

　PCaPC部材はコストが高いといわれるが，安全性が高く高性能の車が高価なように，高性能の構造も高価になるのは当然と思われる．しかしこの感覚は建築では浸透していないようである．

　一方SRC造と比較すると，躯体工事での工期は約2/3で，コストも1割程度安いといわれている．SRC造はスパンの長いものに採用されることが多いのでPCaPC構造はSRC造と競争することは十分可能である．

(2) 場所打ちとのコスト比較

　場所打ちでは部材コンクリートの強度が発現した位置で荷重が作用する．しかしPCaPC造では，コンクリート強度発現場所と部材の最終設置場所が異なり，また，部材断面および部材端の支持条件が施工の過程において変化するところに大きな特徴がある．特に梁では，
　①大梁架設
　②柱への圧着

③PCa スラブ架設
④スラブコンクリート打設
⑤スラブコンクリート強度発現

というような施工の順序により，断面，端部支持条件が変化する．②以降の順序は場合により異なり，実情はもっと複雑である．梁断面検討のための応力は施工の手順により変わるので，設計と施工の順序は対応しなければならない．

5.2 概略設計

プレキャスト PC 造の設計は基本的に場所打ち PC 造の設計法と同一であり，鉄筋コンクリート造と同様にして求めた鉛直応力・地震時応力に，あらかじめ仮定したプレストレスによって生ずる不静定応力を加算した応力で断面算定を行う．このとき，場所打ち PC 造は柱梁を一体としてコンクリートを打設した後に PC を緊張するため，施工時から設計時まで常に剛接架構として取り扱うことが可能な工法である．一方，プレキャスト PC 造は各部材を個別に製作し接合・合成する構造であるため，施工手順の組立て方に応じて，各施工段階で架構の接合状態が変化する工法である．プレキャスト PC 造が持つこの特徴は，同じ建物であっても採用する施工手順によっては部材の剛性や応力が大きく変化する可能性があり，結果として部材断面形状や構造躯体の施工金額にも大きな影響を及ぼすことになる．また施工計画を仮定しなければ構造設計を開始することができないことをも意味しており，設計的にも施工的にも最適となる施工手順を基本計画時から十分に検討しておくことが大切である．

以上より，プレキャスト PC 造の設計では次の事項に留意する必要がある．

- プレキャスト PC 造では，施工手順を変えることで梁端部と中央部での応力状態が変化する．
- プレキャスト部材を場所打ちコンクリートにより現場で合成する場合，合成前と後で断面性能が変化する（図 5.2.1 参照）．

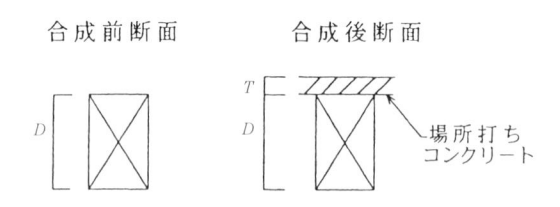

図 5.2.1 合成前後の断面形状

図 5.2.2 にはプレキャスト PC 構造の施工手順の一例を示した．この中でプレキャスト部材の応力状態に最も影響する部分は，各部材を接合する⑤の「プレキャスト床版敷設」から⑦の「PC 緊張による柱・梁の接合」までの施工順序であり，構造スパンや断面等の条件より，最も効果的となる施工手順を選定する必要がある．

① 土工事・杭工事
② 基礎・地中梁の施工
③ プレキャスト柱の建方
④ プレキャスト梁の架設
⑤ プレキャスト床版敷設
⑥ 床トップコンクリート打設
⑦ PC 緊張による柱・梁の接合
⑧ 仕上げ工事

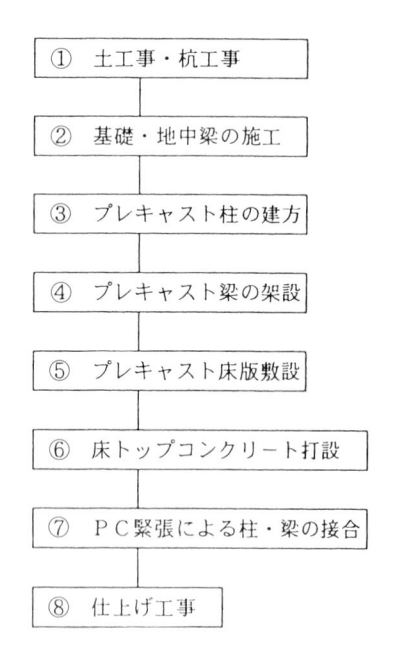

図 5.2.2 プレキャスト PC 工事施工手順例

5.2.1 鉛直荷重に対して

（1） PC 梁の断面仮定

プレキャスト PC 梁の断面形状は同じ梁断面積の場合，断面の曲げ剛性の高い T 形断面もしくは I 形断面とするのが一般的である（図 5.2.3）．

図 5.2.3 プレキャスト梁の断面形状

施工性の良い単純な形状の T 形とするか，形状はやや複雑であるが，梁断面性能がより優れる I 形断面を採用するかは，スパン長や荷重，架設方法等により決定することになる．また場所打ちコンクリートと合成することで，最終的に優れた性能を有する断面形状を確保することも可能なため，プレキャスト部材の製作から輸送，架設，合成までを総合的に判断して決定するとよい．

仮定断面は，自重を含めた全荷重が $W=10\,\mathrm{kN/m^2}$ 程度で梁間隔が 6 m 程度の標準的な架構に対して，梁せいをスパンの 1/16〜1/17 程度に設定する場合が多い．また重荷重の場合，もしくは梁間隔が 6 m より広い構造においては標準的な架構（全荷重 $=10\,\mathrm{kN/m^2}$，梁間隔 6 m）で同様な応力となる仮想スパンから梁せいを仮定するのがよい．

梁の仮定断面決定の一例として，端部と中央のモーメントの和が $M_0=2\,000\,\mathrm{kNm}$ となる梁の断面せいを求める．

$W=10\,\mathrm{kN/m^2}$，梁間隔 $Y=6\,\mathrm{m}$ のとき，$M_0=2\,000\,\mathrm{kNm}$ となる仮想の構造スパンを求めると，
$$M_0=(W\cdot Y)\times L^2/8=2\,000\,\mathrm{kNm} \text{ より，} L=\sqrt{(M_0\cdot 8/10\cdot 6)}=16.3\,\mathrm{m}$$
この仮想スパンより梁せいを仮定すると，断面せいは $D=1\,630/(16〜17)=100\,\mathrm{cm}$ 程度となる．断面幅については中央部を 400〜500 mm 程度とし，端部ではせん断力・PC 定着具等の納まりを考慮して拡幅した断面とする．

図 5.2.4 には仮定する PC 梁を単純支持としたときの中央モーメント（M_0）と断面せいの関係を示した．

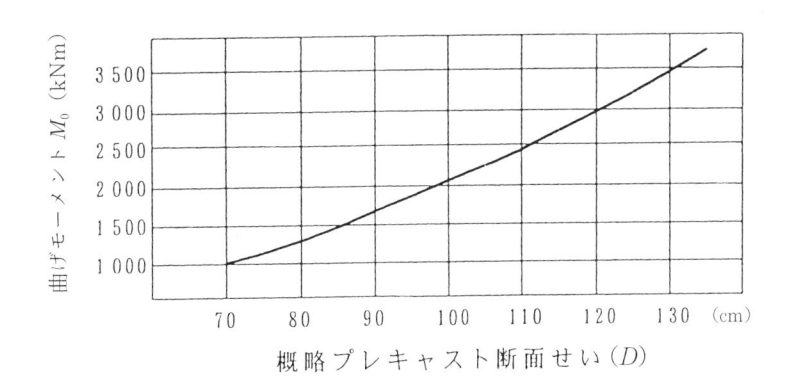

図 5.2.4 プレキャスト PC 梁の仮定断面

（2） PC 柱の断面仮定

　PC 柱の仮定断面は柱せいを PC 梁せいの 0.9 倍，柱幅を柱せいの 0.9 倍程度でかつ PC 梁端部幅の 100～200 mm 増し程度に仮定する．また断面の種類を少なくすることで部材製作費の上昇を抑えるとともに，柱相互の圧着に用いる縦締め PC 鋼棒の配置に支障をきたさないよう，3～4 階程度までは同一断面とするのがよい．

　プレキャスト PC 造では部材の接合にプレストレスを用いるため，柱梁の仕口部には平面的な XY 方向のほか，縦方向にも柱接合用の PC 鋼材が配置される．このため，場所打ち PC 造以上に納まりを意識して断面を仮定する必要がある．特に建物隅角部のように PC 鋼材定着具が交錯するような箇所においては，定着具の納まりから断面が決定される場合が多い．図 5.2.5 と図 5.2.6 には代表的な外端部と隅角部での仕口納まりの一例を示した．

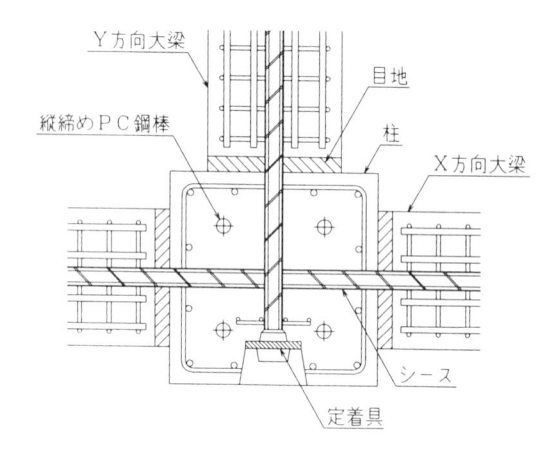

図 5.2.5　外端部の納まり例

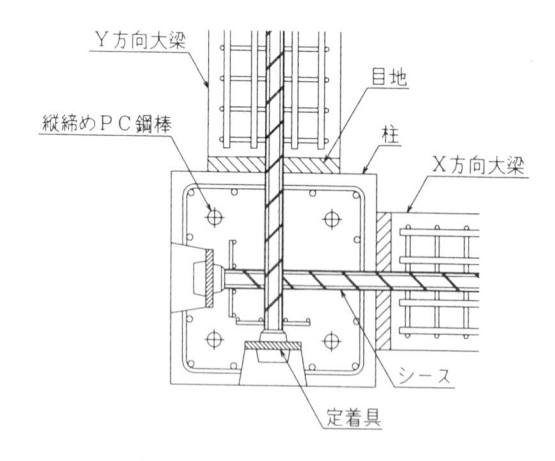

図 5.2.6　隅角部での納まり例

（3） 設計手順の概略

図5.2.7にプレキャストPC構造の代表的な設計手順を示す．また，以下に各項目ごとの概略と，その要点を記した．

①設計条件の確認

敷地状況，関連法規，経済性，施工性，工期等により建物の構造形式を決定する．プレキャスト構造では特に部材の輸送と搬入方法が重要となるため，部材製作工場から建設現場までの交通状況も合わせて確認する．

②施工計画の仮定

プレキャストPC構造は，架設の方法と架設順序により部材に生ずる長期応力が変化するため，構造計算に先立ち，あらかじめ最も効果的とされる施工計画・施工手順を仮定する必要がある．また施工可能な部材断面とするために，以下の2点も考慮する必要がある．

- 使用するクレーンを選定し，揚重可能なプレキャスト部材断面とする．
- 部材製作工場から建設現場までの輸送路を確認し，運搬可能な部材断面とする．

なお，道路管理者への許可申請の必要がない車両制限はトラックの場合，長さ12m以下，総重量20t以下，幅2.5m以下，高さ3.8m以下である．

③仮定荷重の決定

施工順序に応じて変化する応力状態を表現するため，これに対応した荷重項を準備する．

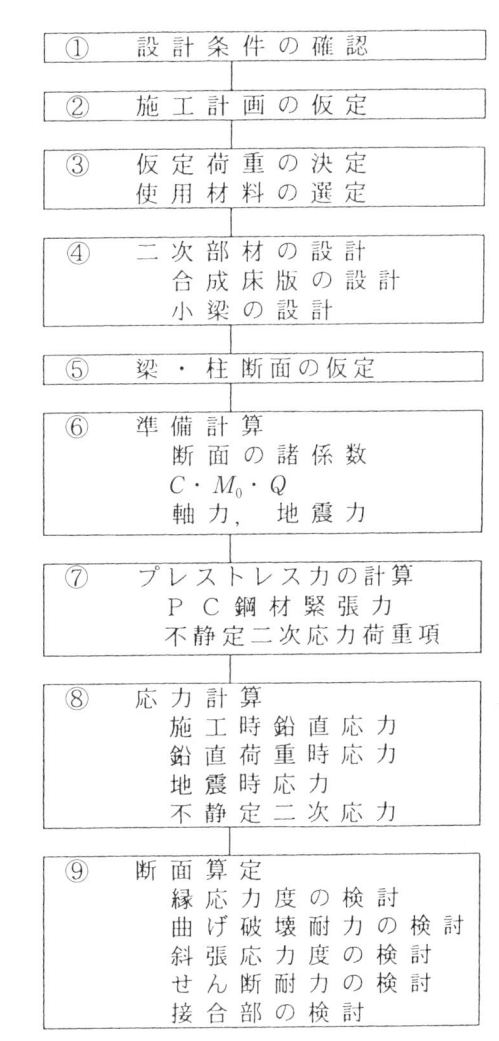

①	設計条件の確認
②	施工計画の仮定
③	仮定荷重の決定 使用材料の選定
④	二次部材の設計 合成床版の設計 小梁の設計
⑤	梁・柱断面の仮定
⑥	準備計算 断面の諸係数 $C \cdot M_0 \cdot Q$ 軸力，地震力
⑦	プレストレス力の計算 PC鋼材緊張力 不静定二次応力荷重項
⑧	応力計算 施工時鉛直応力 鉛直荷重時応力 地震時応力 不静定二次応力
⑨	断面算定 縁応力度の検討 曲げ破壊耐力の検討 斜張応力度の検討 せん断耐力の検討 接合部の検討

図5.2.7 プレキャストPC構造設計手順

④二次部材の計算

二次部材は床版・小梁であり，床版はプレキャストPC合成床版，小梁はプレキャストRC梁とする計画が多い．プレキャストPC合成床版は，工場でプレテンション方式のプレストレスを導入し，現場に運搬・架設後，上面に打設した場所打ちコンクリート（トップコンクリート）と合成一体化して荷重に抵抗する床版であり，現場での型枠や支保工が不要な部材である．

ただし，梁と比較して断面厚が小さくクリープの影響を受けやすいため，小さな断面に大きなプレストレスを導入した場合などは上向きの変形が進行しやすい．したがって床版の製作から架設までの期間を考慮し，この間のクリープによる変形の増進が施工上問題を生じないよう，「過剰なPC導入を避ける」，「端部はPC鋼材の付着を絶縁し，PCの影響を取り除

く」等の対応が必要である．

　プレキャスト小梁では支持状態を単純梁とし，プレストレスを導入しない通常のRC部材としての設計も可能であるが，この場合は小梁の脱落防止を図るため，小梁端部と大梁とを鉄筋等で結合する必要がある．また大梁と同様にプレストレスによる接合，もしくは仕口部への場所打ちコンクリート打設による接合を採用することで，端部で曲げ応力を伝達できる構造とすることも可能である．

⑤梁・柱断面の仮定

　前述した(1)，(2)の要領で梁，柱断面を仮定する．また，この時点で梁・柱の接合方式についても検討する．

⑥準備計算

　準備計算には部材の断面諸係数の計算，$C \cdot M_0 \cdot Q$ の計算，柱軸力・地震力の計算等がある．断面諸係数は断面算定時の縁応力度の検討に必要となる係数であり，通常は図5.2.8に示す係数を算出しておく．ただし工場で製作されたプレキャスト梁部材は建設現場にて床版と合成一体化するため，合成前と合成後の2種類の断面諸係数を求める必要がある．同様に $C \cdot M_0 \cdot Q$ についても縁応力度検討用のため，各施工段階ごとに算出しておく．図5.2.9には必要となる $C \cdot M_0 \cdot Q$ を施工時と設計時に分けて示した．ここでは施工時を3分割した例を示したが，設計者が計画した応力状態を反映するように組み分ける必要がある．

断面諸係数	
合成前	合成後
1. 断 面 積　　　　(A)	
2. 断面二次モーメント　(I)	
3. 中立軸位置　　(Y上・Y下)	
4. 断 面 係 数　(Z上・Z下)	
5. 断面一次モーメント　(S)	

図5.2.8　プレキャスト部材の断面諸係数

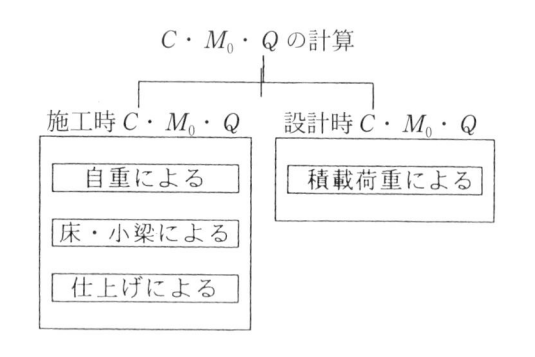

$C \cdot M_0 \cdot Q$ の計算
- 施工時 $C \cdot M_0 \cdot Q$
  - 自重による
  - 床・小梁による
  - 仕上げによる
- 設計時 $C \cdot M_0 \cdot Q$
  - 積載荷重による

図5.2.9　プレキャスト部材の $C \cdot M_0 \cdot Q$

⑦プレストレス力の計算

　プレキャストPC構造では，部材製作時から施工完了時までに架構形状や荷重条件が変化するため，部材に必要なプレストレス量も施工の進行状況に応じて変化してゆく．このため，過不足なくプレストレスが導入されるよう，2〜3回に分けたプレストレス導入を行う．分割してプレストレスを導入する時期としては，

・工場製作時に1部材ごとに緊張する一次緊張（一次ケーブル）
・現場にて複数の部材にわたり緊張する二次緊張（二次ケーブル）
・現場にて全部材を一度に緊張する三次緊張（三次ケーブル）

が一般的であり，これらのPCケーブルをそれぞれ一次ケーブル，二次ケーブル，三次ケーブルとして区別する（図5.2.10）．このため一次から三次までの各ケーブルについて個別に緊張力を計算しておく必要がある．また二次・三次ケーブル緊張時には各部材が剛接合しており，緊張することで架構に不静定応力が発生するため，現場緊張のPCケーブルについては不静定応力計算用の荷重項も同時に計算しておくとよい．

一次ケーブル（単部材緊張・不静定応力なし）
　　⇨緊張

二次ケーブル（複数部材緊張・不静定応力発生）
緊張⇦　　　　　　　　　　　　　　　　⇨緊張

三次ケーブル（全部材緊張・不静定応力発生）
緊張⇦　　　　　　　　　　　　　　　　⇨緊張

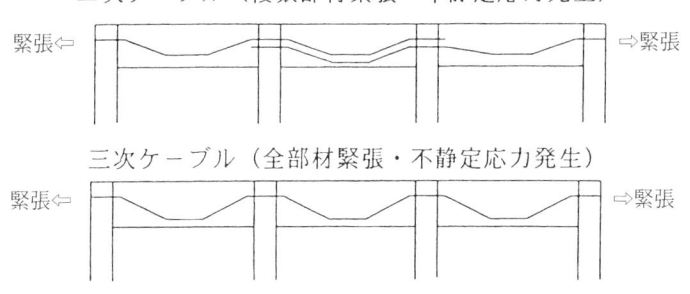

図5.2.10　プレキャスト梁の緊張種別

⑧応力計算

　前述したとおり，プレキャストPC構造は施工順序により鉛直応力状態が変化するため，あらかじめ計画した施工順序が反映されるように計算を進める必要がある．施工順序の中で最も応力に影響するのは，床版・トップコンクリートと梁の合成時期，および梁・柱の接合時期であり，設計する建物の規模や要求される部材断面に応じてこの順序を調整する必要がある．

　一般的な施工順序としては以下の3タイプが代表的であり，計画する建物の規模や用途に応じて使い分けることになる．

（Ⅰ）タイプ：梁・柱をプレストレスにより接合した後にPC版敷設とトップコンクリートの打設を行う．比較的小スパンで後荷重（仕上げ・積載荷重）の小さい建物で採用しやすい．

（Ⅱ）タイプ：梁を柱に仮置きした状態で床版を敷設し，その後に梁・柱を緊張接合して最後にトップコンクリートを打設する．広範囲の建物で採用しやすい．

（Ⅲ）タイプ：梁を柱に仮置きした状態で床版の敷設とトップコンクリートの打設を行い，最後に梁・柱の緊張接合を行う．スパンや後荷重の大きい建物に採用しやすい．

施工順序の違いによるこれら3タイプの荷重項，架構と応力状態を図5.2.11に図示した．また（Ⅰ）（Ⅱ）（Ⅲ）各タイプの応力上の特徴を一覧で示すと表5.2.1のようになる．

表5.2.1　施工順と部材応力の関係

	梁端部応力	梁中央応力	柱応力
（Ⅰ）タイプ	大	小	大
（Ⅱ）タイプ	中	中	中
（Ⅲ）タイプ	小	大	小

　このように，同じ建物形状，同じ荷重（同じM_0），同じ導入プレストレス力であっても，施工順の違いにより最終の応力状態が変化するため，建物に要求される性能に応じて，適切な施工順を決定する．

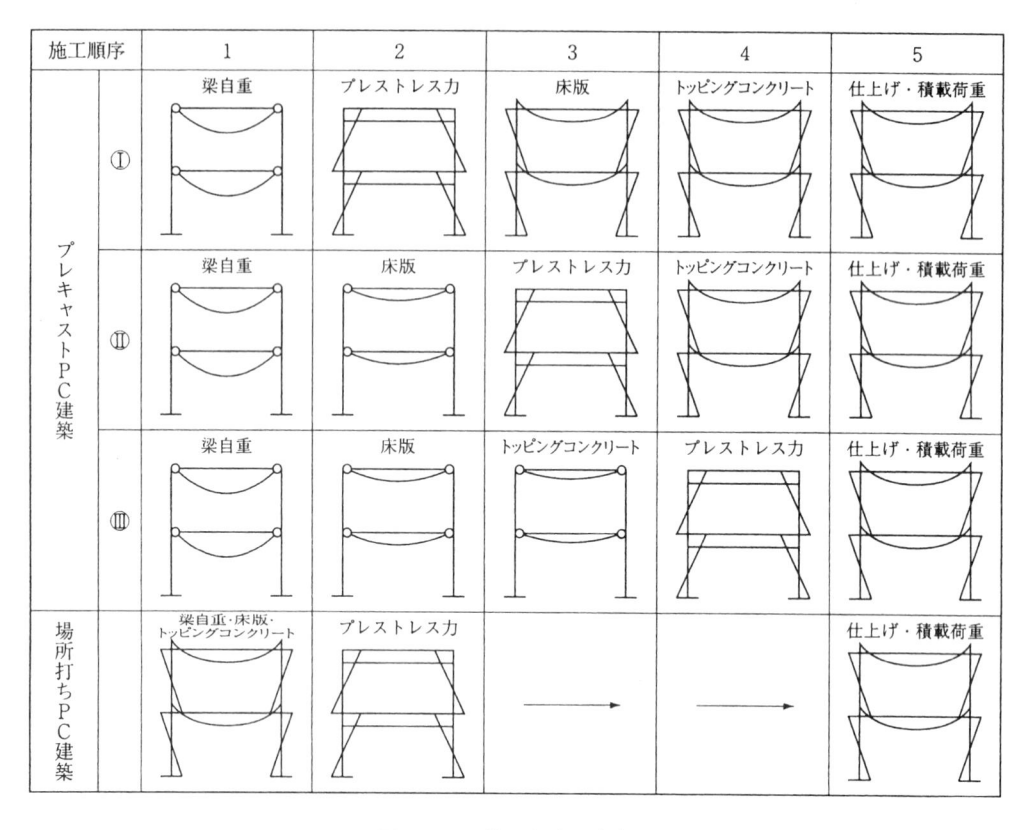

図 5.2.11 施工順序と応力[5]

5.2.2 地震荷重に対して

(1) 耐力の算定

　地震荷重に対しては場所打ち PC 造と同様に終局強度設計を行う．しかし場所打ち PC 造では部材の全長にわたり，PC 鋼材と鉄筋の両方を用いた曲げ耐力検討が可能であるが，プレキャスト PC 造では部材の接合法に応じた検討を行う．すなわち梁柱部材をプレストレスによる圧着接合とした場合では，部材の接合面となる目地部で鉄筋が途切れるため，曲げ耐力に鉄筋の効果を取り入れることができない（図 5.2.12 参照）．

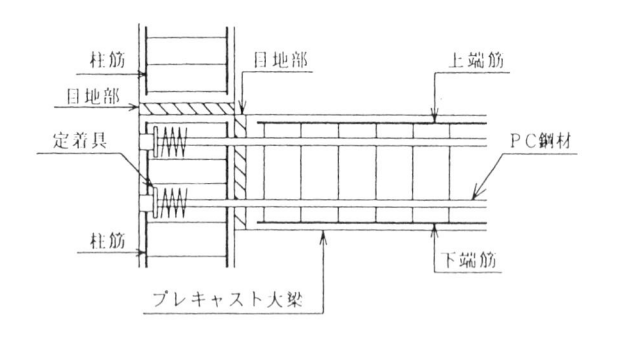

図 5.2.12 接合部配筋図

　一方，柱のような鉛直部材では接続具を用いて部材間の鉄筋をつなぐことも可能である．この場合はつないだ鉄筋を終局耐力に考慮できるが，納まり上，接続具が配置可能であることを確認しておく必要がある．

せん断耐力についてはプレキャスト部材自身の耐力のほか，目地部でのせん断耐力についても検討する．

(2) プレキャスト部材の履歴特性

場所打ち PC 造の履歴特性は端部断面にも鉄筋が配置されているため，プレストレスレベルに応じて RC 造に近いものから PC 特有の履歴まで，その特性が変化する（4章参照）．しかし端部接合面に普通鉄筋を配置しない計画としたプレキャスト PC 造においては，塑性部が梁・柱の接合面に集中するため，その履歴特性はプレストレスレベルにあまり影響されず，履歴ループ面積が小さくエネルギー吸収能力の少ない原点指向型の性状を示す（図 5.2.13 参照）．しかし地震後は接合面でのひび割れが閉じ，残留変形も少ないため，補修や補強に対しては有利な構造である．

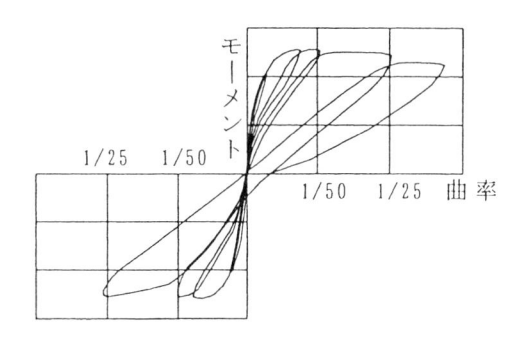

図 5.2.13 プレキャスト接合部 荷重-変形曲線

5.2.3 プレストレス導入

(1) プレストレス量の仮定

プレキャスト PC 構造に配置される PC 鋼材は，以下のものに分類できる．

① 梁柱部材を剛接するまで，自重と床荷重に抵抗する PC 鋼材．部材に配置した PC 鋼材の中で最初に緊張するケーブルのため，一次ケーブルという．

② 建設現場にて梁柱部材を剛接し，積載荷重と地震荷重に抵抗するための鋼材．一次ケーブルと区別するために二次ケーブル，三次ケーブルという．

一次ケーブルは部材製作時に工場等の製作場所で緊張し出荷するのが一般的であり，建設現場での二次ケーブルによる剛接時まで，梁部材は単純支持部材となる．このため一次ケーブルとし

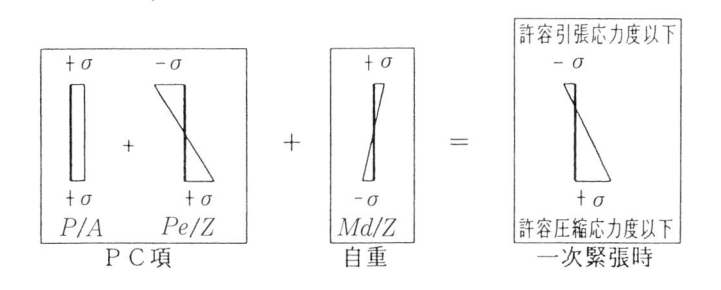

図 5.2.14 一次緊張時の中央断面縁応力度

て導入するプレストレス量は応力変動の最も大きい梁中央断面で決定される．
　一次ケーブルとして必要なプレストレス導入量は次の条件を満足する必要がある．
①自重のみが働き，全工程を通じて応力が最小となる一次緊張時に，梁中央上端の縁応力度が許容引張応力度以下に納まる量（図5.2.14参照）．
②二次緊張以前での最大応力状態時に，梁中央下端での縁応力度が許容引張応力度以下に納まる量（図5.2.15参照）．

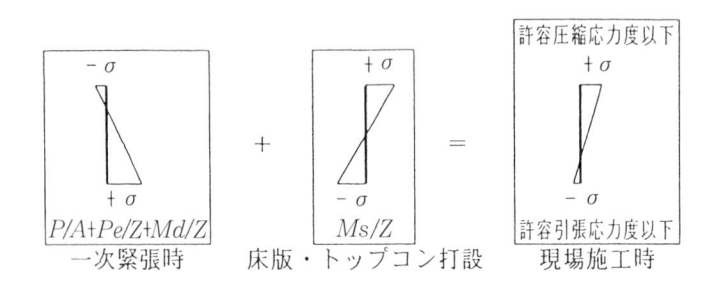

図5.2.15　架設時の中央断面縁応力度

　この①と②の両方を満足するプレストレス量が存在しない場合は断面性能が不足しているため，断面を増大した後に2つの状態が共に満足するよう，一次ケーブルによるプレストレス量を決定する．
　二次ケーブルは緊張により梁柱部材を剛接一体化し，架構を形成するケーブルである．このため緊張時には梁柱仕口部が一体で変形し，場所打ちPC造と同様な不静定応力が生ずるため，断面算定時にはこの不静定応力を考慮する．導入するプレストレス量は二次ケーブル緊張後に加わる鉛直荷重に対し，縁応力度が許容値を満たす量とし，必要な終局耐力も確保する（図5.2.16参照）．

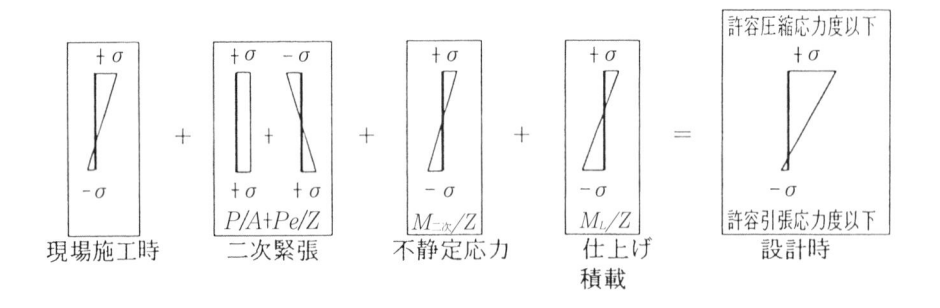

図5.2.16　設計時の中央断面縁応力度

　部材の接合をプレストレスのみによる圧着接合とした場合，接合面には主筋が配置されないため，設計時の鉛直応力に対しては断面に引張応力度が生じない計画とする必要がある．さらに接合面に働くプレストレスは一次ケーブルを除いたケーブルのため，中央断面よりもPCの効果が少ない．このため接合面での必要断面とプレストレス量を決定する場合，接合面に働く応力が部材接合以降に発生する応力であることに注意し，架設計画も含めて調整するのが有効である（図5.2.17参照）．また建物の全長が長大となり，現場緊張によるプレストレスの損失が大きくなる場合には，適当な数スパンごとに二次緊張を行い，最後に全スパンを通して締め付ける三次緊張を採用する場合もある．

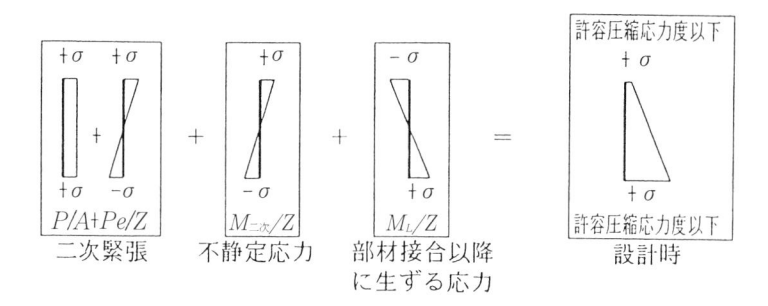

図5.2.17 端部接合面での縁応力度

（2） プレキャスト部材の不静定応力

二次ケーブルの緊張により発生する不静定応力は，場所打ちPC造と同様に導入プレストレス量とPC鋼材の配線形状，そして部材断面形状と架構形状により決定される．場所打ちPC造と異なる点は，同一断面の部材であってもPC鋼材緊張時の施工状況により，不静定応力が大きく変化することである．すなわち，プレキャスト板を合成・一体化するための場所打ちコンクリート（トップコンクリート）を打設した後にPC鋼材を緊張するなら，この場所打ちコンクリート部分はプレキャスト梁断面と一体で働くスラブ効果として，不静定応力に大きく関与することになる．PC鋼材の緊張力が一定なら，不静定応力の大きさはPC鋼材の重心と梁断面の図心とで囲まれる面積に応じて増大する．プレキャスト版上面の場所打ちコンクリートの施工が完了する

・両端固定とした時の不静定応力と図心位置との関係

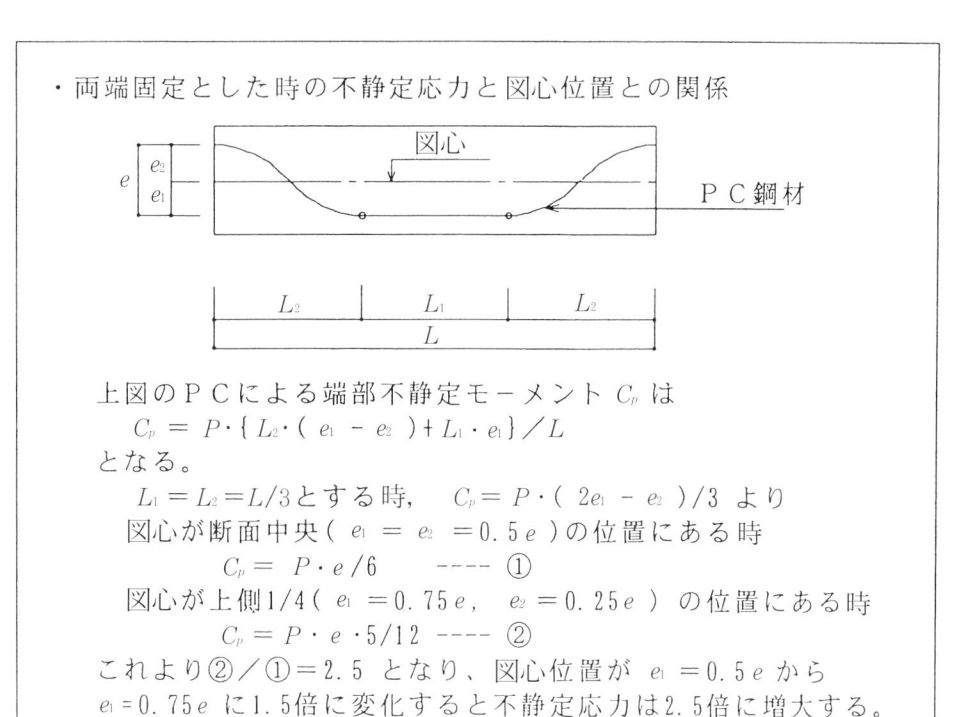

上図のPCによる端部不静定モーメント C_p は
$$C_p = P \cdot \{L_2 \cdot (e_1 - e_2) + L_1 \cdot e_1\} / L$$
となる．

$L_1 = L_2 = L/3$ とする時， $C_p = P \cdot (2e_1 - e_2)/3$ より

図心が断面中央（$e_1 = e_2 = 0.5e$）の位置にある時
$$C_p = P \cdot e / 6 \quad ---- ①$$

図心が上側1/4（$e_1 = 0.75e,\ e_2 = 0.25e$）の位置にある時
$$C_p = P \cdot e \cdot 5/12 \quad ---- ②$$

これより②／①＝2.5 となり，図心位置が $e_1 = 0.5e$ から $e_1 = 0.75e$ に1.5倍に変化すると不静定応力は2.5倍に増大する．

図5.2.18 断面の図心位置と不静定応力

と，プレキャスト梁はスラブを有するT形断面となり，図心位置がスラブ側に移動するため，PC鋼材と図心に囲まれる面積が大きくなり，プレストレスによる不静定二次応力も大きくなる．このため部材端部の不静定応力を大きくするには，スラブとなるプレキャスト版上面の場所打ちコンクリートの施工後にPCの二次緊張を行うのがよい．

図 5.2.18 は両端固定としたときの不静定応力の大きさと断面の図心位置との関係を説明している．ここで示したとおり，図心位置の変動は不静定応力に大きな影響を与える．

(3) プレキャストPC二次製品

プレキャスト合成床版等のPC二次製品は部材せいが小さく，また繰返し作業によって効率化することで部材の製作費用を抑えるために，PC鋼材を直線配置としたプレテンション方式によるプレストレス導入が一般化している．直線配置したPC鋼材のプレストレス効果は，部材軸方向の圧縮力と緊張端におけるPC鋼材偏心モーメントのみであるため，圧縮応力度としてはポストテンション部材よりも大きなプレストレスを導入する必要がある．架構形式は，合成・一体化を目的とした場所打ちコンクリートの打設・硬化までが単純支持であり，場所打ちコンクリートの硬化後は端部に固定度を持つようになる．

図 5.2.19 に合成スラブの設計手順の一例を示した．設計の基本は，PC導入時と設計時で縁応力度が満足するよう，断面とプレストレス量を決定することである．また鉛直荷重を割り増した応力に対し，終局耐力の検討も必要である．ただしプレテンション方式はPC鋼材とコンクリートとの付着によりプレストレスを伝達する工法のため，鋼材端部からある程度の範囲はプレストレスの伝達が不十分である．したがってこの範囲の設計は，RC構造として検討する必要がある．表 5.2.2 はプレストレストコンクリート設計施工規準（日本建築学会）に示されているプレテンション緊張材の定着長さの一例を示したものであり，PC鋼材の種別と鋼材表面の状況により，必要定着長さが異なっている．

表 5.2.2 PC鋼材種別と定着[6]

PC鋼線	線 径	定着長さ	
		錆なし	錆あり
普通PC線	$\phi 2 \sim \phi 5$	$180 D$	$80 D$
2本より鋼線	$\phi 2 \sim \phi 2.9$	$150 D$	$70 D$
7本より鋼線	$\phi 6.2 \sim \phi 12.4$	$45 D$	$25 D$

(注) D はPC鋼材の公称直径（mm）

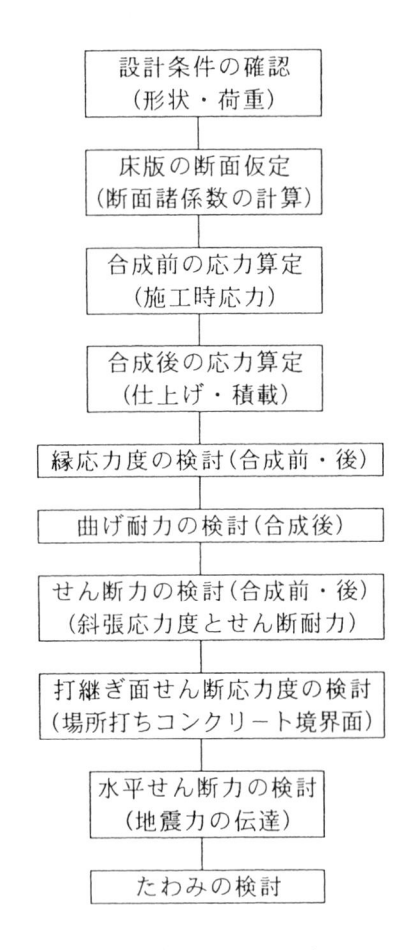

図 5.2.19 合成スラブの設計フロー

```
設計条件の確認
（形状・荷重）
    ↓
床版の断面仮定
（断面諸係数の計算）
    ↓
合成前の応力算定
（施工時応力）
    ↓
合成後の応力算定
（仕上げ・積載）
    ↓
縁応力度の検討（合成前・後）
    ↓
曲げ耐力の検討（合成後）
    ↓
せん断力の検討（合成前・後）
（斜張応力度とせん断耐力）
    ↓
打継ぎ面せん断応力度の検討
（場所打ちコンクリート境界面）
    ↓
水平せん断力の検討
（地震力の伝達）
    ↓
たわみの検討
```

（4） 工場製品の縮みとむくり

PC床版等の工場製品は比較的薄肉の部材であり，断面積に対し比較的多くのプレストレス量を導入する．さらに自重に対し後荷重の割合が大きいことから，PC導入時点では製品中央部に上反りが生じる．しかしこの上反りは，架設後に合成用の場所打ちコンクリートと仕上げ積載荷重等が加わることで，長期的には下向きにたわむことになる．ただし支持点間隔が長大となる場合や，後荷重が大きく多量のプレストレスを導入した場合には大きな上反りが残るため，適正な導入プレストレスで収まる断面を確保しなければならない．またこのような長スパン構造のときに，スパン中央部の応力のみで導入プレストレスを決定すると，長期応力が少ない部材端部でプレストレスの効果が過大となり，この範囲のコンクリートに許容値を超える引張力が生じる場合がある．このようなときは応力の少ない端部に過大なプレストレスが導入されないよう，PC鋼材にビニールチューブを被覆することでコンクリートとの付着を意識的に切断するボンドコントロールを施し，導入プレストレスが各断面で必要な量に収まるように設計することが必要である．

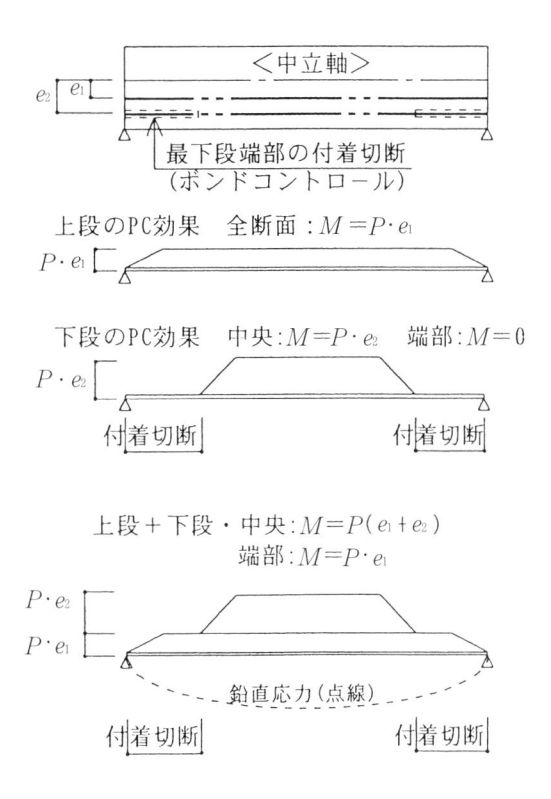

図 5.2.20 ボンドコントロールとプレストレスの効果

図5.2.20は，端部PC鋼材の付着を切断したときのプレストレス効果を図示したものである．これより，プレストレスによって生ずる応力が端部で減少し，鉛直荷重によって生ずる応力を効果的に打ち消す形状となっている．

5.2.4 部材の接合方法

（1） 各種接合方法

建設現場に搬入したプレキャストPC部材の接合には，大梁と柱の一次部材同士の接合，スラブと小梁の二次部材同士の接合，そして大梁とスラブや大梁と小梁の接合のような一次部材と二次部材の接合がある．接合部に要求される構造的性能としては，

「曲げモーメントとせん断力を確実に伝達し，かつ十分な変形能力を有する」

ことであり，対象とする接合部の状況に応じて設計者が適宜，接合法を決定する．特に大梁と柱のような一次部材同士の接合部においては，長期応力のほかに地震時応力に代表される繰返し応力の伝達が可能な接合法を採用する必要があり，圧着接合，場所打ちコンクリート接合，鉄骨接合を採用することが多い．

圧着接合はPC鋼材の緊張力により部材同士を接合面で圧着し，圧縮力と摩擦力により応力を伝達する方法であり，鉄骨造の高力ボルトと同じ原理による接合法である（図5.2.21参照）．PC構造が建物に導入された当初から採用されてきた最も一般的な方法でもあり，その特徴は以下となる．

①現場での作業が少ない
②二次ケーブルとして梁,柱を一体化する場合,場所打ちPC構造と同様な不静定二次応力が生じるため,接合部の長期応力をコントロールすることができる.
③PC鋼材を接合部に限定して配置できる

　場所打ちコンクリート接合はプレキャスト部材から結合鉄筋を出しておき,接合部を場所打ちコンクリートにより一体化する接合方法である(図5.2.22参照).二次ケーブルが不要な小梁や,梁を柱仕口部に直接乗せ掛ける工法に採用しやすいが,型枠工事や仕口部コンクリートの打設等により現場での作業が増えること,仕口部の納まりから定着可能な梁主筋本数に制約を受けること等の注意点がある.

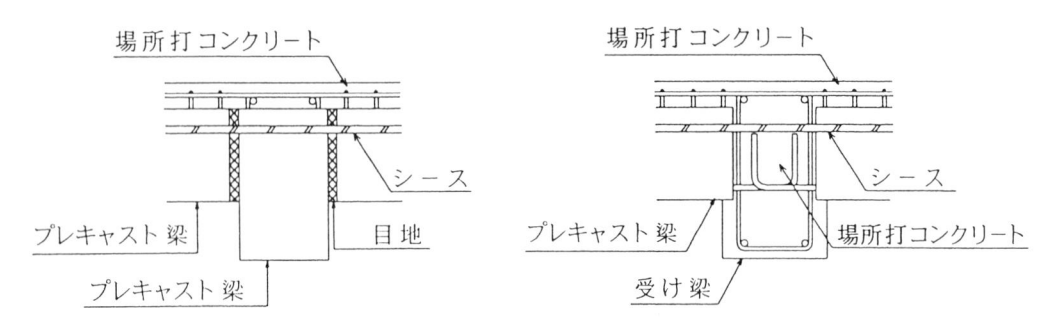

図5.2.21　圧着接合要領図

図5.2.22　場所打ちコンクリート接合要領図

　鉄骨接合はプレキャスト部材に鉄骨を埋め込み,ボルトもしくは溶接により部材を接合する工法である.鉄骨建方と同様の手順で架設可能であるが,鉄骨仕口部は後打ちコンクリートで保護する等,耐火・防錆処理が必要となる.また鉄骨を溶接接合とする場合には,溶接部近傍コンクリートへの熱影響についても配慮しなければならない(図5.2.23参照).

(2) 合成スラブ

　合成スラブはプレキャスト版(PC版)上面にトップコンクリートとなる場所打ちコンクリートを増し打ちし,支持部材と版相互を一体化する接合方法が一般的である.このトップコンクリートにより,スラブの水平剛性を確保し,プレキャスト版端部の応力を支持部材に伝達する(図5.2.24～図5.2.26参照).スラブから支持部材への応力伝達方法は,スラブ自重とトップコンクリート重量についてはトップコンクリートが硬化する以前の荷重のため,プレキャスト版端部を支持部材に載せた単純支持状態となる.
　支持材との接合面に生じる曲げ応力は,トップコンクリート硬化後の仕上げ積載荷重による応

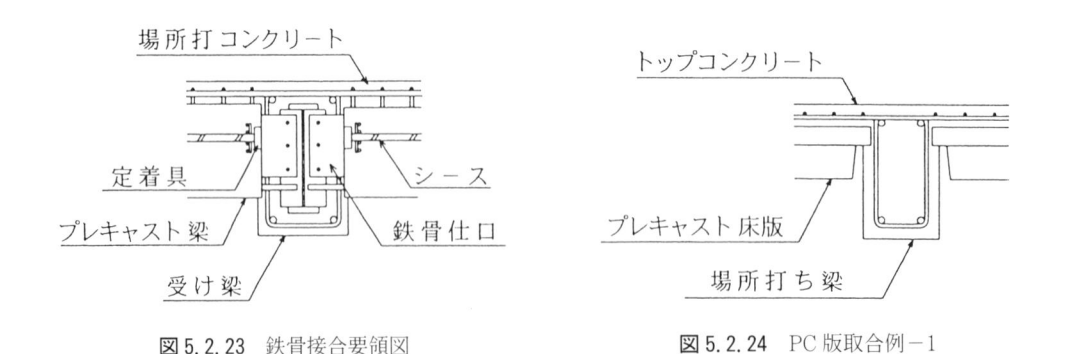

図5.2.23　鉄骨接合要領図

図5.2.24　PC版取合例-1

力のため，プレキャスト版端部の版厚とトップコンクリートを合成した厚さを持つスラブとして断面設計をする．ただし水平剛性については，プレキャスト版相互の継目部分で版断面が途切れるため，トップコンクリート断面のみで水平せん断力が確保できるように設計しなければならない．

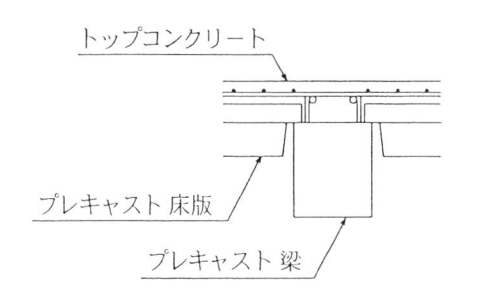

図 5.2.25 PC 版取合例−2

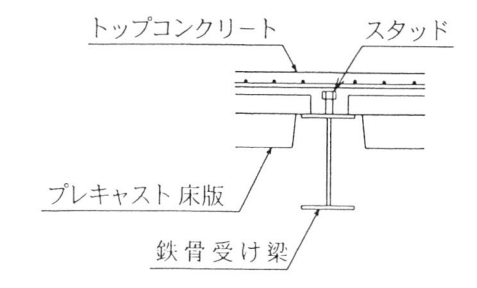

図 5.2.26 PC 版取合例−3

（3） 二次部材の支承部

小梁や合成スラブのような二次部材に用いられる接合法としては
①支持部材と二次部材の接合部を後打ちコンクリートの充填により一体化する．
②プレストレスによる圧着により支持部材と一体化する．
③二次部材を単純支持とし，支持部材に曲げ応力の伝達をさせない．

等の方法がある．①の後打ちコンクリートによる接合法は床スラブや比較的小規模な小梁と大梁との接合に採用されることが多く，使用材料もコンクリートや結合鉄筋などで，在来工法と同様な方法で施工可能である．

②の圧着接合は大きな荷重を受ける小梁に採用されやすく，接合面に十分な耐力を確保することが可能であるが，定着具の納まりやシースの配置，緊張方法等の検討が必要となる．

③の単純支持による接合は離れた構造体間をつなぐ渡り廊下のような単一部材に採用され，支承部を構造体の相対水平変位量に追従できる仕様とする場合が多い．

支承部を水平移動可能とするには
・支持部材と二次部材の間にすべり用の金属板をはさむ（図 5.2.27 参照）
・支承部にゴム支承を用いる（図 5.2.28 参照）
・専用の金属支承とする（図 5.2.29 参照）

等があり，支持する部材の用途，重量，相対水平変位量から適当な支承方法を選定する．

このように，プレキャスト部材の接合は部材の種別や用途，部材に与える構造的性能や意匠的な形状により採用する接合法が変化するため，各接合法の特徴を十分に把握し，意図する設計条件に合致する接合法を決定する必要がある．

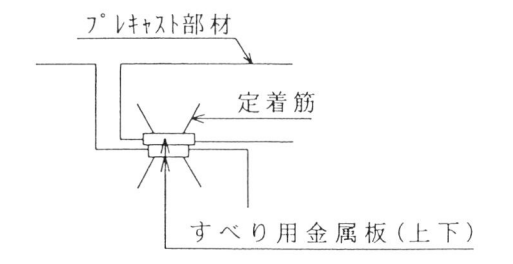

図 5.2.27 すべり用金属板配置

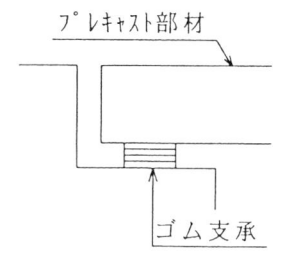

図 5.2.28 ゴム支承配置

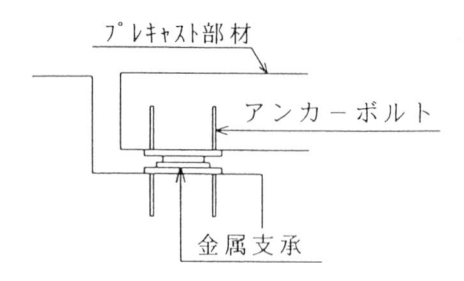

図 5.2.29 専用の金属支承配置

（4） 圧着接合部せん断耐力

圧着接合部のせん断耐力は，接合面での摩擦抵抗力により確保する．この摩擦力は，プレストレスや軸力によって接合面が受ける圧着力 P と摩擦係数 μ の積（$P \cdot \mu$）によって決定され，接合面が平滑なモルタルまたはコンクリート面の場合には摩擦係数に $\mu=0.5$ を採用する．接合面に他の材料を使用した場合には，実験等により摩擦係数を確認しなければならない．

その他，圧着接合部での設計上の注意点としては以下の項目がある．
- 圧着面では鉄筋が途切れるため，長期応力に対し圧着面はフルプレストレス状態とする．
- 温度応力等，計算外の緊張力減退に対処するため，圧縮応力度は $2\,\text{N/mm}^2$ 以上とするのがよい．

（5） ハイブリッド構造

プレストレスを利用したハイブリッド構造としては，PC部材と鉄骨部材の混用，木構造へのプレストレス導入，長弦梁構造の引張材としての利用等があり，近年ではガラス構面の補強材としての利用例もある．これらハイブリッド構造としてプレストレスを計画する場合においても，基本的な留意点はプレキャストPC造と同様である．つまり，施工方法や緊張時期により架構に生ずるプレストレス効果が変化すること，PC定着具周辺の納まり状況について十分な検討を行うこと等である．特にコンクリート以外の材料に定着具を納める場合においては，緊張端での定着具からのプレストレス伝達メカニズムが通常のプレストレストコンクリート造と異なる場合が多いので，局部応力も含めた検討が必要となる．またクリープの大きい材種と組み合わせて使用する場合には，緊張力減退の影響も大きくなるため，一般的なプレストレス有効率である $\eta=0.85$ では設計時緊張力を過大評価する可能性があることや，クリープ変形の進行による応力再配分の影響にも注意が必要である．

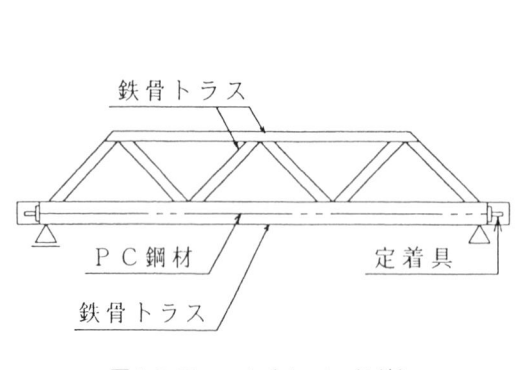

図 5.2.30 ハイブリッド（S造）

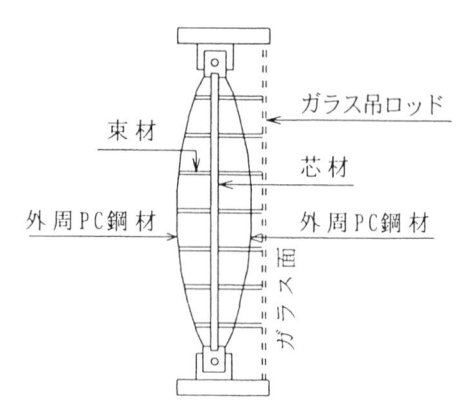

図 5.2.31 ハイブリッド（ガラス支柱）

（6） ブロック圧着一体化

ブロック圧着一体化とは，工場で複数に分割製作された短いプレキャスト部材を建設現場にてプレストレスにより一体化し，一つの構造部材を形成する工法であり，一つの部材が長大となることで架設が困難になる場合や，製作場所から建設場所までの輸送方法に困難を伴う場合に採用されやすい．

一般にブロック接合継目は圧着接合となるため，継目は部材軸に直角もしくはこれに近い角度とし，プレストレスにより継目にずれ破壊が生じないよう，目地形状は直角目地もしくは相じゃくり目地とする．また継目では鉄筋が配置できないため，終局時を除くすべての状態において，断面に引張応力度が発生しないように設計する必要がある．

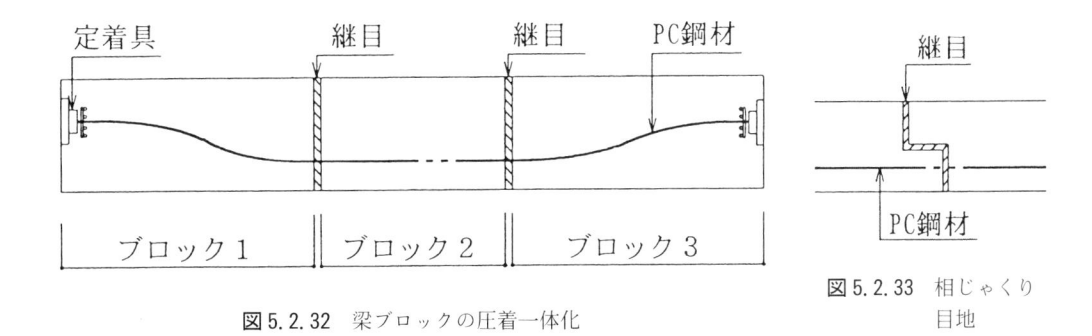

図 5.2.32　梁ブロックの圧着一体化

図 5.2.33　相じゃくり目地

5.3　設計上の注意点

5.3.1　プレストレス導入

（1）　縮みとむくりによる変形

場所打ち部材やプレキャスト部材にかかわらず，プレストレスを導入することにより，導入量に比例した部材変形が生ずる．また柱のような鉛直部材については，自重や積載荷重等によっても軸変形が生ずることになる．これらの変形量は導入プレストレスや軸力の大きさと部材長に比例し，部材断面積と使用材料の弾性係数に反比例するため，建物形状や積載荷重，部材断面が決まると変形量についてもおのずとある範囲に納まることになる．しかしながらプレキャストPC構造では施工手順を変えることにより部材断面性能や端部固定度までも変化するため，ある程度ではあるが，これらの変形量を調整することも可能である．

プレキャストPC造ではプレストレスの導入時期を以下のように大別できる．

　①部材単体に導入する工場緊張　　（一次緊張）
　②他の柱梁部材と接合する現場緊張（二次緊張）
　③全部材を一体化する全体緊張　　（三次緊張）

①の部材単体へのプレストレス導入時（工場緊張時）は部材の持つ断面積が最も小さく，プレストレスが軸変形と曲げ変形に与える影響も全工程を通じて最も大きくなるため，その後の作業に支障のない変形量に抑えるよう注意する．すなわち，曲げ変形については床版架設後において，有害なむくりが残らないように設計することである．軸変形量については，工場緊張で生ずる軸変形は目地幅で吸収されることより，工場緊張時の軸変形が架設時の施工に影響を及ぼさない範

囲にあることを確認すればよい．

②・③の現場緊張による変形量の確認では，部材端での固定度の影響，トップコンクリートや他部材との一体化による部材剛性の上昇を評価して変形量を確認することになる．特に③の全体緊張ではプレストレス導入区間長が長いことより，導入プレストレス量によっては軸変形量も大きくなり，外端の柱・梁部材に大きな応力が発生する場合もあるので注意が必要である（図5.3.1参照）．

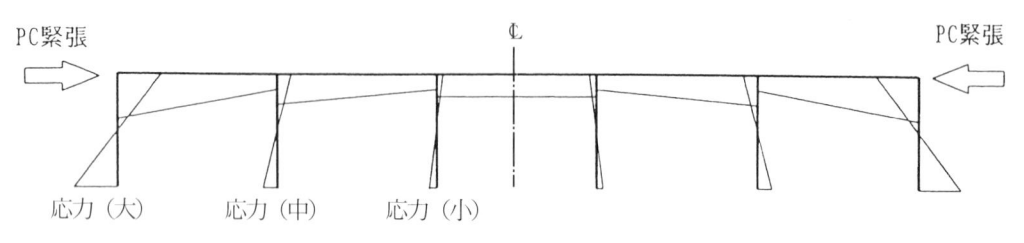

図5.3.1 全体緊張（三次緊張）による不静定応力

（2） 縮みに対する意匠上の配慮

プレストレスによる過大な軸変形量を抑えるためには，意匠上の計画段階から軸縮みへの対策を講ずる必要がある．軸変形量はプレストレス量のみならず，温度変化や乾燥収縮によっても大きな影響を受けるため，意匠の計画段階から連続する部材数が少なくなるよう，適当な間隔でエキスパンションジョイントを設けるなど，縮みに対して積極的な配慮が必要となる．

（3） むくり，たわみに対する意匠上の配慮

プレストレストコンクリート造は長スパンを有する計画に採用され，かつプレストレスによる荷重キャンセル効果を期待して部材断面を小さく計画する場合が多いため，他のコンクリート系の構造部材と比較して相対的に断面剛性が小さくなる傾向にある．このことは荷重によるたわみ量の変動が大きくなる原因となり，意匠計画においても構造部材のたわみ量を意識する必要が生ずる．特に構造躯体と建具とのクリアランスには十分な余裕を持ち，構造躯体のたわみ量増大により建具等に不具合が生じない計画とする．また十分な剛性を確保しなければならない部材については，余裕を持った断面が確保できるような意匠計画とする配慮も必要である．

（4） 間仕切り壁設置の注意

場所打ち構造と異なり，プレキャスト構造は同一部材の連続を基本とするため，無造作に現場打ちコンクリートの間仕切り壁を設けることはスラブ・小梁に不揃いな部材が生じ，施工金額の上昇とともにプレキャスト造最大の利点である施工性をも犠牲にしてしまう．またプレキャストPC造に設ける壁は，本来はフレームに導入されるべきプレストレスを拘束しない構造とする必要があるため，後施工による鉄骨間仕切り壁や軽量間仕切り壁とする計画が多い．またコンクリート系の間仕切り壁とする場合には，プレストレスを拘束しない施工法を選定するとともに，綿密な計画により，可能な限り不揃いな部材が発生しない平面計画とすることが大切である．

（5） クリープと乾燥収縮

コンクリートのクリープ変形と乾燥収縮は，プレストレス導入時のコンクリートの材齢に大き

く影響し，プレストレスを導入したコンクリートが若材齢なほど，クリープ変形は大きくなる．プレキャスト PC 造では，部材製作の効率化を目的に蒸気でコンクリートを促進養生するため，コンクリート打設後数日で PC 鋼材の工場緊張が行われる．この結果，部材のクリープ変形は場所打ち PC 造よりも大きいものになる．しかし工場緊張から建設現場での建方までの間にクリープ変形と乾燥収縮が進行するため，部材組立時に継目で部材長の変化を吸収できる梁，柱部材においては，架構に影響する建方後のクリープ変形と乾燥収縮は場所打ち PC 造よりも少なくなる．

5.3.2 プレキャスト接合部

（1） 接合部が肝心

どの構造方式においても各構造部材を支持し，かつ複数の部材が集中する接合部は，建物の構造的性能を決定づける最も重要な部位である．プレキャスト PC 構造においても同様であり，接合部の計画が不十分であれば，使用上と安全性に大きな問題を残すことになる．接合面での固定度が不足した状態においては，設計値以上のたわみが生じ，使用上の不具合が問題化するであろう．また接合部の耐力と靭性を確保することが困難な場合には，各部材がその耐力に達する以前に接合部での破壊が進行し，地震時に大きな被害をもたらすことになるであろう．つまり，設計した各部材がその構造的能力を最大限に発揮するには，接合部が健全であることが大きな前提条件となる．

（2） 応力が集中する

接合部は梁・柱などの構造要素をつなぐ部位であることより，梁などの水平部材に加わるすべての荷重は接合部に集中し，鉛直部材である柱に伝達する．このため接合部は，鉛直荷重時，終局荷重時ともに高応力下にさらされることになる．さらに工場生産部材を圧着力のみで接合し，接合目地部分の鉄筋を不要とした圧着接合の場合には，接合部の不具合は場所打ち構造以上に重大な欠陥をもたらす事態となりやすく，接合部の設計には十分な余裕を持つ計画とする必要がある．

このように構造上の要であるとともに，応力集中を受ける接合部に要求される性能としては，鉛直荷重時と終局荷重時の応力に対する十分な耐力と高い靭性の確保が必要となる．

またプレキャスト PC 構造は接合部内に定着具や接続具を埋め込むため，納まり上から仕口部断面が決定される場合も多い．このため安易に断面を決定することなく，定着具やシースと主筋が確実に配置可能となる断面を計画する必要がある．

（3） プレキャスト部材支承部と部分破壊

渡り廊下や床版のように，プレキャスト部材を支持部材に載せ掛けで用いることも可能である．この場合に配慮する項目を以下に示す．
　①PC 部材の架設時に有害な変形や局部応力を生じない
　②鉛直荷重や地震時荷重の伝達が可能な構造とする
　③架構全体の変形に追従が可能とする
エキスパンションジョイントで切り離された 2 つの建物を結ぶ渡り廊下を例にすれば，
　①部材端部の曲げ耐力とせん断耐力を確保した上で，プレキャスト部材架設時の端部回転変形を拘束しないよう，支持部材との間に適当な支承材を介在させる．
　②地震時に単純支持（ピン支持）となる支承部は，大きな水平せん断力を受け持つことが可能な仕様とする．
　③移動端側は建物双方の最大層間変位を吸収できる移動量を確保する．
などの対応が必要であり，これらの対処が不十分であればプレキャスト部材や支持部材に局部的

な応力や変形が集中し，接合部が部分的に欠けるなどの部分破壊をもたらす結果となる．
　問題となりやすい部分破壊としては，以下のような破壊がある．
　①プレキャスト版の支持部材へのかかり長さが短い場合に生じる，支承部やプレキャスト版端部の欠け（図 5.3.2 参照）．
　②傾斜している版の支持端に，適当な支承材を介在させずに架設した場合に生ずる，プレキャスト版端部の欠け（図 5.3.3 参照）．
　③可動支承の可動量不足による接合部コンクリートの圧壊と引張破壊．

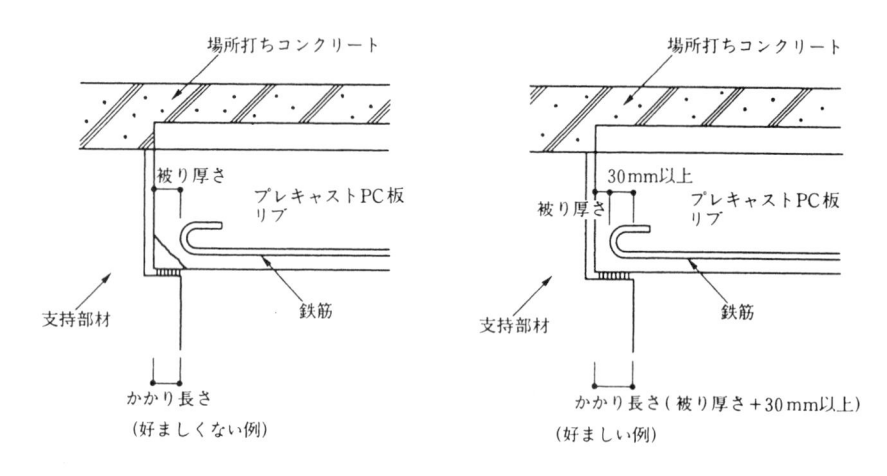

図 5.3.2　支持部材へのかかり長さ[7]

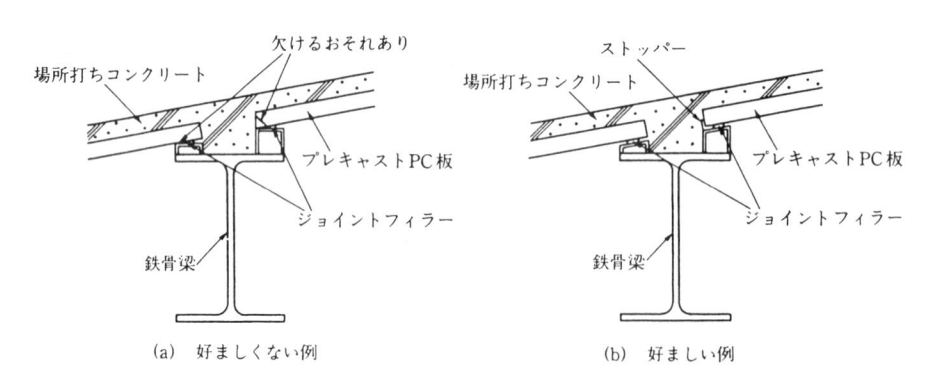

図 5.3.3　床が傾斜している場合[7]

（4）圧着接合部
①圧着接合部での緊張力の損失

　圧着力を確保する目的で圧着面とその近傍のみにプレストレスを導入した場合，PC 鋼材の全長が短いため，くさび式定着具ではセット損失による緊張力の減少が大きくなる．たとえば緊張作業時の鋼材応力度が $\sigma = 1.4 \, \text{kN/mm}^2$，弾性係数が $E = 190 \, \text{kN/mm}^2$ で定着具のセット量が $\varDelta L = 6.0 \, \text{mm}$ のとき，緊張による鋼材伸び量がセット量を上回る鋼材長さは $L = E \cdot \varDelta L / \sigma = 190$

×6/1.4＝814 mm となる．このため全長 L＝800 mm 程度の PC 鋼材ではセット量による戻りのため，導入した全緊張力が定着時に損失してしまう結果となる．このことより PC 鋼材長が短い計画ではセット損失のないねじ式の定着具を採用するか，全長をある程度確保した上で，セット損失後の有効緊張力が必要導入力を上回るような緊張力の大きな PC 鋼材を使用しなければならない．

② 圧着目地部の補強

プレキャスト部材の接合面となる圧着目地部分は，目地コンクリートやモルタルを打設した後にプレストレスにより一体化する．ただし目地幅が 5 cm 以上となる場合には，繰返し荷重による目地部の欠けや剥離による耐力低下を防止するため，補強筋比 0.4% 以上の補強を施すのがよい．

$$p_{cw}=\frac{A_s}{b \cdot t_{jc}} \geqq 0.4\%$$

ここに，b：目地幅
　　　　t_{jc}：目地コンクリート幅
　　　　A_s：断面のせい方向に配置され
　　　　　　補強筋の断面積

図 5.3.4　目地部せん断補強筋の配置[6]

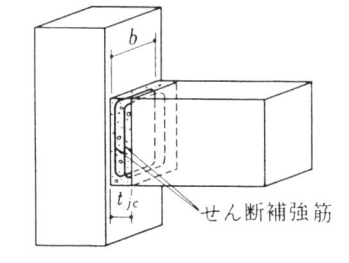

5.3.3　PC 梁貫通

（1）PC 梁貫通

プレキャスト部材に貫通孔を設ける場合，構造耐力上の検討方法および補強は，場所打ち PC 造と同様でよい．しかしプレキャスト PC 造はその構造的特徴より，多くの PC ケーブル本数を部材内に納めるため，貫通孔の設置可能な範囲が場所打ち PC 造よりもかなり限定されてしまう．もし，プレストレスの導入を三次緊張まで行う計画とし，建物階高を抑えた計画となるように部材断面を構造上可能な範囲まで小さくした場合には，PC 梁には貫通孔を設ける箇所がほとんどなくなることもあり得る．そのため設計初期の段階から貫通孔の有無と大きさ，数量等を意匠設計者と打ち合わせ，貫通孔を設けることが予測される場合には設置可能範囲を設定し，貫通孔が可能となる大きさの断面で計画しなければならない．また場所打ち PC 造ではコンクリート打設以前であれば貫通孔の位置や大きさの変更が可能であるが，プレキャスト部材は工場製品のため，これらを変更する場合には工場での製作以前に変更を完了する必要がある．

（2）PC 梁先付けインサート

一般に工場で製作するプレキャスト PC 部材は F_c＝40 N/mm² 以上の高強度コンクリートを用いる場合が多いため，プレキャスト PC 部材に後施工インサート等を打ち込む場合はコンクリートが硬く，取付けが非常に困難となる．また鉄筋や PC 鋼材との干渉を避ける必要もあり，プレキャスト部材にインサートを設ける場合は，あらかじめ部材内にアンカーを埋め込む先付けとする．しかし，部材製作時にすべてのインサート位置を確定することは難しいため，このようなときは先付けのインサートを余分に打ち込んでおき，この余分に打ち込まれたインサートの中から必要なものを選んで使用するのがよい．またプレキャスト工法は可能な限り同一の部材数を多くして部材の種類を減らすことが基本のため，インサートを打ち込む本数が多少増えても同一形状の部材には同一位置にインサートを打ち込み，現場での部材管理を減らす方向で計画するのがよい．

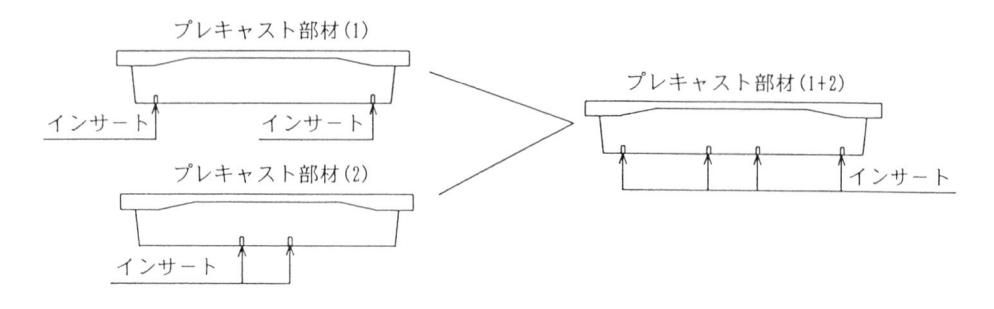

図 5.3.5　インサートの重複による部材種別の整理

5.4　PC 構造の展開

5.4.1　耐震設計

　地震国のわが国において，RC 系建築の設計は，鉛直荷重と地震力に対する安全性の検討が主軸となっている．従来の耐震設計は，大地震に対しては塑性変形によるエネルギー吸収を前提とした設計法だった．梁や柱の部材端にヒンジが形成されたり，耐震壁が破壊すると塑性変形によりエネルギーが吸収され，応答変形が過大にならないというものである（図 5.4.1）．

　また耐震壁の設置により著しく水平耐力を高めることが可能である．塑性変形によるエネルギー吸収のおかげで倒壊を免れたとしても，地震が去った後に建物の使用は不可能なことが多いと思われる．大きな地震エネルギーを吸収することはそれだけ部材の損傷がひどいことを意味している．また，従来の RC 造の柱と一体打ちの耐震壁では壁に生じるせん断ひび割れを柱に貫通させないようにすることは困難と思われる．

　PC 構造は部材の曲げ強度が高く，かつ弾性範囲が広く，復元力特性は優れている（図 5.4.2）．反面，エネルギー吸収性能が低く，応答が増大し，変形が大きくなるといわれている．そのために地震に対しては不利な構造とされてきた．これらは，柱，梁，耐震壁などの主要架構のすべてが地震力に対する剛性をもち地震エネルギーを吸収する役割を果たすという考えが前提になっているからである．

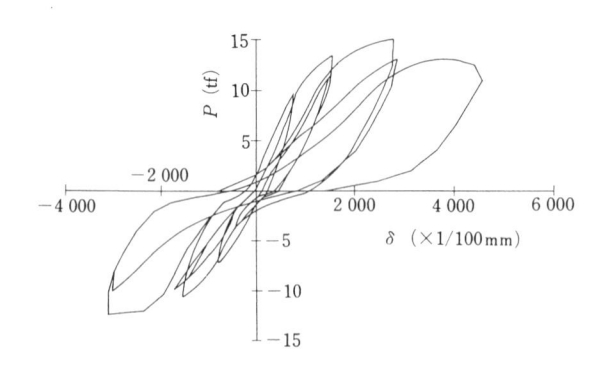

図 5.4.1　RC 部材の荷重-変形履歴曲線[3]

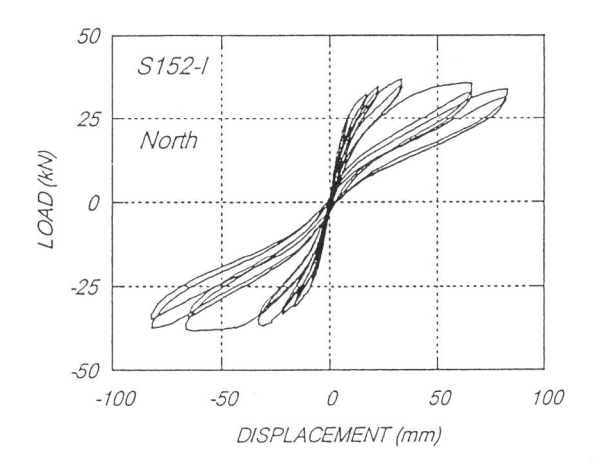

図 5.4.2 PC 部材の荷重-変形履歴曲線[8]

　最近になって耐震設計の考え方が少し変化してきた．つまり，部材の構造的役割を明確にして地震に対して壊さない部材と壊してもよい部材を明確に区分するという考えが広がっている．

　日本の建物に比べて，欧米の建築物は柱の断面が格段に小さい．これは地震力を考慮しないか，考慮してもごく小さい水平力しか想定しないためである．ところによっては水平力による建物の変形という概念すらないこともある．鉛直荷重に対して抵抗できればよいという考えに基づいている．

　日本でも地震がなければ柱断面は小さくて済む．日本の建築は耐震設計抜きでは考えられない．主たる耐震部材は柱および耐力壁である．柱は鉛直荷重支持部材でありながら，同時に重要な耐震部材という役割を果している．したがって地震力で柱が破壊されれば（写真5.4.1），その柱の鉛直荷重を支持する能力は失われてしまう．そうなると地震後，建物は使用できないということになる．また生命が危険にさらされる可能性も大きくなる．

　地震力などの水平荷重と，自重や積載荷重などの鉛直荷重に抵抗する部材を分離しておき，耐

写真 5.4.1 地震による被害[1]

震部材が破壊することによって地震エネルギーを吸収し，耐震部材の破壊が他の部材の破壊を誘発しないようにすれば，たとえ巨大地震で耐震部材が降伏し，あるいは大変形を生じても鉛直耐荷部材が健全であれば，地震が過ぎ去ればその建物は使用可能である．現在それに対応するものとして免震装置や，制振装置が実用化されている．

しかし，従来の方法でも，地震力などの水平荷重と，自重や積載荷重などの鉛直荷重に抵抗する部材を分離する設計は可能だと思われる．柱と構造的に絶縁した耐力壁やブレースであれば，それ自身の破壊は柱の破壊を誘発しない．また，部材の壊れる場所を明確にしておき，高靭性降伏部材としておいてもよい．いずれにしろ，降伏する部材，降伏しない部材を明確にしておき，降伏する部材は降伏形式と耐力を明確にしてさらに降伏後の変形能力を十分に与えることが肝要であろう．

5.4.2 今後のPC構造設計

（1） 性能設計

性能評価設計は建物の性能を客観的に表すことができる基本となる設計方法とされている．建物の基本性能としては，建物の建設，メンテナンス，火の制御，可動部分の調整，防水，構造，仕上げ，情報処理，エネルギーの集中管理，音響の最適条件，視覚の最適条件，気流の調整，温度の調整，気温の調整，材料表面の熱特性の調整，熱輻射の調整，廃棄物の処理および再利用，給水，排水などがある．これらの機能がどのように期待どおりに発揮されるかが建物の性能として評価される対象となる．

建築構造物の基本性能には前述のように多くのものがあるが，大きくは，安全性，使用性，修復性に分けられ，構造骨組としての各項目は次のように位置づけられる．

①安全性：人命に直接危害を及ぼすような，構造骨組の鉛直支持能力を喪失しない．
②使用性：変形，振動が日常の使用に支障をきたさない．
③修復性：損傷が修復のしやすさの観点から設定した範囲内にある．

各性能にはそれぞれ限界値を設けて，建物の応答がその範囲内にあるように設計し，性能を評価することが求められる．

PCaPC構造は部材の強度，耐久性は一般に同じ断面積のRC造よりはるかに高い．これまでは「PC造はコストが高い」として採用されない場合が多かったが，性能設計により，同一の性能レベルでコストの比較がなされるようになればRC造より高くないという認識が生まれるだろう．パソコンでも車でも高性能，高機能のものは値段が高いのが当たり前である．建物にも同様の認識があるべきである．

コンクリート構造物においてひび割れは，美観，耐久性の点から大きなマイナス点となる．目標性能として，仮にひび割れが入らないことを挙げると，RC構造は存在し得なくなる．なぜならばRC構造の耐力の主役は鉄筋であるが，鉄筋が利くのはコンクリートにひび割れが入ってからであるから，鉄筋の強度をいくら高めても効果はない．コンクリートのひび割れ時ひずみは$200〜300\mu$で，鉄筋としては低い応力度だからである．

PCaPC構造では，地震力によりひび割れが入っても地震力が去ればひび割れが閉じてしまうという特性がある．地震荷重作用時にはPC鋼材が伸びて部材の継目部分が開き荷重がなくなればPC鋼材の縮む力により開いた継目が閉じてしまうからである．兵庫県南部地震では地盤に側方流動が生じた場所のすぐ近くに供用中のPCaPC造の倉庫があったが，調査したところ部材の損傷はおろかひび割れさえ見られなかった．また施工中のPCaPC造の倉庫も同様であった．

5.4.3 プレキャスト化への期待

(1) 時代の要求
a) 外観デザイン性

プレキャストコンクリート造の最大の特徴は，意匠と構造を兼ね備えた部材が，高耐久性の材料で製造されることである．他の構造では意匠，構造および遮音断熱などの機能は，それぞれの材料を用いて目的を達成することとなり，手間は格段に多くなる．

部材の表面が意匠的な曲線を描く場合，その精度や仕上がり具合については，現場施工では工場製品の精度には遠く及ばない．現場施工ではいったん製造されたものは手直しが困難だが，工場製品ではあらかじめ仕上がりや形状を確認することができるので必要があれば製造のやり直しがきく．欧米では，意匠的な形状を成型した巨大な部材をプレキャストで製造し，構造体と意匠が一体となったプレキャストPC建築が多い．

コンクリートの耐久性は，中性化とほぼ同義に捉えることができる．中性化してもコンクリートの強度そのものはさほど低下することはない．コンクリートは強アルカリであり，鋼材を錆等の腐食から保護している．コンクリートが中性化すると，その部分の鋼材が腐食し，鋼材の断面積が減少して部材耐力が低下する．また，錆の体積は鋼材のそれの数倍に膨張するため，膨張圧力によりコンクリートにひび割れが入る．これによりかぶりコンクリートが剥落することもある．鉄筋の断面減少，およびコンクリートの一体性の喪失による断面性能の低下により部材耐力が低下するのである．

コンクリートの中性化速度の主な原因は表5.4.1のとおりである．これらのうち水セメント比の影響が大きい．コンクリート中の水分のうち，セメントとの反応に必要な結合水の量は約25%とされている．残りの自由水（キャピラリー水）は，時間の経過とともにコンクリートの外に抜け出してしまう．その結果，水分は空気と置き換えられてしまい，細かい連続空隙（毛細管）が形成される．この空隙を通してコンクリートは膨張収縮により常に呼吸し，外気が補給される．この空気中の二酸化酸素がコンクリートを徐々に中性化させる結果となる（図5.4.3，図5.4.4）．また毛細管を通して水分が進入する．水分が酸性であればコンクリートは中性化される．

表5.4.1 コンクリートの中性化速度の主な要因[11]

項　目	中性化速度に関する主要因
材　料	セメントの種類，骨材の種類，混和材料，有害物質
調　合	単位セメント量，単位水量，水セメント比，スランプ
施　工	打込み，締め固め，打ち継ぎ処理，養生，施工欠陥
設　計	用途，仕上げ，防水，冷暖房，結露，設計基準強度
立　地	環境，気候，使用期間，温度，湿度，地域，部位
過酷度	化学作用，有害ガス，熱作用，高温，火災，乾燥

中性化を遅らせるには空隙を小さくすればよい．すなわち水セメント比を下げればよい．しかし水セメント比を小さくしたコンクリートはスランプが小さくワーカビリティーが良くないので，狭隘な鉄筋の間や型枠の隅々まで充填されなくなる．水セメント比を小さく保ったままワーカビリティーを上げるためにはセメント量を多くしたり混和剤を使用しなければならない．コンクリートの主材のうち最も高価なのがセメントである．一般に水セメント比が大きいコンクリートが多用されるのは，ワーカビリティーの良い廉価なコンクリートが求められるためである．

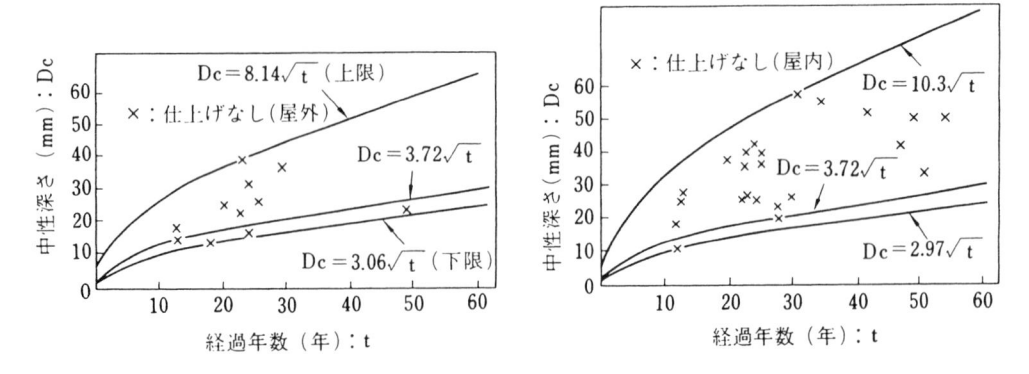

図5.4.3 建物の経過年数と中性化深さとの関係[9]

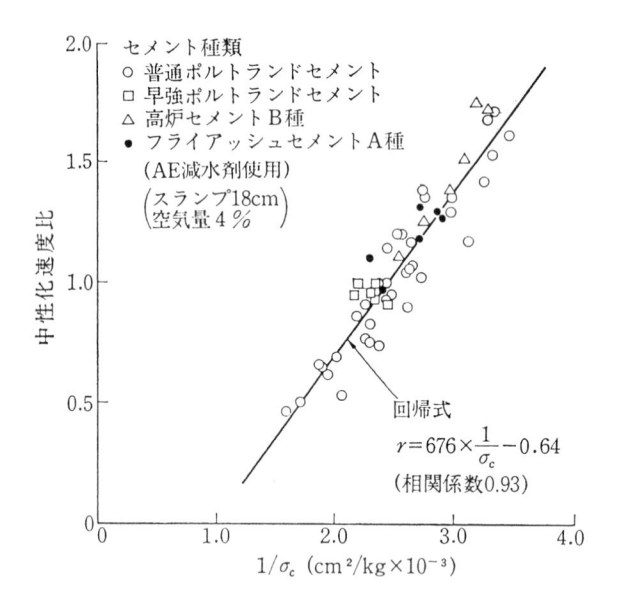

図5.4.4 圧縮強度と中性化速度の関係[10]

　高強度コンクリートは，セメント量が多く水セメント比が小さいため，中性化速度が遅い材料として位置付けられる（図5.4.5）．また，高強度であるために，部材の構造特性は，コンクリートの材料特性よりも鋼材の材料特性に支配される傾向がある．鋼材の材料特性が支配的であれば，部材特性は安定した精度の良いものとなり，部材の強度管理が容易で信頼性の高いものとなる．

　コンクリートの中性化速度を表わす岸谷式により，中性化深さと期間の関係を水セメント比の影響を考慮して試算したものを図5.4.5に示す．RC造の水セメント比は約55％で，プレキャストPC造（工場製品）のそれは約40％余である．32年を経たプレキャスト建築の解体例がある．この建物では一般に中性化深さは3～5mm，条件の悪いところで7mmであり，このグラフの曲線（$w:0.42$）に一致する．このグラフによると，かぶり3cmの場合，RC造では50年ももたないが，プレキャスト造では楽に1000年もつことになる．実例がないので何とも言えな

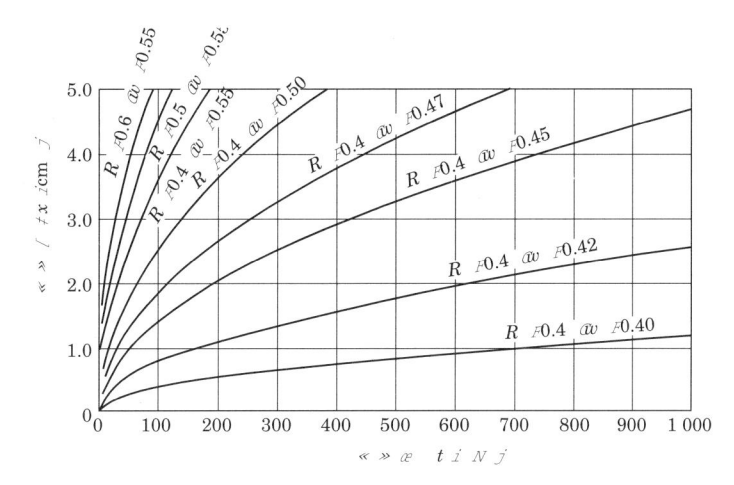

図 5.4.5 コンクリートの中性化期間試算結果[1]

いが，プレキャスト部材の耐久性が高いのは間違いない．

b) 自然破壊の防止

木材の使用量の低下

ここでいう木材の使用量は RC 造と比較してのものである．建設現場での木材は，桟木とベニヤ合板の消費が主となっている．RC 造ではコンクリート型枠はほとんど桟木とベニヤ合板で製作される．桟木は国産の植林材でも供給可能だが，ベニヤ合板は 100% 南洋材に依存している．

ベニヤ合板はラワン材や双葉柿等の南洋材から製造されている．一本の木を伐採するのに直径 20〜30 m の範囲の樹木をすべて伐採するらしい．伐採した木材を搬出するためである．たった一本の木を切るのに 300 m² 範囲の木を捨てている．しかも伐採のあとに植林して森林の回復を促すこともないらしい．双葉柿の減少よりも，搬出のための伐採による森林破壊のほうが被害は大きいのである．

伐採された材木の丸太は，加工場でロータリーカットやスライスカットによりベニヤ（薄板）化される．次にベニヤに接着材を塗布し，必要な厚さ分に重ねて圧縮成形されてベニヤ合板となる．これを 1 畳程度の大きさにカットしたのが市販のベニヤ合板というわけだ．

日本における建設現場でのベニヤ合板の使用量は膨大なものになる．使用量を抑えるには鉄骨造とするか，鋼製型枠を用いて工場で製造するプレキャストコンクリート造とするしかない．使用量を抑えずに自然破壊を防止するためには，伐採した跡地に植林をしなければならない．コストを抑えるためにほとんど植林はなされていない．

省資源型であることのほかに，プレキャスト構造が地球に優しい工法といわれるのはこういう点にもある．

c) 工期短縮

①限定工期に対応

工期が短いために生じるメリットはいろいろと考えられる．まず気候に左右される場合である．多雪地域では，雪が積もり始めると工事ができなくなる．そこで雪が降り始める前に屋根スラブを施工しておきたいという要求が出る．屋根で雪を防ぐことができれば，冬の間屋内作業が可能となる．つまり，躯体工事を終了しておき，雪の影響を受けずに設備，内装工事を行う計画である．

北海道ではよくあることで，某クラブハウス（写真 5.4.2）が良い例である．この建物はもと

もと RC 造であったが，それでは 11 月以降の雪の間の工事がストップして 4 月オープンに間に合わないと判断され，柱梁スラブともすべてプレキャスト構造に変更された．11 月までに部材の架設を終えて躯体工事を終了し，冬の間に設備，内装工事が進められた．工事は，4 月オープンに間に合い，予定通り営業を開始した．

写真 5.4.2 プレキャスト PC 造クラブハウス[1]

競技場ではオリンピックやワールドカップ開催など，催しに向けて竣工しなければならないことがある．人為的な期間限定にも PCa 工法は工期短縮のメリットを活かすことができる．美術館などでは展示開始に向けて国外から展示品の借り出しを予定していることもある．それがフイになると借り出し料，保管料，収入，保険料まで予定外の出費になる．

②建設コスト回収の早期化

商業建築の場合，1 か月早く開業できれば家賃や販売収入が早く入ることになり，建設コストの回収が早くなると同時に，利払い期間が短くなる．共同住宅やスーパーでは竣工は収益開始に直結し，建設資金の返済に大きな影響がある．上記の某クラブハウスも同じで，4 月にオープンできるところを 6 月まで開業できなかったら，年間売り上げそのものが低下してしまったことだろう．

d） クリーンな作業場

①型枠支保工の省略

場所打ち RC 造の場合，上階のスラブ・梁の型枠支保工が解体されるまで下階では作業することはできない．プレキャスト造では，大部分のスラブの型枠支保工，壁の型枠支保工を省略することができる．上階のスラブ，梁の架設が終了したら下階は直ちに作業空間となる（写真 5.4.3）．上階の架設が終了するにつれて作業空間が増えるので設備や仕上げの予備作業空間として有効利用することができる．型枠支保工を省略することによりコスト低減を図ることができる．

写真 5.4.3　型枠，支保工のない空間（施工中）[1]

②作業足場の省略

PCaにおいても作業足場はいくらか必要であるが，大部分の作業足場は省略することができる．RC造では，コンクリートを打設するために建物の外周には足場が必要である．この足場は，外周壁面の仕上げ作業にも使用されるが，敷地面積一杯に建物を建てたいときに，隣接建物があれば足場の設置が困難な場合がある．プレキャスト部材で仕上げを含めたものにしておけば足場は不要となる．足場を省略すればコストも低減できる．

③型枠，鉄筋材料の省略

型枠や鉄筋などの材料使用を省略することができれば，型枠加工場や鉄筋加工場が不要となり，その分を他の作業場として使用することができる．型枠作業や配筋作業がなくなればその作業時間を省略することにより，工期を短縮することができる．プレキャスト造の工期が短いのは，コンクリート強度発現のための型枠存置期間が不要なことのほかに，上記の作業省略のためでもある．もっともRC造でも，現在は加工された鉄筋を現場に搬入するのが大半である．

また，型枠，鉄筋などの材料加工がないため，それらの残材の発生もない．残材を処理するための手間やコストも不要となる．

④足場周りの整然性

現場での使用材料が多いということはそれだけ現場が煩雑になり，その結果危険性が増大する．突出している鉄筋に体を引っかけたり，床に置いてある鉄筋につまずくこともある．上階でのつまずきは転落事故に結びつく可能性もある．また解体した型枠には釘が突出しており，処理前の釘を踏むこともある．命に別状はないとはいえ，望ましくないことである．

参考文献

1) オリエンタル建設資料
2) 小山内裕：ドライジョイント方式によるプレキャストコンクリート耐震構造の研究，京都大学学位論文，pp. 20〜62，平成12年3月
3) 日本建築学会：プレキャスト鉄筋コンクリート構造の設計と施工，pp. 107〜109

4) 建築研究振興協会：性能検討報告書　プレキャスト耐震壁の性能検討，平成12年4月
5) プレストレスト・コンクリート建設業協会：プレストレストコンクリート建築マニュアル　その3〔プレキャストPC構造編〕
6) 日本建築学会：プレストレストコンクリート設計施工規準・同解説
7) 日本建築学会：プレストレストコンクリート（PC）合成床版設計施工指針・同解説
8) 共同研究「PC構造設計・施工指針の作成」報告書
9) 日本建築センター：コンクリートの塩化物総量規制とアルカリ骨材反応対策
10) 岸谷孝一ほか：コンクリート構造物の耐久性シリーズ「中性化」，技報堂出版
11) 沖田佳裕：PC構造建築物の調査－PCa.（プレキャスト）造と場所打造－，プレストレストコンクリート，Vol.40，No.4，Jul.1998

第6章 場所打ちPC構造の工事監理

本章では，場所打ちのプレストレストコンクリート部材を用いる構造（場所打ちPC構造）の施工と工事監理について述べる．

6.1 施工手順

6.1.1 全体の流れ

場所打ちPC構造の工事では，一般の場所打ちRC構造物の工事に加え，PC部材に関わる躯体工事において，PC工事特有の作業が加わる．その主な作業項目および作業の流れを図6.1.1に示す．図中において点線で囲んだ項目は，特に監理が重要なものであり，6.2節以降で各チェックポイントを示す．

6.1.2 施工計画書

施工計画書は，一般に施工管理者が工事区分ごとに作成し，それを設計者および工事監理者が承認もしくは確認する．PC工事に関しては，「PC工事施工計画書（施工要領書）」として，PC工事の作業内容を表す．施工計画書の一般的な項目を以下に示す．
1) 工事全体概要
2) 仮設・安全（足場・揚重）計画
3) 材料保管，使用工具機械
4) PC工事（配線，緊張，グラウト，定着端部処理等）計画
5) 工事管理シートなど
6) 施工図（配線図，躯体図，納まり詳細図）

設計者は，設計時点で工事中のプレストレスの導入方法・時期を定めて計算を行っており，その主旨どおりに施工を計画しているか否かを確認することが重要である．構造設計と関連して，PC工事着手前に考慮すべき施工計画を以下に示す．
1) 支保工，型枠の設置・取り外し計画
2) コンクリートの強度および区分
3) 施工順序を考慮した緊張時期，緊張順序，緊張方法
4) 配線精度
5) 緊張管理方法
6) グラウト配合，強度，注入方法
7) 壁の後打ち，スリットの計画
8) 材料の保管，使用機材
9) 使用材料のチェック

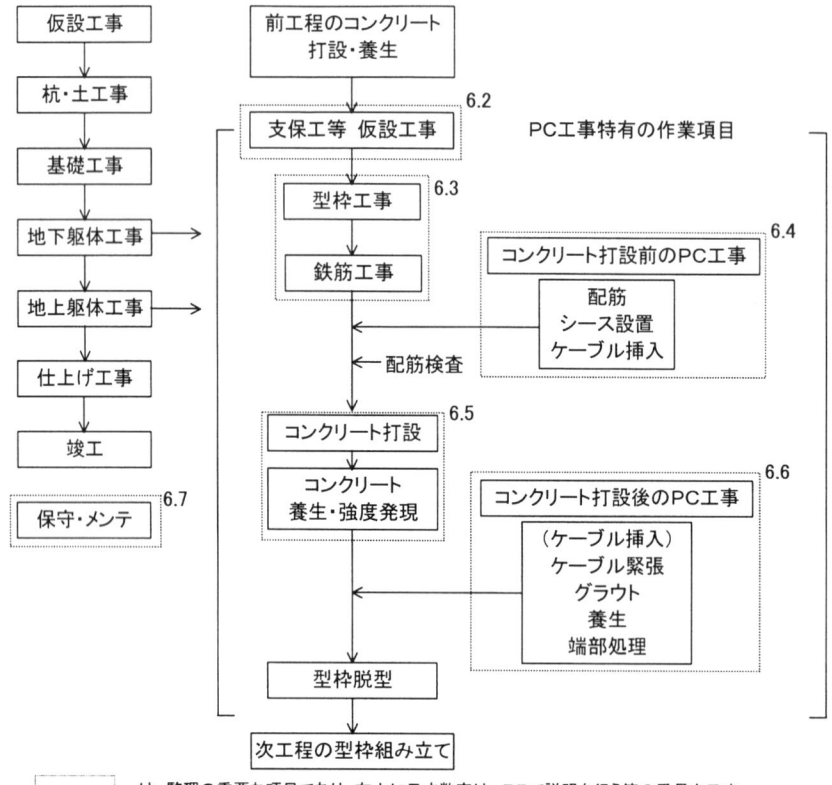

図 6.1.1 PC 工事の作業の流れ

6.2 仮設計画

　仮設計画においては，PC 工事を行うのに十分な作業スペースが確保できているか，PC 工事特有の材料が適切に保管される準備ができているか，適切な機械工具が準備できているかがポイントであり，施工管理者の判断を必要とするところが多い．

6.2.1 足場・支保工

　緊張ジャッキが足場材に当たらないように，縦地・横地の位置に注意する．足場と緊張ジャッキの取り合いの一例を図 6.2.1 に示す．また，緊張機材がスラブ上を移動する場合，スラブ上に設置する支保工に当たらないよう計画する必要もある．

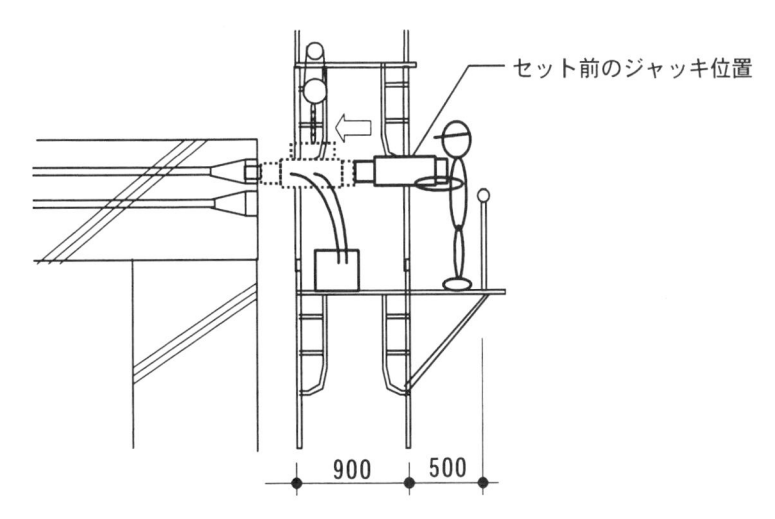

図 6.2.1 足場と緊張ジャッキの取り合い

6.2.2 材料保管

(1) PC ケーブル・定着具・シース

特に錆びやすいので，雨水がかからぬよう下小屋を設け，直接地上に置かないように保管する．

PC ケーブル付近での火気は強度に影響するので厳禁である．PC ケーブルを巻いて貯蔵する場合の巻き径は，巻きぐせや遅れ破壊が生じないように定める（一般には，鋼線径の 150 倍以上の値が目安であるが，鋼材種類により異なるので確認しておく必要がある）．

(2) セメント，混和剤

湿気を避け，通風の良い場所に保管する．

6.2.3 使用機器，動力

PC 工事特有の使用機器の容量等が適切であるかを確認する必要がある．代表的な機器，確認項目を以下に示す．

(1) 緊張機器

写真 6.2.1　緊張ジャッキ　　　　　写真 6.2.2　油圧ポンプ

緊張ジャッキと油圧ポンプでセットとして用いる．
　　緊張ジャッキ　　　緊張能力・ストローク
　　油圧ポンプ　　　　吐出圧，吐出量

（２）　グラウト用機器
　　グラウトミキサー　　　混練量
　　グラウトポンプ　　　　吐出圧，吐出量

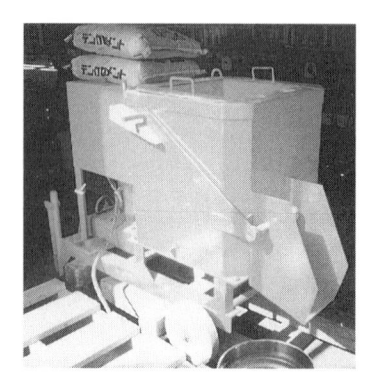

写真 6.2.3　グラウトミキサー　　　　写真 6.2.4　グラウトポンプ

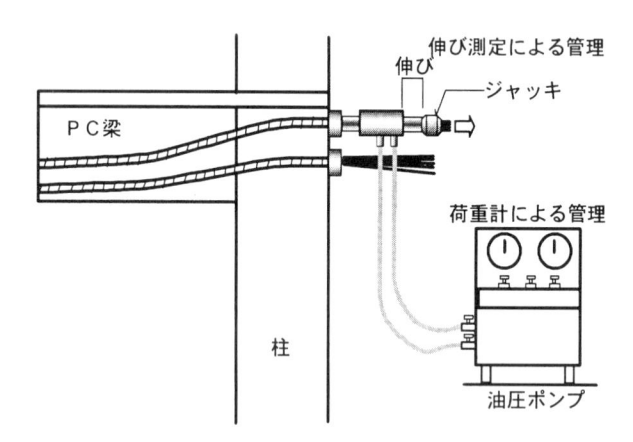

図 6.2.2　緊張ジャッキと油圧ポンプのセット状況

6.3　型枠工事・鉄筋工事

　PC 梁の一般的な型枠・配筋施工手順を図 6.3.1 に示す．梁せいが高い場合，図に示すように，梁側面の型枠を外し，PC ケーブルの位置を正確に配置作業できるようにする（梁せいが低い場合は，型枠を組み立てた後，鉄筋を吊り上げて配筋し，PC ケーブルの位置を決め，型枠に落とし込む）．図に示すように，PC 工事では，型枠・鉄筋工事と同時に，PC 工事特有の作業（PC ケーブル配線，定着具の取付け，定着端の補強等）が行われる．ここでは，PC 工事着手前の鉄筋・型枠工事計画時の工事監理ポイントとして，施工図，配線図・納まり詳細図，支保工計画について以下に示す．

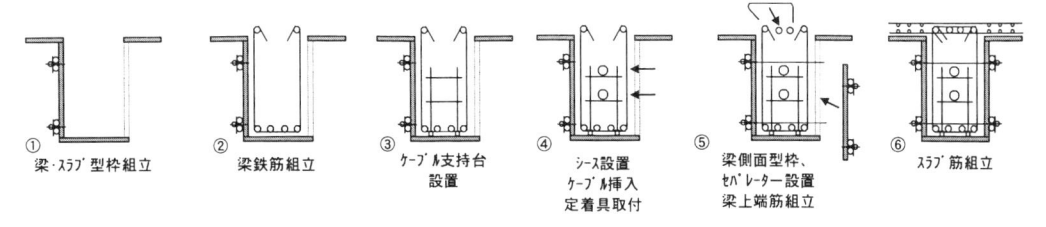

図 6.3.1 型枠・配筋手順

6.3.1 施 工 図

施工図（一般施工図）をチェックする段階で，特に注意しなければならない事項を表 6.3.1 に示す．

表 6.3.1 施工図のチェック内容

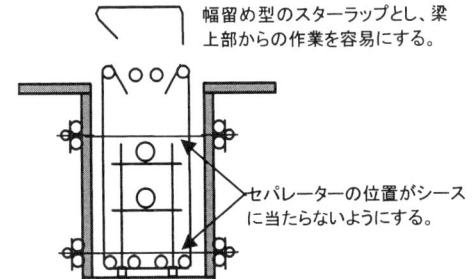

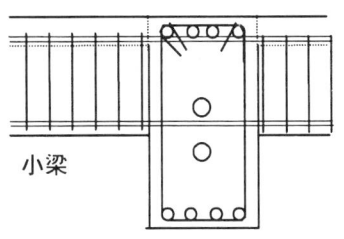

項　目	内　容
セパレーターとの取り合い	PC ケーブルとセパレーターが当たらないよう，セパレーターの位置を検討する（図 6.3.2）．
スターラップ	梁の上方向からの作業がしやすいように，閉鎖型ではなく，幅留め型とする（図 6.3.2）．
小梁筋アンカー	PC 梁内への小梁筋アンカー，通し筋とシースが干渉しないようにする（図 6.3.3）．
コンクリート打ち分け	導入力の伝達を考えている箇所は，PC のコンクリート強度とし，伝達しない箇所は，RC 躯体のコンクリート強度とする（図 6.3.4）．
打継ぎ	設計時に想定した軸力が PC 部材に導入されるように，PC 部材に接する壁等の部材の施工上の配慮がされているかを検討する（図 6.3.4, 6.3.5）．
かぶり	鉄筋のかぶり，PC 鋼材のかぶりを確認しておくこと（6.3.3 参照）．
鉄筋組立て順序	方向による上組・下組の鉄筋組順序を決める．
貫通孔	設計図に示されている以外の貫通孔は設けない（6.3.2 参照）．
電気溶接作業	ケーブル配線中および配線後の溶接・圧接・溶断作業は行わない．やむを得ない場合は十分に養生を行うこと．

図 6.3.2　セパレーターとの取り合いスターラップ形状

図 6.3.3　PC 梁と小梁の取り合い

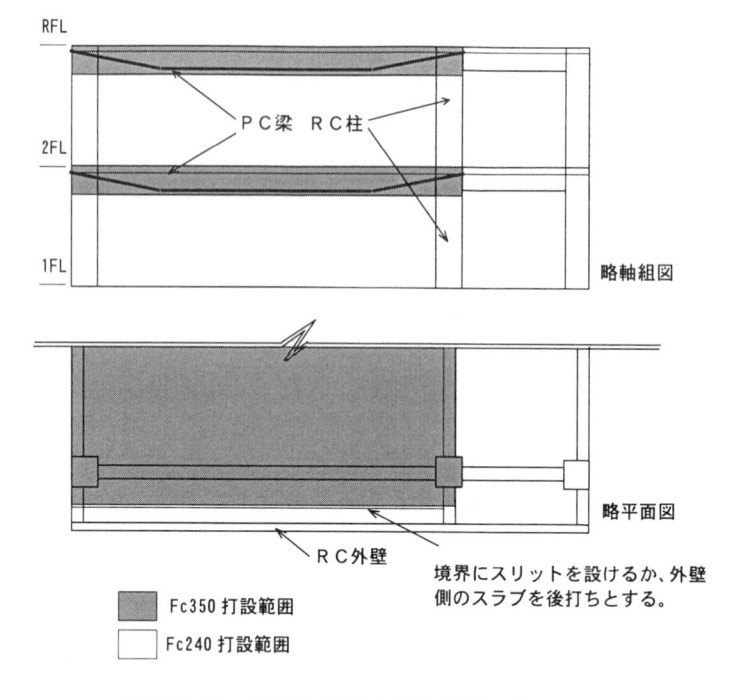

略軸組図

略平面図

■ Fc350 打設範囲
□ Fc240 打設範囲

PC梁にFc350、RC柱にFc240を使用した場合の高強度コンクリートの打設範囲を上図に示す。導入力を伝える柱・梁接合部及び床スラブは、原則としてPC梁と同じ高強度コンクリート強度とする。導入力を伝達させない部分は、その境界に、スリットを設けるか、緊張後のコンクリート打設とする。

図 6.3.4　コンクリート打ち分けおよびスラブスリット

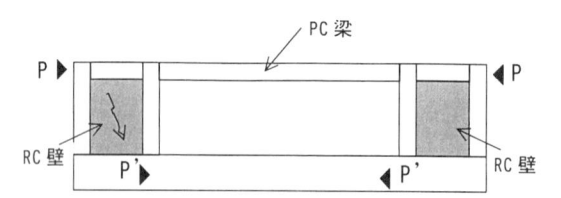

緊張時にRC壁が存在すると、剛性が高い壁がふんばり、導入力が下に流れてしまう。また、壁にせん断力が入り、ひび割れの原因ともなる。
このような場合、RC壁を後打ちにする必要がある。

図 6.3.5　RC壁の後打設

6.3.2　配線図・納まり詳細図

配線図・納まり詳細図の検討は，PC建物の性能を大きく左右する重要な項目である．以下の項目において，詳細図を用い，施工者と十分に検討しておくことが大切である．

（1）　PCケーブル配線

設計時に定めた所定の位置にPCケーブルが配線されるかを，配線図で確認する．

受け金物のレベルとピッチを確認し，レベル検査時に，梁の所定の部分（中央部，端部）での確認ができるようにしておく．

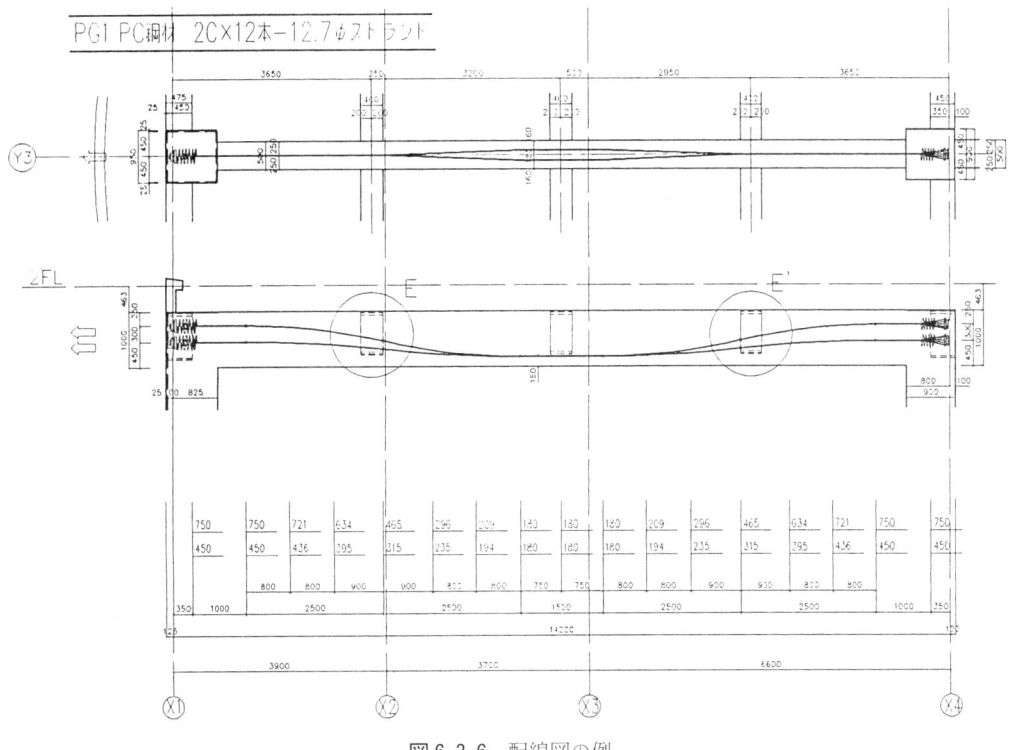

図6.3.6 配線図の例

　受け金物のピッチは，梁の場合1 000～1 800 mm前後，スラブの場合800～1 000 mm前後を目安とする．
　また，シース相互のあきは，30 mm以上かつ粗骨材最大寸法の1.25倍とする．ただし，コンクリートが十分に締め固められることができ，シースが押しつぶされるおそれがない場合において，シースを接触して配置できる（JASS 5）．

(2) 定着部納まり

　柱筋の配列と定着部の納まりを詳細図において検討する．この場合，定着具，PC鋼材，柱筋（柱頭にてフック付きの場合に注意），直交するPC梁筋（定着部），パネルゾーン補強筋等が絡み合うので，十分に注意すること．

(3) 定着端における補強

a) 定着部の補強

　定着部は，使用する定着工法の設計・施工基準に従い補強しなければならない．
　一般には，スパイラル筋やグリッド筋が使用されており，以下に例を示す．

b) 定着部付近のスラブ補強

　PC梁は定着部分の局部軸圧縮力の分散化に伴う割裂応力によってスラブ隅角部にひび割れが発生する可能性がある．したがって以下のような補強をスラブに配置する．

136　第6章　場所打ちPC構造の工事監理

平　面　図

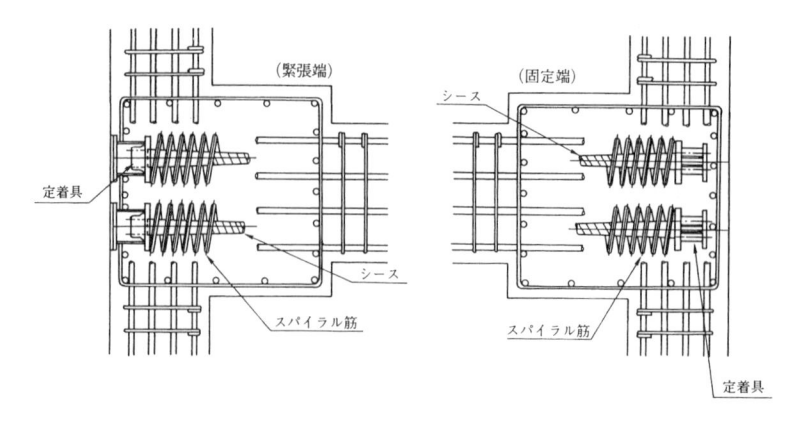

断　面　図

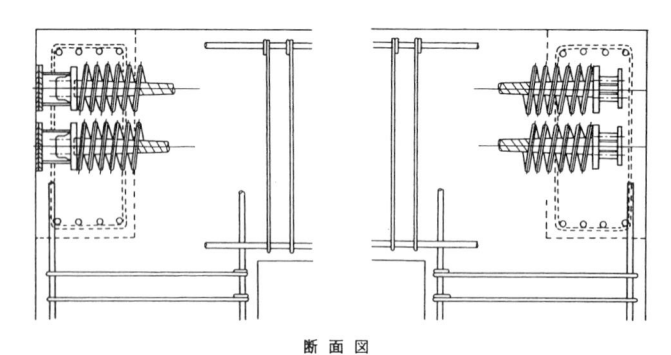

図6.3.7(1)　定着部の納まり（くさび形式タイプ）

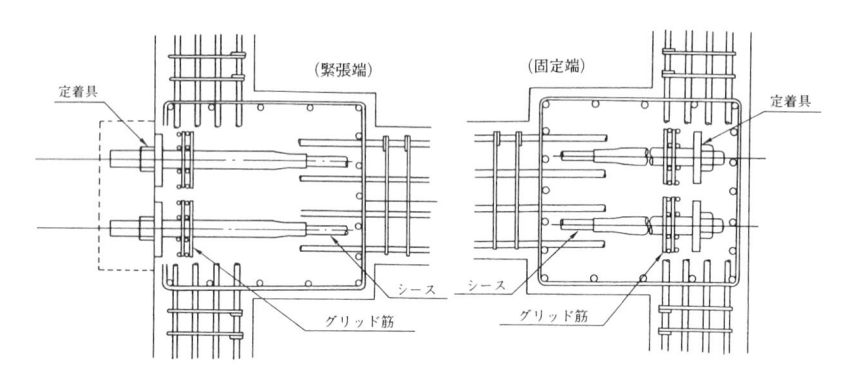

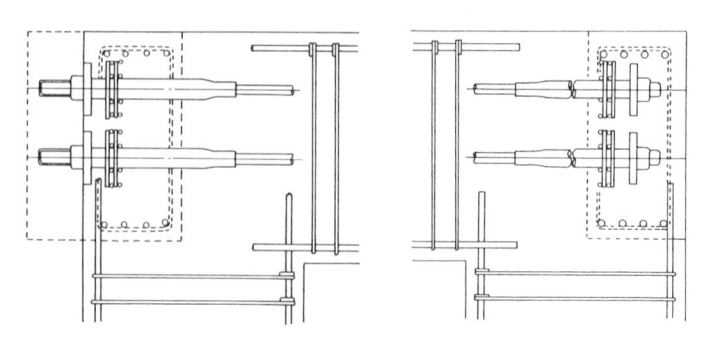

平　面　図

断　面　図

図6.3.7(2)　定着部の納まり（ねじ形式タイプ）

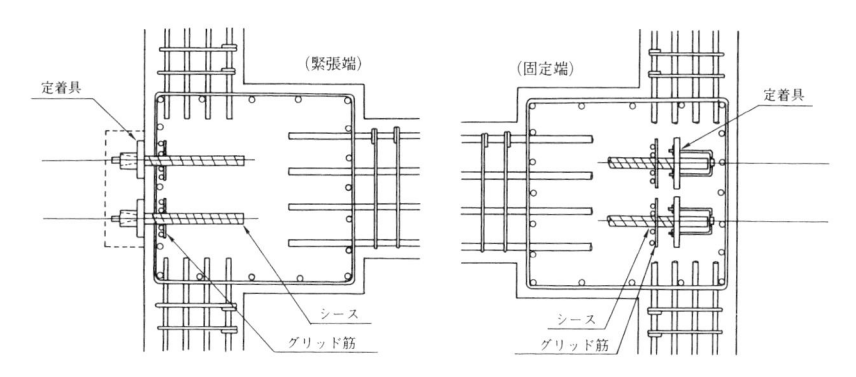

6.3 型枠工事・鉄筋工事　137

平 面 図

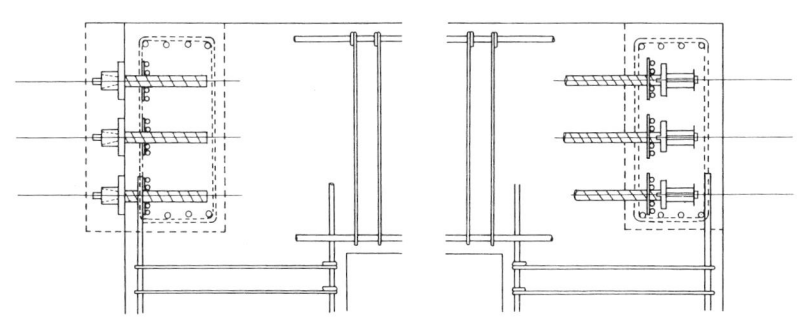

断 面 図

図6.3.7(3)　定着部の納まり（シングルストランドタイプ）

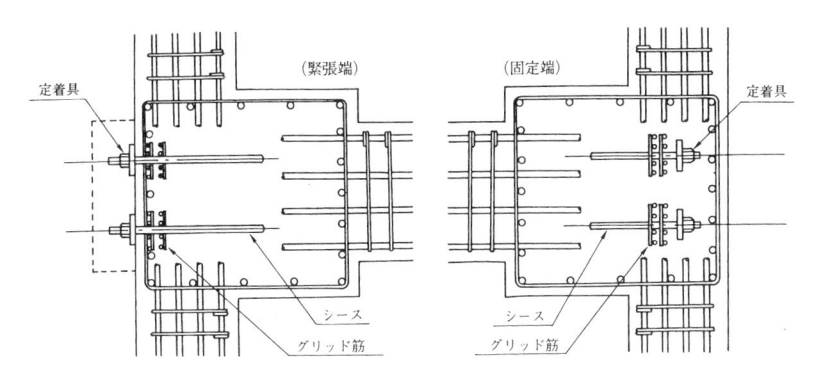

平 面 図

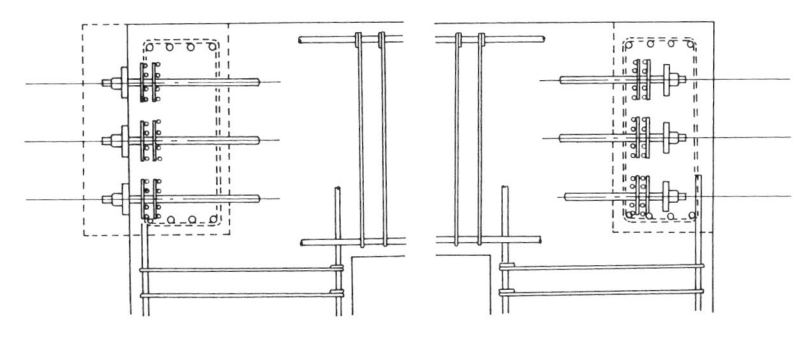

断 面 図

図6.3.7(4)　定着部の納まり（PC鋼棒タイプ）

① スパイラル筋による場合　　② グリッド筋による場合

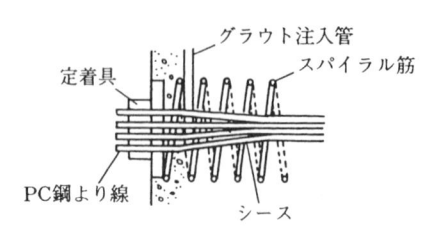

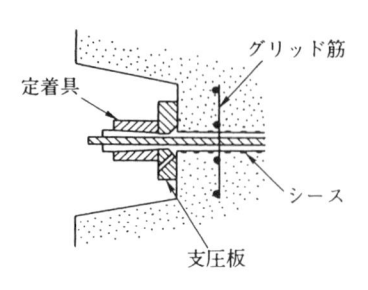

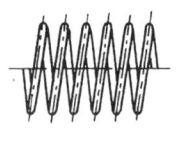

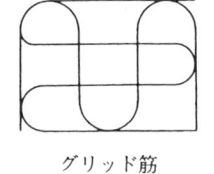

図 6.3.8　定着部の補強

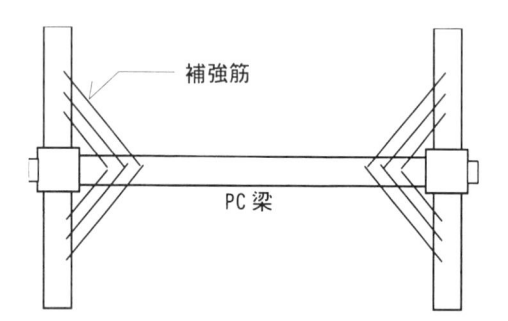

図 6.3.9　スラブの補強例

(4) 有孔部の補強

　設計図に示されている以外の貫通孔は設けない．梁貫通孔の適用範囲の一例および有孔部の補強例を図 6.3.10 に示す．

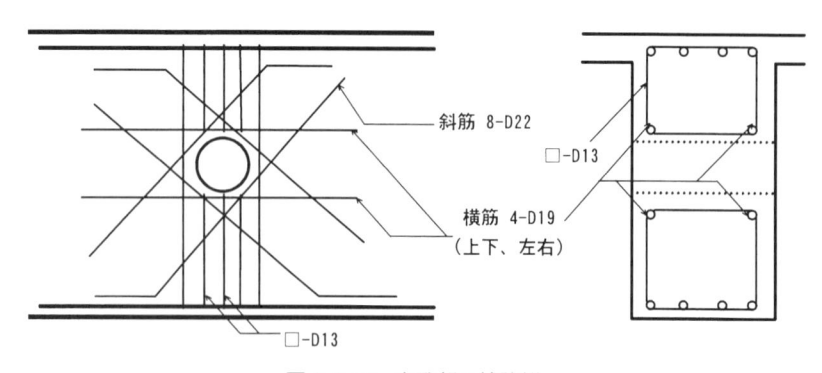

図 6.3.10　有孔部の補強例

6.3.3 緊張材および鉄筋のかぶり厚さ

緊張材および鉄筋のかぶり厚さについては，表 6.3.2（JASS 5，PC 規準）の値以上とする．

表 6.3.2 緊張材および鉄筋の設計かぶり厚さ

部　位	かぶり厚さ（mm）	
	緊張材	鉄　筋
耐力壁・梁・柱	50	40（50）
非耐力壁・床	40 35（PC 規準による）	30（40）
直接土に接する壁・床・柱・梁または布基礎の立上がり部分	60	50
基礎（布基礎の立上がり部分を除く）	80	70

（　）内の数字は，仕上げなしの屋外の場合を示す．
構造上軽微な部材または交換可能なプレテンション 2 次部材で，単線・2 本より線または異形 3 本より線を多数分散配置する場合の設計かぶり厚さは 30 mm 以上，その他の鋼材を配置する場合は 35 mm 以上とする．

6.3.4 支保工計画

型枠の取り外しおよび支保工の盛替えに関しては，一般 RC 部の「型枠存置期間」とは別に定めておく必要がある．

プレストレスを与える部材の支保工は，構造上必要なプレストレスの導入が完了するまで，取り外しおよび盛替えをしてはいけない．

PC 梁を多層階に用いる建物の場合，上階梁のコンクリート打設の荷重を下階のプレストレスの導入が完了した梁に分散して支持させる必要があるので，下階の梁の支保工の撤去にも十分検討を行わなければならない．

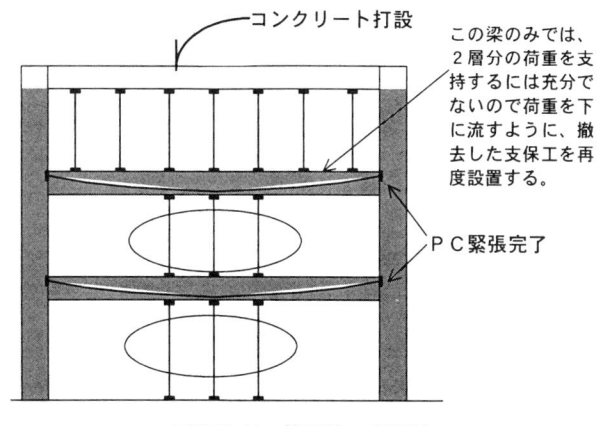

図 6.3.11　施工時の支保工

6.4 コンクリート打設前のPC工事

6.4.1 材　料

（1）PC鋼材

【PC鋼棒（JIS G 3109）】

種類および機械的性質を表6.4.1に示す．

表6.4.1　PC鋼棒の機械的性質

記　号	耐　力 [N/mm^2]	引張強さ [N/mm^2]	伸　び [%]	リラクセーション値 [%]
SBPR 785/1030	785以上	1 030以上	5以上	4.0以下
SBPR 930/1080	930以上	1 080以上	5以上	4.0以下
SBPR 930/1180	930以上	1 180以上	5以上	4.0以下
SBPR 1080/1230	1 080以上	1 230以上	5以上	4.0以下

備考：耐力とは，0.2％永久伸びに対する応力をいう．

【PC鋼線およびPC鋼より線】

ストランドはPC鋼線をよりあわせたもの．PC鋼線およびPC鋼より線の種類を表6.4.2に

表6.4.2　PC鋼線およびPC鋼より線の種類と記号

種　類			記　号	断　面
PC鋼線	丸　線	A　種	SWPR 1 AN SWPR 1 AL	○
		B　種	SWPR 1 BN SWPR 1 BL	
	異形線		SWPD 1 N SWPD 1 L	
PC鋼より線	2本より線		SWPR 2 N SWPR 2 L	8
	異形3本より線		SWPD 3 N SWPD 3 AL	⚛
	7本より線	A　種	SWPR 7 AN SWPR 7 AL	⚛
		B　種	SWPR 7 BN SWPR 7 BL	
	19本より線		SWPR 19 N SWPR 19 L	⚛

備考　1. 丸線B種は，A種より引張強さが100/mm^{2}高強度の種類を示す．
　　　2. 7本より線A種は，引張強さ1 720 N/mm^{2}級を，B種は1 860 N/mm^{2}級を示す．
　　　3. リラクセーション規格値によって，通常品はN，低リラクセーション品はLを記号の末尾につける．

示す(JIS G 3536).

一般に PC 梁の場合,複数のストランドを 1 ケーブルとして使用し,定着する(マルチタイプ).

(2) シース

定尺(≒4 m),ジョイントシース,排気管付きジョイントシースがある.

(3) 定着具

ねじ形式,くさび形式等の各種定着工法がある.定着具の構成,定着工法の設計施工資料を確認しておく必要がある.

6.4.2 シース設置

シースの位置は,設計図に従い所定の位置に配置し,コンクリート打込みの際,位置が狂わないように堅固に組み立てる必要がある.工事監理者はコンクリート打込みに先立ち,PC 鋼材の配置,シース・鋼材の傷の有無,支持方法について検査する.

なお,応力が作用する方向の PC 鋼材の配置の許容差は,表 6.4.3 の値を標準とするのがよい(JASS 5).

シースジョイント計画例を図 6.4.1 に示す.シースは定尺(約 4 m)を接続するので,継手位置・排気管位置を決め,ジョイント計画を決める.また,排気孔は必ず下り勾配の開始部分に設ける.

シースの接続部は,ガムテープ・ビニルテープ等で入念にテーピングする.シース支持台(図 6.4.3)は,ケーブル配線図より棚高さを定め,作成する.棚の上端は,PC ケーブル芯位置からシースの半径分下に下げた位置とする.鉄筋を組み立てた後,各位置に支持台を配置し,コンクリート打設時に移動転倒しないようにしっかりと固定する.

表 6.4.3 PC 鋼の材配置の標準的な許容差(JASS 5)

部材の最小寸法	配置の許容差
20 cm 未満	±0.7 cm
20 cm 以上 60 cm 未満	±1.0 cm
60 cm 以上	±1.5 cm

上記の許容差は,垂直・水平の方向方向に別々に適用される.

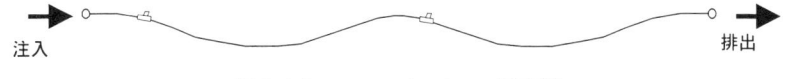

図 6.4.1 シースジョイント計画例

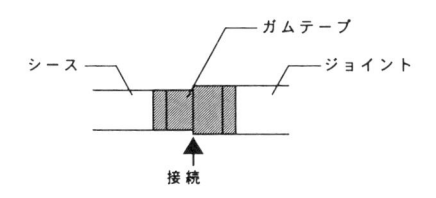

図 6.4.2 シースジョイント部

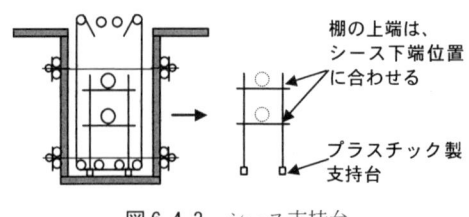

図 6.4.3　シース支持台

6.4.3　定着具取付け，PC ケーブル挿入

定着具は，所定の位置に型枠にボルトにて取り付ける．このとき，グラウト穴の位置を確認する．また，シースと定着具との接合部は入念にテーピングをする

PC ケーブルの挿入は，コンクリート打設前の場合と打設後の場合がある．固定端側を埋め込む場合は，先挿入となる．この場合，固定端部シース孔より緊張端側に PC ストランドをウィンチ等で挿入し，緊張端側の余長を確認する．

6.5　コンクリート工事

6.5.1　高強度コンクリート・調合

プレストレストコンクリートは一般に高強度であり，密実でかつ均等質なコンクリートでなければならない．そのため，調合に関しては，単位水量の少ないスランプの小さいコンクリートとすることが重要である．JASS 5 の調合に関する規定（現場打ちポストテンション）を表 6.5.1 に示す．

表 6.5.1　調合に関する規定（JASS 5）

項　目	規　定
設計基準強度	24 N/mm² 以上[*1]
スランプ	15 cm 以下[*2]（流動化の場合 18 cm 以下）
塩化物	0.30 kg/m³ 以下

*1　フルプレストレスおよびパーシャルプレストレスの場合 30 N/mm² 以上とする．
*2　高性能 AE 減水剤を使用した場合は，「高流動コンクリート」の規定を適用する．

調合に関し，施工性を考慮すると，流動化剤や高性能 AE 減水剤を用いる場合がほとんどである．

工事監理者は，骨材や混和剤の選定・貯蔵・取扱い，材料の計量，コンクリートの練混ぜ，運搬について施工者と十分な検討をすることが重要である．このために，先立ったコンクリートの試し練りが必要である．

6.5.2 打　設

梁中央部は，下端鉄筋とともにシースが配置されており，また梁端部は，定着具や補強筋で複雑になっているので，特にこれらの箇所の充填に注意を払い打設を行わなければならない．具体的には，梁端からコンクリートの周り具合を目で追って，充填を確認しながら片押しで打設する（図6.5.1）．梁せいが1500 mm を超えるような場合は，1回だけの片押しでなく，2段に分けて行う必要が出てくる．

バイブレーターは，高周波のもので入念に行う必要があるが，直接シースに当たらないように注意する（図6.5.2）．固定端，緊張端部は時間をかけて充填を確認して打ち上げることが必要である．

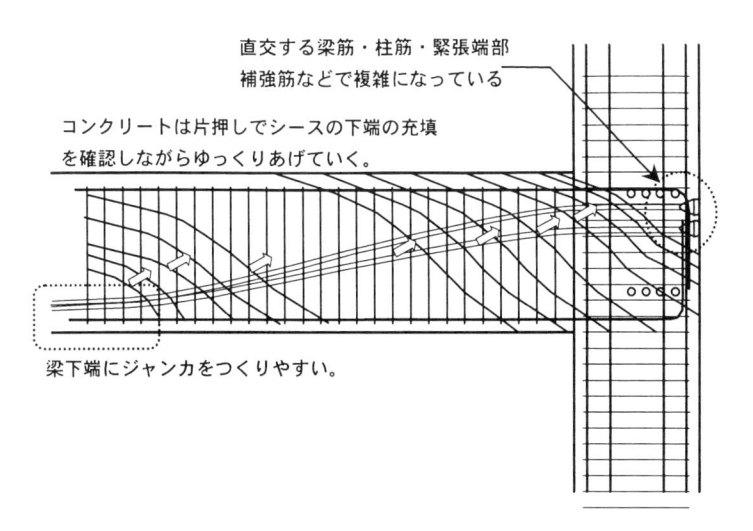

図 6.5.1　コンクリート打設

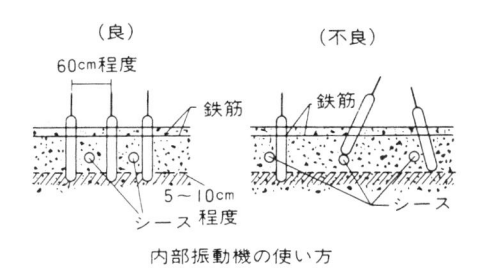

図 6.5.2　バイブレーターの使用

6.5.3 養　生

コンクリートの打込み後，急激な乾燥のおそれがある場合には，散水その他の方法で表面の湿潤を保つ必要がある．また，コンクリート打込み後，凍害を受けるおそれがある場合は，蒸気養生等の処置をする．

6.5.4 強度試験

コンクリート強度試験用の供試体は，緊張強度確認用に，一般のコンクリート工事より多くの

ものを採取する必要がある．供試体採取個数の例を表 6.5.2 に示す．

表 6.5.2 供試体採取数の例

養生\材齢	7日	緊張日用	緊張予備	28日	予備	合計
現場養生	3	3	3	3	3	15
標準養生	3			3		6

また，柱・壁と PC 部分とのコンクリート強度が異なる場合は，柱・壁部分の緊張日の強度確認を行う必要がある．

6.6 コンクリート打設後の PC 工事

プレストレストコンクリートは，計画されたプレストレス力が導入されて初めて構造部材としての性能が生まれる．したがって，緊張作業は，所定の導入力が得られるよう十分な管理が必要である．

6.6.1 プレストレスの導入

（1） 緊張の時期

JASS 5・PC 規準によると，「プレストレス導入時のコンクリートの圧縮強度は，最大導入応力（プレストレス導入直後の最大圧縮応力度）の 1.7 倍，かつ，20 N/mm^2 以上（ポストテンションの場合）」とされている．しかし，どの定着工法においても定着装置周辺の部分応力は高く，若材齢時の導入はコンクリートの弾性係数が小さいため弾性変形・クリープ変形も大きくなり，支障をきたす可能性がある．このことから，プレストレス導入時のコンクリート圧縮強度は重要で一般には設計図書に指定されている．指定がない場合は設計者・監理者と打合せを行う必要があるが，一般的には 30 N/mm^2 程度である．

また，上階がある場合は上階のコンクリートが打設される前に緊張を完了しておかなければならない場合がある．設計時において，導入力の時期を考慮して応力を算出しているので，この点からも事前に設計者・監理者と緊張時期について打合せを行う必要がある．

梁端部は導入力により上端に圧縮力が作用するので，導入前に端部の支保工をゆるめる必要がある場合がある．この点についても設計者・監理者に確認する必要がある．

（2） 緊張準備

緊張における導入力の管理は，圧力計の読みと PC 鋼材伸び量の測定値を対応させて行う．このため，あらかじめ各 PC ケーブルについてジャッキの緊張力と鋼材の伸びの量を計算しておく必要がある．PC ケーブルの曲がり具合とシース・鋼材間の摩擦をもとに緊張力と鋼材の伸びを計算し，結果をグラフで表示する．「緊張力計算書」として事前に作成しておき，作業中はこれをもとに導入管理を行う．

また，ジャッキの圧力計はキャリブレーション（目盛りあわせ）を行ったものを用いる．（圧力計の表示と荷重との関係の調整）

(3) 緊張順序

同一部材断面に複数のPCケーブルが配置されている場合は，緊張作業段階において部材に異常な応力や変形を生じさせないように各PCケーブルの緊張順序を定める．また，数台の梁と床スラブが一体となっている場合などは，1か所の梁だけにすべてのプレストレスを導入すると応力が偏在しひび割れの原因となるので，応力が均等になるような緊張順序が必要となる．

(4) 緊張導入力の管理

緊張管理は，作業中の不注意や装置の異常による不適切なプレストレス導入施工を防ぎ，所定の緊張力が与えられたことを確認するために行われる．一般に，緊張伸びの測定値と計算値との差は5%以上あってはならないとされている．

管理方法として（a）荷重と伸びによる管理方法と（b）管理限界値μ管理法がある

いずれも，事前に計算した荷重と伸びの関係に，導入時に測定した荷重と伸びの関係をプロットし，管理規準を満たすように引止め点（線）を決定する（図6.6.1）．

緊張材の伸び測定は，緊張材のゆるみおよび支圧板とジャッキとの隙間をとるため適切な初緊張力を与えた後，伸びの測定用標点を設け，その後の各緊張段階の伸びを測定して，両者の関係を表すグラフを描く．最終伸び量はグラフ上で原点を補正して求める（図6.6.2）．

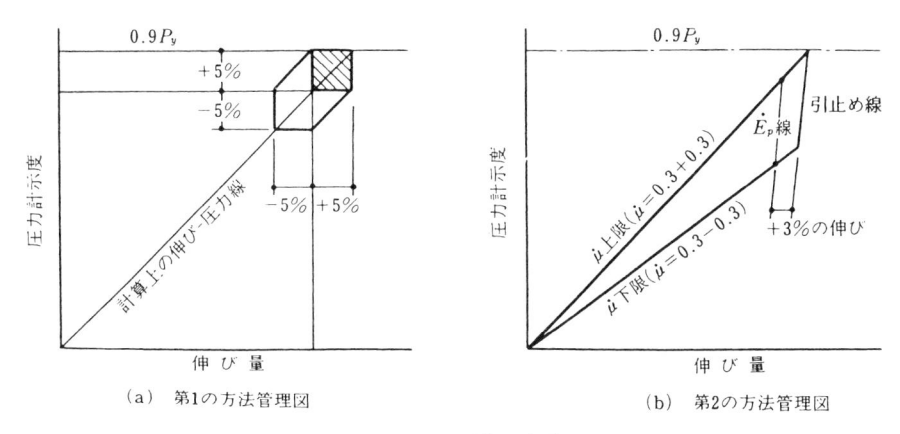

図6.6.1 緊張管理方法[1]

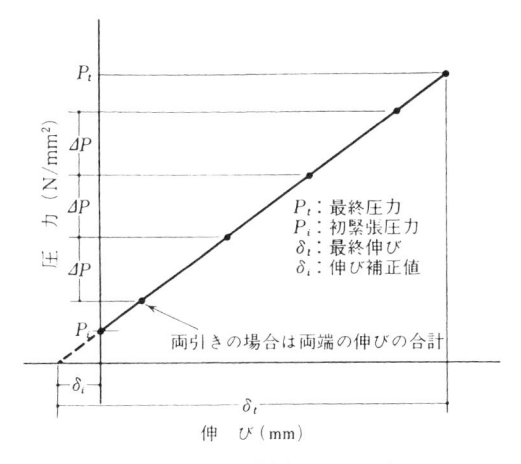

図6.6.2 緊張材伸び量の測定[1]

6.6.2 グラウト

グラウト工法の場合，緊張工事終了後できるだけ速やかにグラウティングを行う．グラウトの目的は，PC ケーブルの防錆とグラウトの付着により PC ケーブルと部材とを一体化させることにある．

(1) グラウト材調合

セメント　　セメントは，JIS R 5210 ポルトランドセメントを用いることを原則とする．冬期における施工では硬化前のグラウト凍結を考慮し早強セメントを用いることもある．

混 和 剤　　AE 減水剤，セメント系膨張剤，遅延剤等目的に応じ適切に用いる．ただし，塩化カルシウムを含んだ混和剤は，PC 鋼材の腐食の原因につながるので絶対に使用してはならない．

水　　　　水は，塩分などグラウトおよび PC 鋼材に影響を及ぼす物質の有害量を含んではならない．

調合に際し，グラウトのコンシステンシーに十分に注意しつつ，減水剤の使用等により水セメント比をできるだけ小さくすることが重要である．一般には水セメント比は 40% 程度が目安となる．

施工前に調合試験を行い流下試験方法（ロート試験）により，コンシステンシーを計測する．圧縮強度（供試体 $\phi 5 \times 10$ cm）は現場気中養生強度で 20 N/mm^2 以上とする．

(2) グラウト作業（図 6.6.3）

グラウトを注入する前にシース内の水洗いをし，残った水をコンプレッサー等で排出する．

練混ぜは入念に行い，十分にセメント粒子を分散させ，注入前の材質状態をロート試験等により管理する．

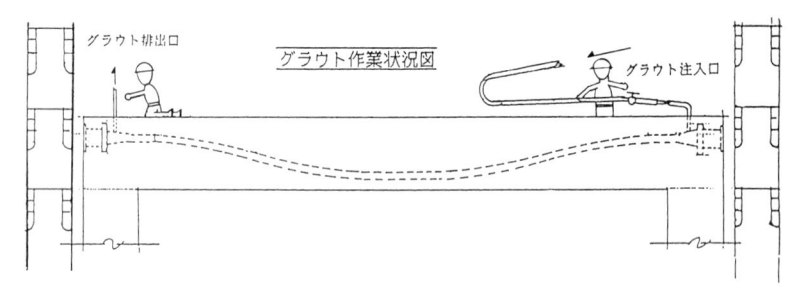

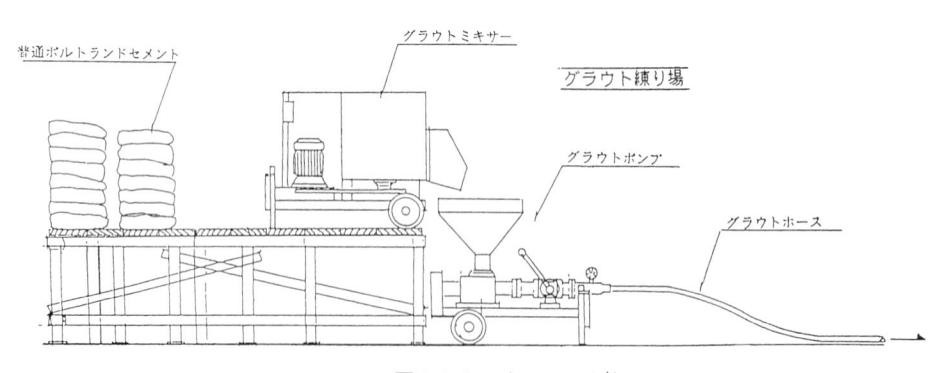

図 6.6.3　グラウト工事

グラウトをポンプに入れる前に注入路が詰まることを防ぐために 2～3 mm 目のふるいを通し固形物を取り除く．グラウトポンプにより，端からグラウトを注入する．注入は急速に行うと空隙を残す原因となるので徐々に注入する．注入速度はポンプの圧力計によって管理する．

やがて排出口からシースに残った水が噴出し，次第にセメントの混じった液が濃くなり，良質のグラウトが流出するのを確認し，止栓する．また，止栓前の圧力の 1.3～1.5 倍の圧力をかけて注入口の止栓を行う．

注入・流出量を計測し，充填グラウト量（実容積）との確認を行う（実質注入量≧実容積）．

6.6.3 定着具の保護

定着具および部材端面は，破損・腐食しないように適切に保護しなければならない．保護コンクリートもしくはモルタルを打設する（図 6.6.4）．

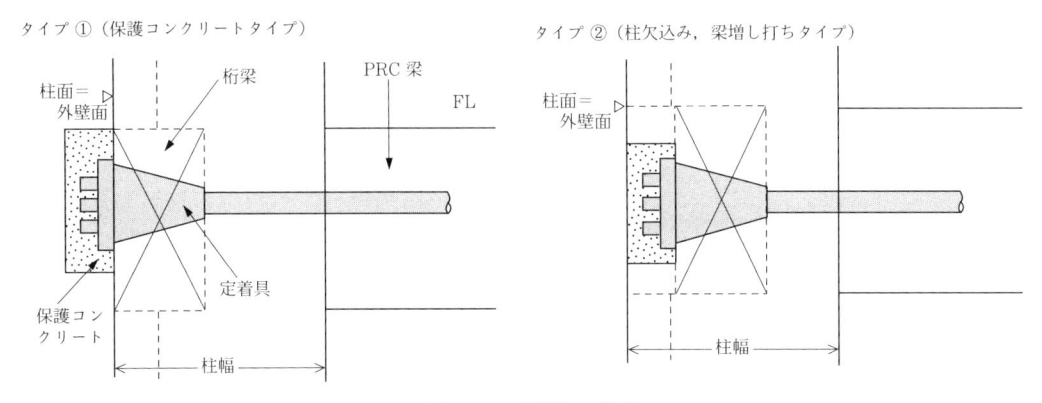

図 6.6.4 定着具の保護

6.7 アンボンド PC 工事

6.7.1 施工計画書・施工図

施工計画書は，6.1.2 に示したと同様の項目となる．ただし，アンボンド PC 工事の場合，コンクリート打設後の PC ケーブル挿入，グラウド工事がない点が違う部分で，その他は，PC 工事と同じ流れとなる．ここでは前述の PC 工事と重複する部分は割愛し，追加部分の記述とする．

アンボンド PC ケーブルの納まり図の一例を図 6.7.1 に示す．施工図において，注意すべき点

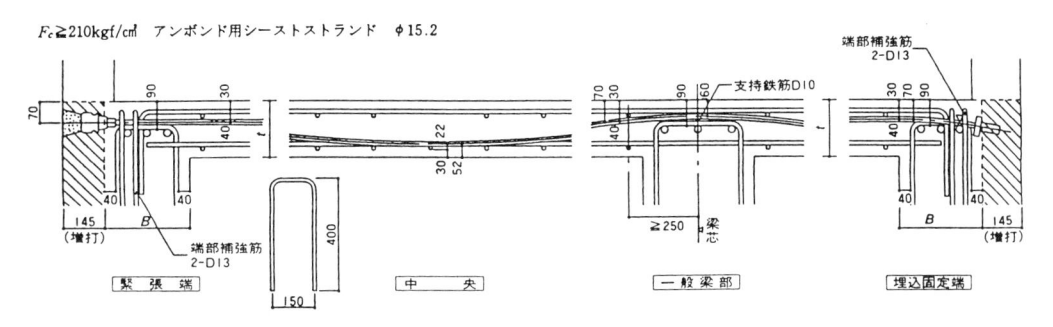

図 6.7.1 アンボンド PC ケーブル納まり図（床）

は，定着具の納まり・PC ケーブルの位置確認である．定着端は一般に桁梁の側面となるので，桁梁の主筋・肋筋との納まりが重要である（図 6.7.2）．また，定着体のかぶりは所定以上を確保しなくてはならない．図 6.7.3 に示すように固定用定着体が梁上端筋と干渉して収まらない場合，増し打ちする等の処置が必要である．

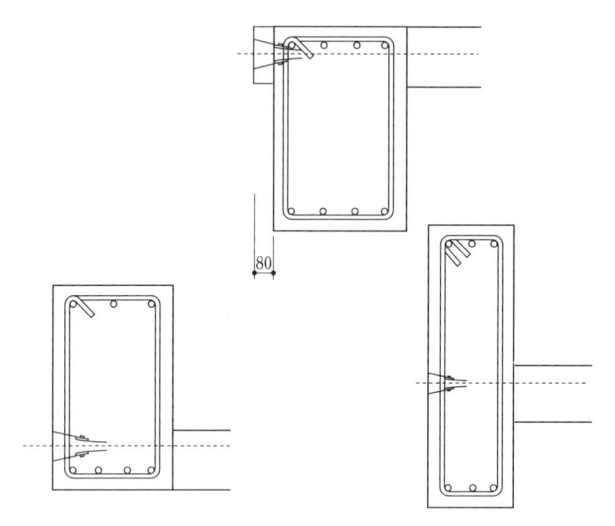

図 6.7.2 定着体の納まり

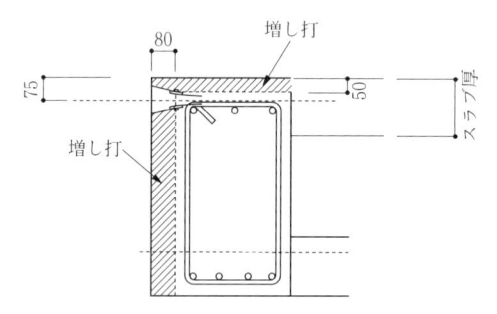

図 6.7.3 梁増し打ちによる処置

6.7.2 PC ケーブル配線・定着具設置

スラブ下端配筋後，スペーサーは安定するものを使用し，結束線にて PC ケーブルと結束する．スペーサーの位置は型枠上に墨出しして出す．床の場合，±5 mm の誤差でも耐力に大きく影響を及ぼすので，スペーサーの精度に注意し，スペーサーのピッチは 1 000 mm 以下にするのがよい．

PC ケーブルのシースは破損しやすく取扱いに注意する．破損した場合，軽微な場合はビニールテープにて補修する．特に定着具の周りはシースがずれやすいので十分なテーピングを行う（図 6.7.4）．

固定アンカー形式の場合グリップとプレートの間に隙間ができないように注意し，U ボルトで固定し，補強筋を配置する（図 6.7.5）．

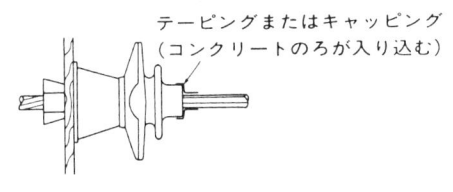

図 6.7.4 定着部の養生

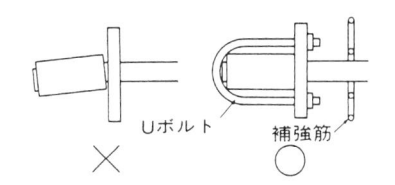

図 6.7.5 固定アンカー納まり

6.7.3 緊張・定着部の保護

緊張工事は，前述の PC 工事と同様の注意点であるが，緊張に要する空間の一例を図 6.7.6 に示す．

定着部端部の仕舞いを図 6.7.7 に示す．モルタル詰めだけで完了の定着具の場合，PC ケーブルをカットした後，防錆塗料あるいは樹脂を PC ケーブルおよび定着部露出部に塗布する．保護コンクリートを打設する場合，鉄筋かごを配筋しコンクリートを打設する．

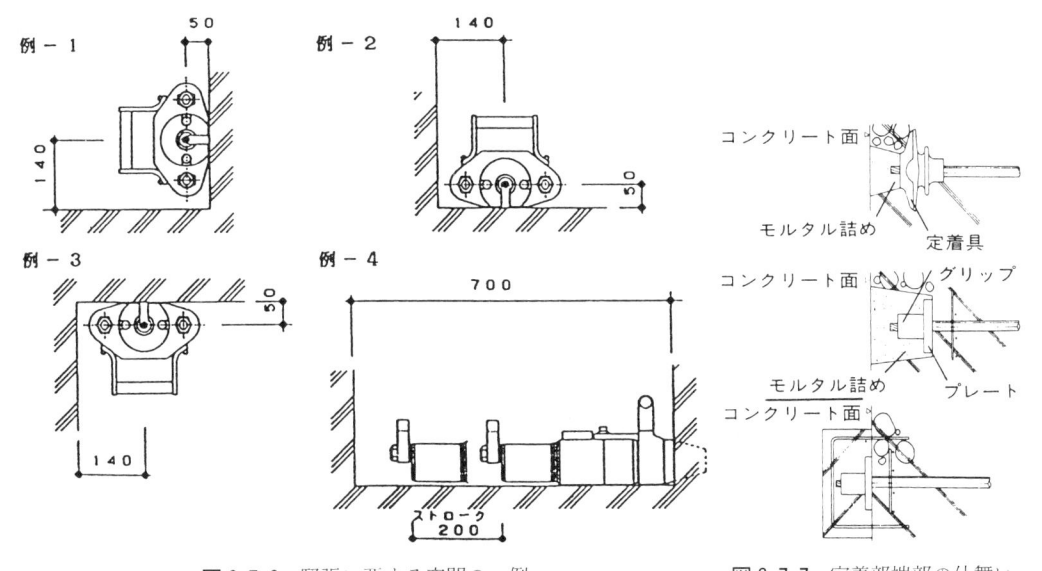

図 6.7.6 緊張に要する空間の一例

図 6.7.7 定着部端部の仕舞い

参考文献

1) 日本建築学会：プレストレストコンクリート設計施工規準・同解説，p.60，1998

第7章 プレキャストPC構造の工事監理

本章では，構造部材をプレキャスト（以後 PCa）プレストレストコンクリート（以後 PC）部材とする構造の施工と工事監理について，その概要を述べる．

7.1 施工手順

7.1.1 全体の流れ

PCaPC 工法は，部材をあらかじめ工場で製作してから，現場に運び，架設するため，部材の製造に着手するまでに，全体の計画が完了していなければならない，計画先行型の工法である．この工法では早期に PCa 部材製造の工場を選定し計画を進めていく必要がある．工場としては，固定工場と現場工場（サイト工場）があり，要求品質や製造能力など，設計・施工条件に適した工場を選定する．図 7.1.1 に代表的な施工手順を示す．

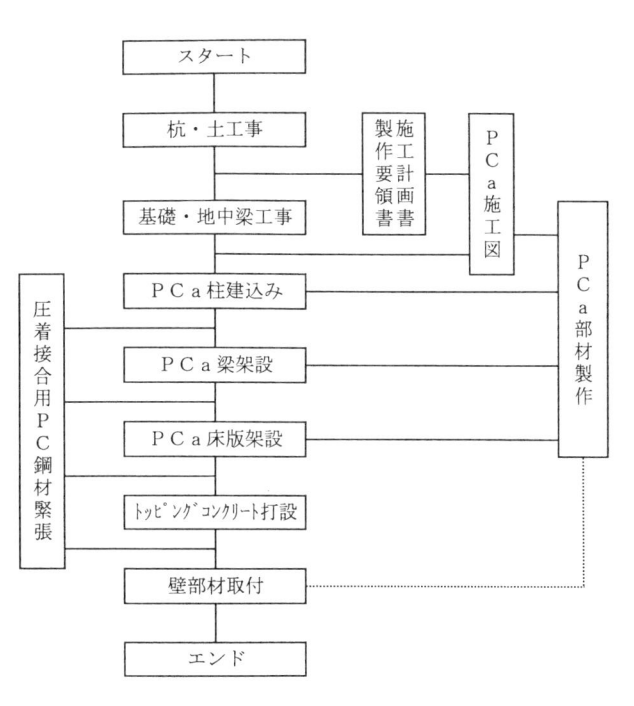

図 7.1.1 施工手順

7.1.2 施工計画書

施工計画書の作成は，PCaPC 工法特有の設計・施工条件を把握し，設計図書に基づき，現場着工後早い段階で，製作要領書，PCa 施工図を含めて，施工者と製造者間にて打合せの上作成し，設計者および工事監理者の確認を得る．施工計画書に記載する重要項目を下記に示す．

1) 工事概要
2) 工程計画
3) 仮設・安全（足場，揚重）計画
4) ストック方法および運搬方法
5) 部材支持位置，方法
6) 部材の建方順序，方法
7) 接合部，定着部，打継部などの施工および順序
8) 緊張計画（緊張方法，順序）

9) グラウト注入方法

施工計画書の作成にあたっては，設計図書の内容を十分把握，理解し効率的な施工方法を選択できるように検討することが重要である．設計図書の確認項目としては，次のようなものが挙げられる．

1) 仕様書（特記仕様書）
    ① 準用規準
    ② 使用材料
    ③ その他特記事項
2) 設計図面
    ① 部材種類（数量，重量）
    ② 敷地条件（架設計画）
    ③ 施工順序（架設計画）
    ④ 緊張方法，時期，順序
    ⑤ 接合部，定着部，打継部などの納まり
3) 構造計算書
    ① 施工順序
    ② 緊張方法，時期，順序

7.1.3 施 工 図

施工図の作成は，施工計画書と同様に，現場着工後早い段階から作業する必要がある．着工からPC部材建方までの間に，PC部材の製作を終えていないといけないので，十分な期間をとれない場合が多い．また，この期間に部材製作に必要な躯体図や設備図なども必要となる．

PCaPC工法関係の施工図としては，一般的に次のような図面が挙げられる．

1) 一般図
    ① 部材形状図
    ② 部材配置図（参考図：図 7.1.3，図 7.1.4）
    ③ 部材納まり図
2) 部材制作図
    ① 部材制作図（参考図：図 7.1.5，図 7.1.6）

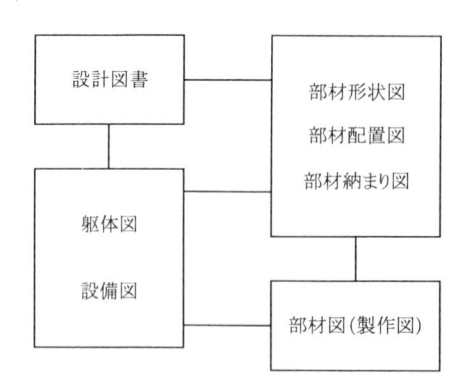

図 7.1.2 施工図作成の流れ

7.1 施工手順

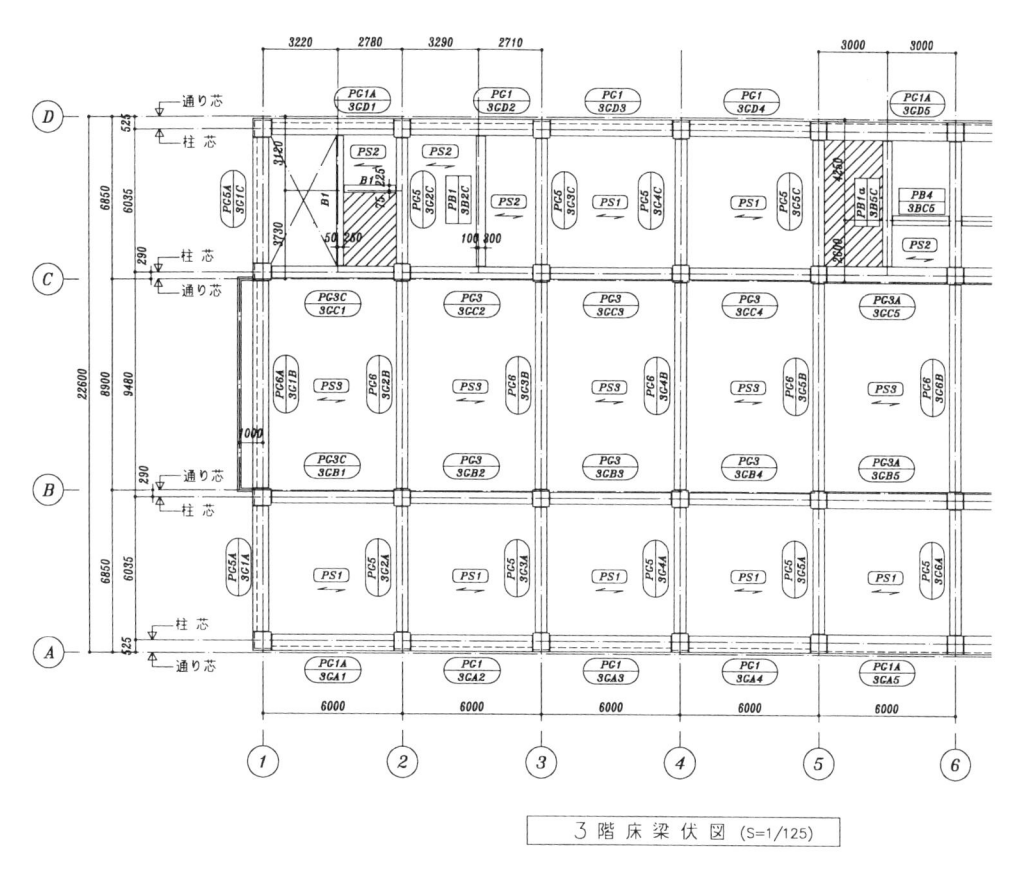

3階床梁伏図 (S=1/125)

図 7.1.3 部材配置図（平面）

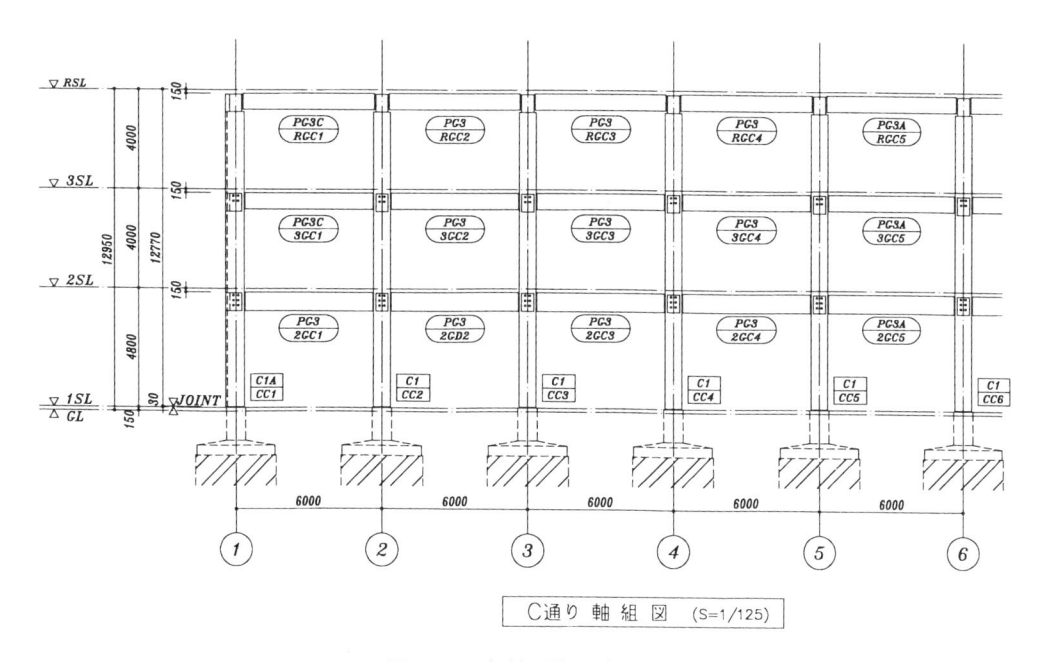

C通り軸組図 (S=1/125)

図 7.1.4 部材配置図（断面）

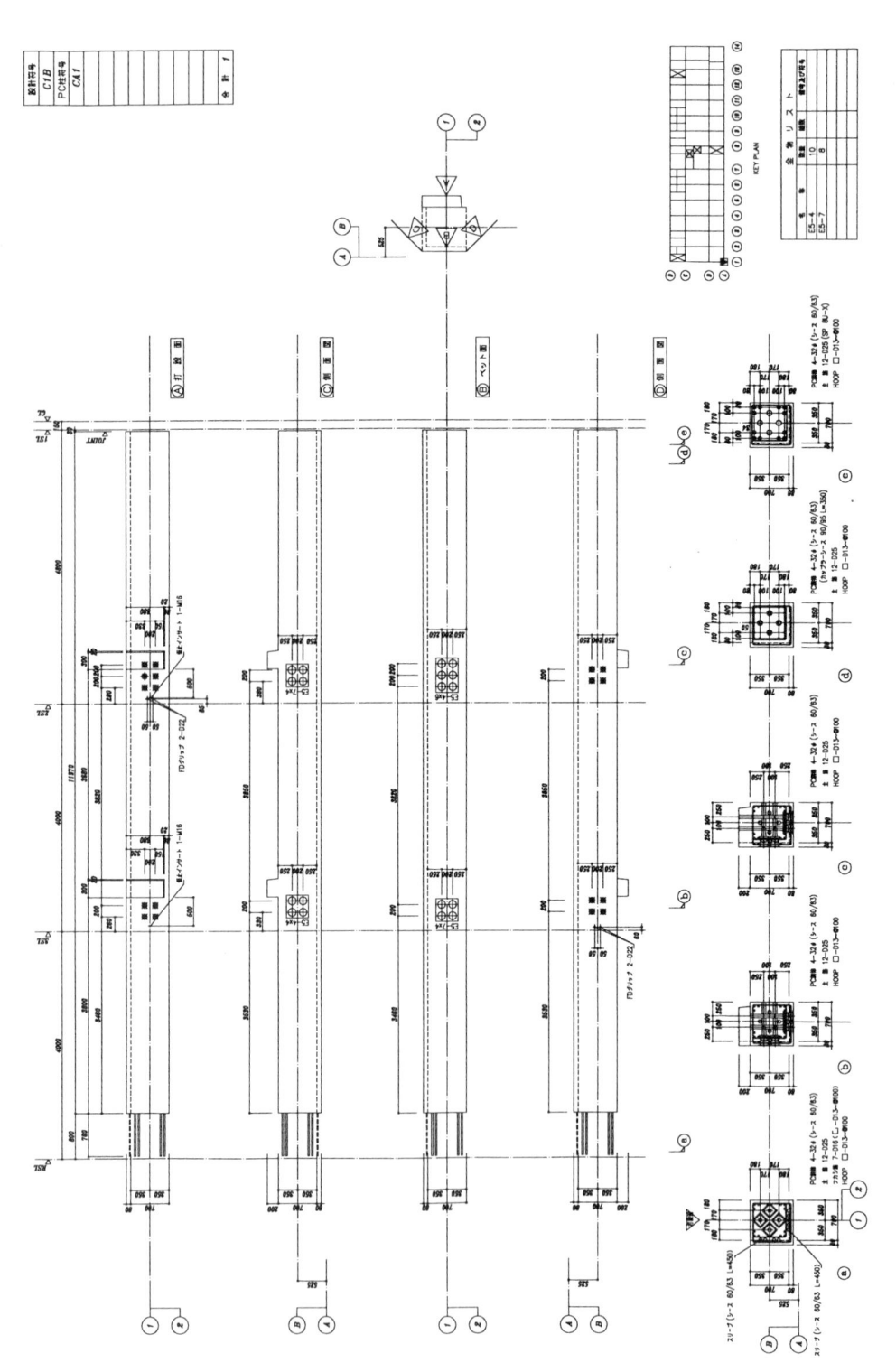

154   第7章 プレキャストPC構造の工事監理

図 7.1.5 部材製作図（柱）

7.1 施工手順

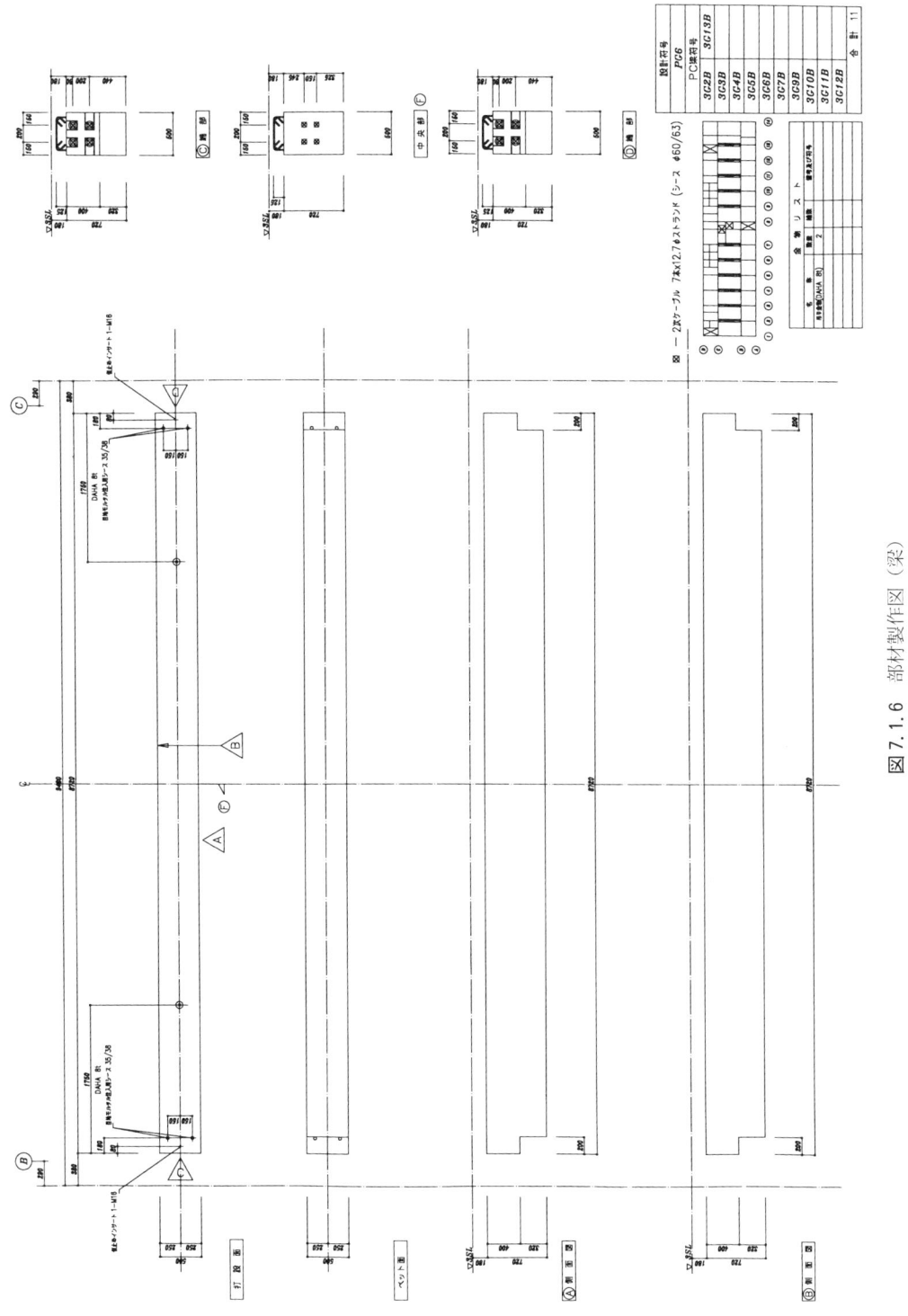

図 7.1.6 部材製作図（梁）

7.2 仮設計画における監理項目とチェックポイント

仮設計画は，PCa部材の運搬，受け入れ，ストック，建方などについて検討し，現場内での作業が円滑に進むように計画する．

7.2.1 運搬，ストック

（1）運　搬

PCa部材の運搬は，部材の形状，重量，建方計画，および運搬経路に基づいて計画される．また，計画にあたっては，次の項目についても検討しておく必要がある．

　1) 運搬経路の調査
　2) 重量，車種による道路交通法上の制限
　3) 運搬中の有害なひび割れ，変形，破損の防止
　　（車種・架台・積載，養生方法）

　1）PC梁

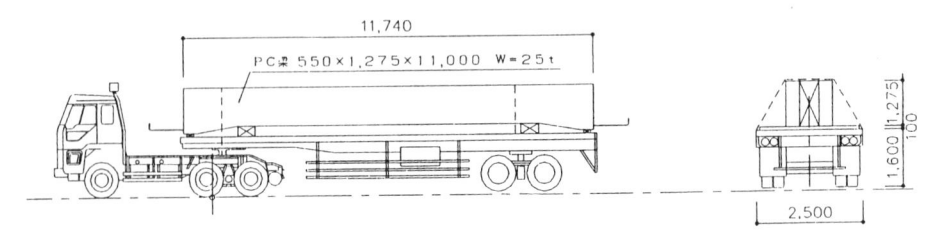

　2）PC床版

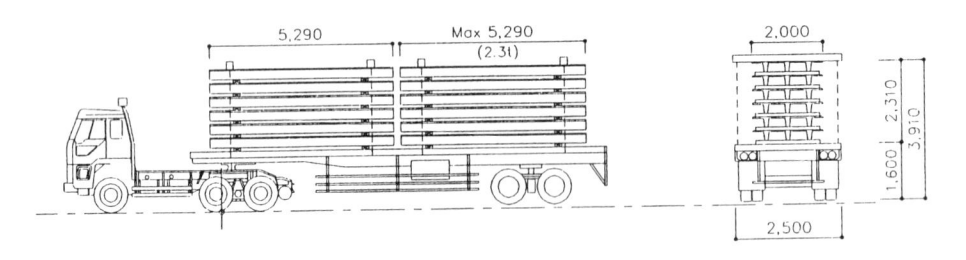

図 7.2.1　運搬荷姿図

（2）ストック

PCa部材の建方時に，ストックヤードが必要となる場合は，あらかじめ，敷地レイアウトや仮設計画に反映させておく．また，現場内にストックヤードが取れない場合は，現場周辺に待機場所を確保する．

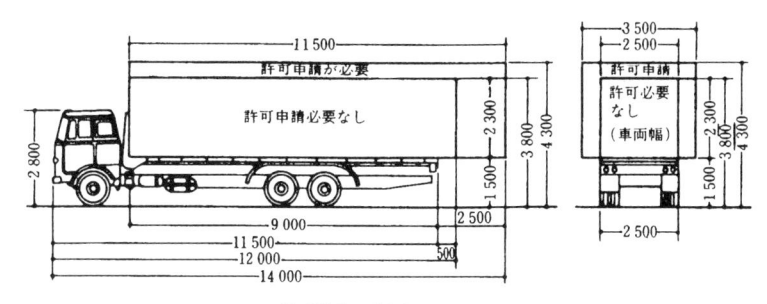

図 7.2.2 運搬可能範囲図[1]

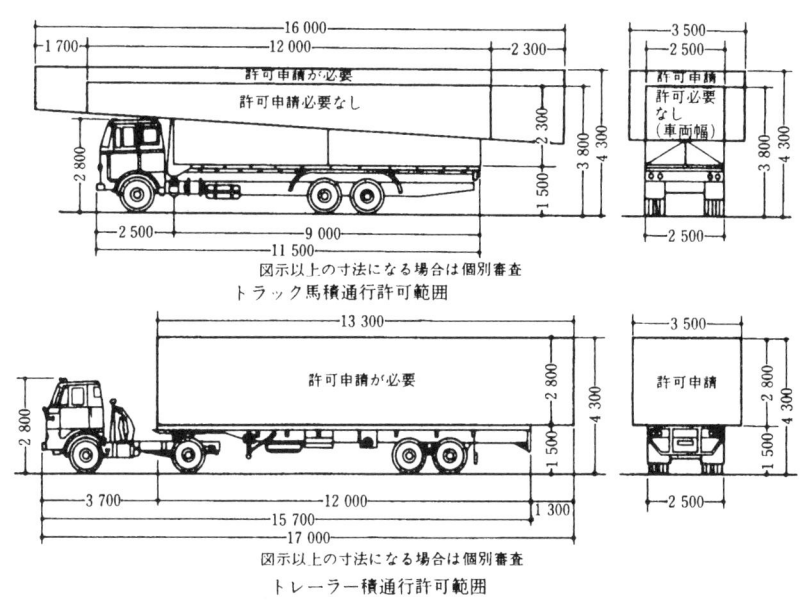

[注] この範囲は積載した状態の寸法を示すもので，(1) 高さ 4 300，(2) 幅 3 500，(3) 長さ（トラック）16 000（トレーラー），17 000 以上の場合は通行する道路の所轄道路管理者に個別申請をして許可を受ける必要がある．

7.2.2 建方準備

PCa 部材建方の準備として必要な項目としては，PCa 部材搬入路の確保と，揚重機の選定，移動通路の地盤補強，建方に伴う足場，支保工の計画，建方順序の検討などがある．

1）場内搬入路

敷地内および周辺について，搬入，建方に支障をきたさないか調査を行う．

2) 揚重機の選定

部材の形状，重量，数量および敷地，建物条件などから機種の選定と台数を決定する．

表 7.2.1 揚重機種類[1]

クレーンの分類			略図	特徴
ホイールクレーン	ラフテレン型			・機動性に富んでいる． ・低中層建物に適している． ・小規模現場に適している． ・小回りがきく．
トラッククレーン	油圧式			・機動性に富んでいる． ・重量物の移動・運搬・組立てに適している．
	機械式			・移動性に富んでいる． ・重量物の移動・運搬・組立てに適している．
クローラクレーン	ジブ型			・移動性がある―限られた範囲で自由． ・重量物の移動・組立てに適している． ・中高層建物に適している．
	タワー型			・移動性がある―限られた範囲で自由． ・中高層建物に適している．
タワークレーン	レール走行式	起伏ジブ型		・レール上で移動性に富んでいる． ・中高層建物に適している． ・上部運転席―高所の作業に適している． ・作業能力（吊り上げ荷重・作業半径）が大きい．
		水平ジブ型		・レール上で移動性に富んでいる． ・中高層建物に適している． ・上部運転席―高所の作業に適している． ・作業能力（吊り上げ荷重・作業半径）が大きい． ・水平ジブ―作業のコントロール，作業性がよい．
	マスト継足式	起伏ジブ型 水平ジブ型		・高層建物に適している． ・上部運転席―高所の作業に適している． ・作業能力（吊り上げ荷重・作業半径）が大きい．
	クライミング式	起伏ジブ型 水平ジブ型		・超高層建物に適している． ・上部運転席―高所の作業に適している． ・作業能力（吊り上げ荷重・作業半径）が大きい．

3) 地盤補強

移動式クレーンを使用する場合は，クレーン自重と吊り上げ部材の最大重量について，地盤補強の必要有無を検討する．

表 7.2.2 地盤補強要領[1]

走 行 路 構 造 (構 造 内 容)	地盤の状態	走行距離	備 考
22×1 500×6 000程度 (整地＋山砂⑦50＋鋼板⑦22)	普通地盤	中層建物組立て期間程度	砂利の撤去の必要ある場合
砂利敷⑦150～200 (整地＋砂利敷)	同 上	同 上	砂利の撤去の必要ない場合
山砂／砂利／鋼板または覆工板／土木シート (整地＋土木シート＋砂利敷＋山砂＋鋼板または覆工板)	軟弱地盤	同上および高層建物組立て期間程度	適宜排水施設を設ける
鋼板または覆工板／排水用穴あき管 (整地＋排水処理＋砂利敷山砂＋鋼板または覆工板)	湧水，浸透水のある地盤	同 上	U字溝，排水用穴あき管等の排水施設

4) 足場，支保工，安全計画

部材の接合や緊張工事など，PCa・PC工法の種類に沿った足場を計画する．構造計算の方法によっては，支保工が必要な場合もあるので注意する．また，緊張作業のようなPCa・PC工法の作業もあるので，安全計画に対しても十分な配慮を行う．

5) 建方順序の検討

建方順序の検討は，設計図書や構造計算書に基づいて，一日の取付可能数より工程を計画する．

7.3 プレキャスト部材の製作

部材製作工場には，固定工場，移動工場，現場工場があり，固定工場とは，不特定の現場へ部材を供給する「継続事業」を行う工場であって，一方移動工場，現場工場は，特定のプロジェクトに対して部材を製造する仮設の工場である．工場選定の基準は，設計図書に示された品質と同等以上の品質の部材が得られることと，施工計画に沿った部材供給が得られることなどを基本として選定する．工場での部材製造が先行する場合は，施工計画書を分けて，部材製造計画（製作要領書）を先行して作成する．

7.3.1 製作要領書

製作要領書の作成にあたっては，設計図書の内容を理解して，設計図書の要求品質を満足し，かつ施工計画に基づいて下記項目についてまとめる．

1) 工場概要
　　現場名，住所，工場組織
2) 使用材料
　　コンクリート材料
　　鋼材，鉄筋，PC鋼材他
3) コンクリートの調合
　　調合設計
　　脱型時，導入時強度
4) 製造方法
　　コンクリート打設方法
5) 養生方法
　　養生方法，養生温度，時間等
6) プレストレス導入管理
　　緊張管理方法，管理シート
　　コンクリートの強度管理
　　試験時期（脱型，導入時他）
　　養生方法，試験頻度，方法
7) 製品規格
　　製品寸法規格（許容値）
　　ひび割れ，破損の許容値，補修方法
8) 製造工程
　　標準部材のサイクル工程，部材別工程
9) 検査規定
　　自主検査方法（検査シート）
10) 貯蔵方法
　　部材別貯蔵方法
11) 安全管理
12) 品質管理

7.3 プレキャスト部材の製作 **161**

部材の製造は，通常，蒸気養生を行い，一型枠につき，一日一部材を製造する，一日一サイクル工程が一般的である．図7.3.1に標準的なサイクル工程を示す．

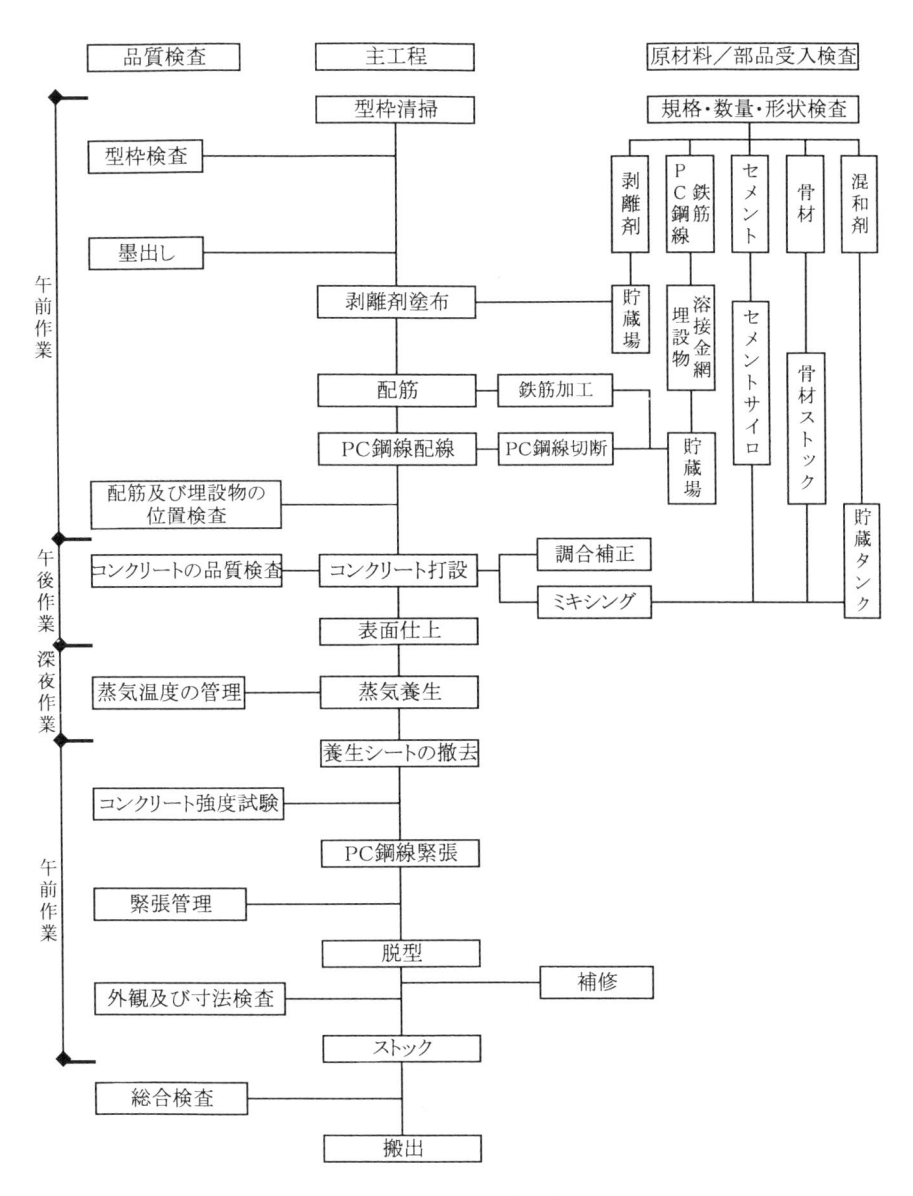

図7.3.1 標準作業系統図

7.3.2 型　枠

部材製造用型枠は，工場製作の特質上，部材の製造に繰り返し使用されるので，通常，鋼製型枠が使用される．型枠の回転数は，コストに影響を与えるので，あらかじめ効率よく型枠を回転できるように，建方計画を考慮して型枠数を決定する．型枠の精度が，そのまま製品の精度になるので，特に型枠の精度が要求される．また，型枠の工場への設置についても，使用しているうちに変形しないように十分注意する必要がある．

7.3.3 配筋，配線

配筋およびPC鋼材の配線は，部材製作図に従って行われる．通常，鉄筋の組立ては，型枠内では行わないで他の場所で行う．組み立てられた鉄筋ユニットは，クレーンを使用し型枠内の所定の位置にセットされる．この後PC鋼材や，PC鋼材用のシースが，所定の位置に取り付けられる．接合金物などの先付け部品の取付けは，状況に応じて，鉄筋ユニットの据付け前と後に別れる．

7.3.4 コンクリート

(1) 調合

PCaPCに使用するコンクリートは，プレストレスを導入するため，高強度（50 N/mm² 前後）である．調合強度の決定は，設計基準強度，導入時強度などよりJASS 5 やJASS 10 に準拠して決定する．工場での打設で作業条件が良いため，低スランプ（8 cm 前後）のコンクリートが使用可能で，水セメント比は40% 程度である．

(2) 打設

コンクリートの打設にあたっては，打込み前に型枠や配筋状態，先付け部品などの取付け状態について打込み前の検査を行う．コンクリートは，型枠内に平均に分配することが大切で，スコップなどで不注意にかきならして先付け部品などが移動しないように気をつける．コンクリートの締固めは，棒状バイブレーターや，型枠に振動を与える振動機などを適切に選択し，入念に締め固める．コンクリート表面の仕上げは，仕上げ面が打継ぎ面となるか，最終の仕上げ面となるかで違うので，製作図などで確認し間違えないようにする．

(3) 養生

PCaPCに使用する部材は，製造効率を上げるため，一般に蒸気養生を行い一日一サイクル工程で製造する．蒸気養生を行うには，加熱による熱変形の影響を減らすために前養生時間を3時間程度とり，温度上昇の勾配は，15～20℃/hとして，最高温度は65℃以下とする．最高温度を3時間程度保った後に蒸気を止めて自然冷却とする．

7.3.5 プレストレスの導入

プレストレスの導入は，部材のタイプや種類によって導入する時期の違いがあるので図面などによって確認する．種類としては，プレテンションのタイプとポストテンションのタイプがあり，ポストテンションのタイプには，工場で緊張するものと現場で緊張するものとがある．双方とも緊張時に必要なコンクリート強度が決まっているので，緊張前にテストピース等によって強度確認を行う．また，脱型時には，プレストレスを与えてからでないと脱型できない部材もあるので注意を要する．

緊張にあたっては，所定の緊張力が得られるように，あらかじめ伸びの計算を行って緊張管理を行う．

7.3 プレキャスト部材の製作

① ■CADシステムによる作図

② プレテンション ■配筋・配線・緊張
ポストテンション ■配筋・配線

③ ■コンクリート打設

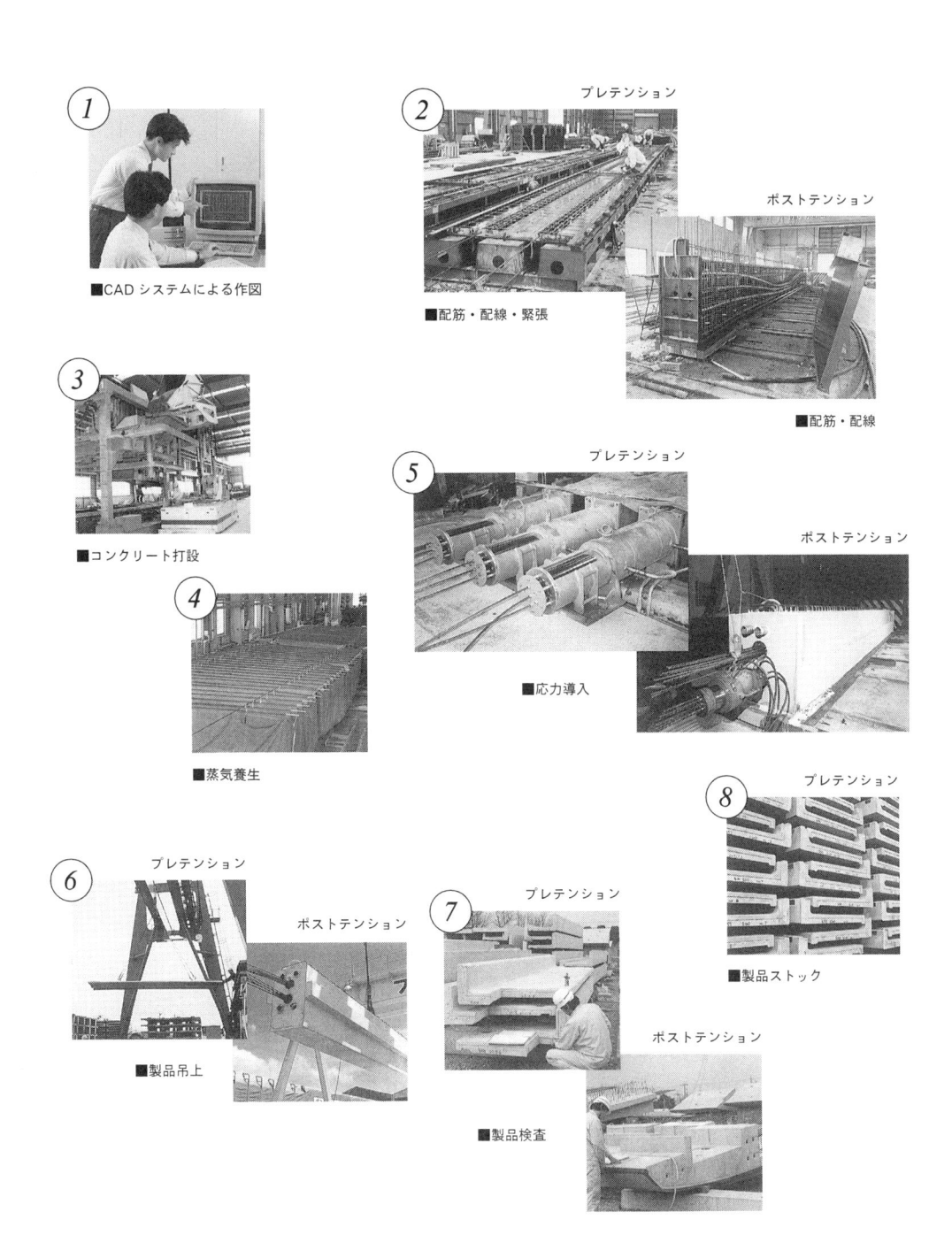

④ ■蒸気養生

⑤ プレテンション ポストテンション ■応力導入

⑥ プレテンション ポストテンション ■製品吊上

⑦ プレテンション ポストテンション ■製品検査

⑧ プレテンション ■製品ストック

写真7.3.1　PC部材製作の流れ

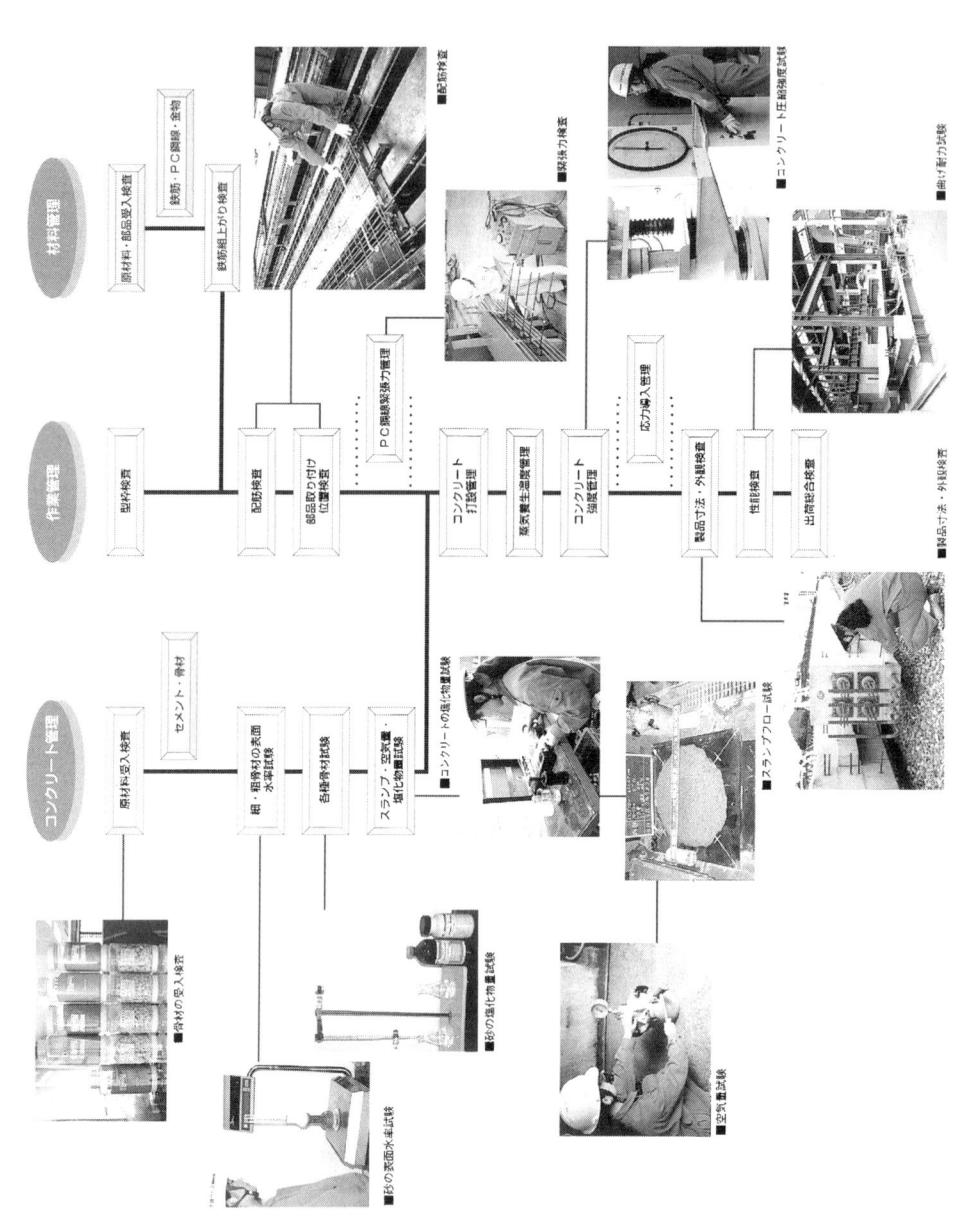

164　第7章　プレキャストPC構造の工事監理

図7.3.2　品質管理体制の例

表 7.3.1 中間検査カードの例

工 事 名 称			製 造 年 月 日										主任	担当
部 材 名			製 造 版 名											
項 目														
型枠組立 剥離剤塗布	1. 型枠の修理の必要はないか。													
	2. 型枠部品の取付落しはないか。													
	3. ボルトはきちんと締め付けてあるか。													
	4. テーパーピンはぐらついていないか。													
	5. 底面型枠と周辺型枠の交差部に隙間はないか。													
	6. 剥離剤は全面に均一に塗ってあるか、又多すぎないか。													
PC部材の取付	1. 補強筋の位置はよいか。													
	2. ピアノ線の位置、本数は間違いないか。													
配筋 埋込部品の取付	1. 鉄筋はスペーサー又は吊上治具で固定ができているか。													
	2. 鉄筋の配置及び被り厚さは正確か。													
	3. 埋込部品の種別に間違いはないか。													
	4. 埋込部品はきちんと固定してあるか。													
	5. 補強筋は正しく入っているか。													
コンクリート打設 表面仕上	1. バイブレーターは十分かけてあるか。													
	2. 埋込部品の周辺にコンクリートがまわっているか。													
	3. 埋込部品が移動していないか。													
	4. 金鏝仕上面は平滑で鏝むらがないか。													
養生方法	1. 養生温度は正しいか。													
	2. 養生時間は正しいか。													
	3. 養生層内の温度差はないか。													
	4. 記録紙は記録されているか。													

表 7.3.2 製品寸法検査カードの例

工事名称											主任	担当
部材名	PC梁											

平面 ─── C,D

側面 ─── E,F

A,B

	製品番号											
	製造日											
	設計寸法	許容誤差	誤差	判定	誤差	判定	誤差	判定	誤差	判定	誤差	判定
A												
B												
C												
D												
E												
F												
埋込金物												
備考												

表 7.3.3　コンクリート試験成績表の例

工事名称									主任	担当

製品番号	スランプ 空気量	部材同一 養生	採取 年月日	試験 年月日		寸法 cm	強度 kN	強度 N/mm²	平均 N/mm²
		脱型時			1	10 x 20			
					2				
					3				
	cm	14 日			1	10 x 20			
					2				
					3				
	%	28 日			1	10 x 20			
					2				
					3				
		脱型時			1	10 x 20			
					2				
					3				
	cm	14 日			1	10 x 20			
					2				
					3				
	%	28 日			1	10 x 20			
					2				
					3				
		脱型時			1	10 x 20			
					2				
					3				
	cm	14 日			1	10 x 20			
					2				
					3				
	%	28 日			1	10 x 20			
					2				
					3				
		脱型時			1	10 x 20			
					2				
					3				
	cm	14 日			1	10 x 20			
					2				
					3				
	%	28 日			1	10 x 20			
					2				
					3				

7.3.6 検　　査

PCa部材の製作時での検査内容を次に示す．

1) 原材料検査

　材料および部品の受け入れ検査を行う．
　（セメント，骨材，鉄筋，PC鋼線，埋込金物など）

2) 型枠検査

　型枠製作完了時や型枠改造時，打設回数が多いときに，寸法やねじれを検査する．

3) コンクリートの試験

　① フレッシュコンクリートの試験

　　（スランプ，空気量，温度，塩化物量）

　② コンクリート強度試験

　　（脱型時，プレストレス導入時，出荷時，28日）

4) 製作時中間検査

　① 剥離剤塗布状況
　② 配筋状態
　③ 型枠の組立状況
　④ 金物類の取付状態
　⑤ 養生の状況（養生温度管理）

5) 製品検査

　① 寸法検査

　　（辺長，厚さ，金物位置，ねじれ，そりなど）

6) 目視検査

　（ピンホール，ひび割れ，欠けなど）

7.4　部材の架設

7.4.1　運　　搬

PCa部材の運搬は，7.2の仮設計画の節で述べたように，部材にひび割れや破損などが生じないように行う．計画にあたっては，次の項目について検討しておく必要がある．

1) 運搬経路の調査
2) 重量，車種による道路交通法上の制限
3) 運搬中の有害なひび割れ，変形，破損の防止
　（車種・架台・積載，養生方法）
4) 待機場所

7.4.2　建　　方

PCa部材組立ての前に，PCa部材の受け入れ検査を行い，製品検査後の期間と運搬中の破損や変形の有無を確認する．建方は一般に，トラックやトレーラーから直接クレーンで部材を吊り上げて組み立てるが，クレーンの稼動率や交通事情による運搬車両の効率を考えて，現場に部材を仮置きして組み立てる場合もある．部材の組立ては，施工計画書に基づいて行い，組立て作業

7.4 部材の架設

1. PC柱建方
   基礎からのPC鋼棒にジョイントカップ
   ラーで繋ぎ柱頭でPC鋼棒を緊張する

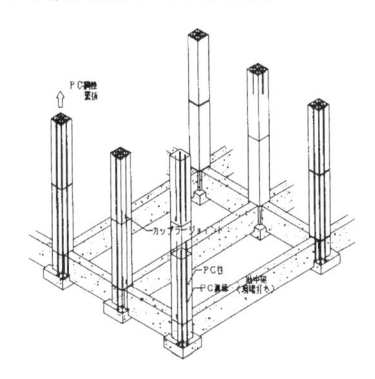

2. PC梁建方
   PC梁を架設しジョイント部の目地詰めを行い
   PC鋼材を通し緊張し、柱・梁を一体化する。

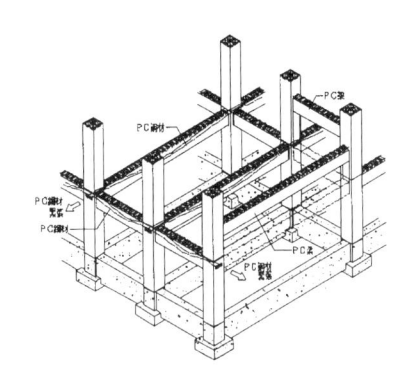

3. PC合成床板建方、配筋、コンクリート打設
   PC合成床板を架設し、鉄筋を配筋し止め型枠を行い
   トッピングコンクリートを打設する。

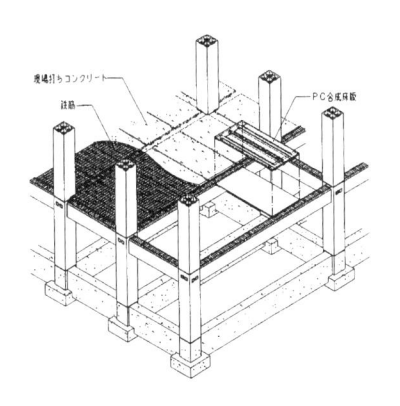

図 7.4.1　PCaPC工法の建方概要

の方法や手順などを詳細に検討のうえ，作業を実施する．また，施工順序の違いは，仮定した応力が変わってしまうため，十分に注意する．やむを得ず施工順序を変更する場合は，構造計算によって安全性を確認する．図7.4.1に，PCaPC工法の建方の概要を示す．

7.4.3 接合（緊張工事）

　部材の接合は，組立て作業の方法や手順によって決定されるので，事前の検討に基づいて行う．
　プレストレスの導入によって部材を接合する場合は，緊張工事計画を作成し，計画に基づいて実施する．緊張工事計画は，組立て接合計画で計画された施工順序に従い，部材および周辺躯体に有害なひび割れや変形が生じないように，建物全体に均一にプレストレスが導入されるよう計画する．プレストレスの導入にあたっては，部材および周辺のコンクリート強度，目地モルタルの強度が，導入時強度に達しているかを確認する．また，必要な導入力を確保するために，PC鋼材の伸びとジャッキの圧力計によって緊張管理を行う．

参考文献

1) 日本建築学会：建築工事標準仕様書・同解説 JASS 10 プレキャストコンクリート工事
2) 日本建築学会：建築工事標準仕様書・同解説 JASS 5 鉄筋コンクリート工事

第8章 資 料 （目次のみ．内容は付録CD-ROMに収録*）

目 次

8.1 使用材料 ……………………………………………………………………173
 8.1.1 セメント　173
 8.1.2 骨　　材　174
 8.1.3 混 和 材　174
 8.1.4 混 和 剤　175
 8.1.5 目地材料　176
 8.1.6 グラウト　176
 8.1.7 PC鋼材　177
 8.1.8 アンボンド・アフターボンド・新素材　179
 8.1.9 定 着 具　181
 8.1.10 鉄筋機械的継手　187
 8.1.11 シ ー ス　193
 8.1.12 製　　品　194

8.2 特記仕様書（構造特記仕様書.xls，工事仕様書.xls）……………………195
 PC構造特記仕様書（例：プレキャストPC構造）　195
 PC構造特記仕様書（例：場所打ちPC構造）　196
 プレストレストコンクリート工事仕様書　197

8.3 チェックリスト（チェックリスト.xls）……………………………………199
 鉄 筋 工　199
 調合計画書　202
 コンクリート打設　203
 コンクリートの打継ぎ　204
 プレストレストコンクリート工事　205
 プレキャスト部材工事　206

＊　「第8章　資料」の内容は，付録CD-ROMに収録しました．
　資料のファイル形式はPDFです．閲覧するにはAdobe社のアクロバット・リーダーが必要です．
　また，「8.2　特記仕様書」，「8.3　チェックリスト」および「8.4　PC部材の計算プログラム」のプログラム本体はMicrosoft社のExcelで作成したファイルも併せて収録しました．Excelで作成したファイル（＊.xls）の利用にはMicrosoft社のExcelが必要です．

8.4 PC部材の計算プログラム（PC部材の計算プログラム.xls） ……………208
 8.4.1 JSCAシート 208
 8.4.2 使用材料シート 209
 8.4.3 断面係数シート 210
 8.4.4 ケーブル緊張シート 211
 8.4.5 不静定力シート 211
 8.4.6 断面算定―梁シート 212
 8.4.7 梁追加検討シート 212
 8.4.8 柱断面算定シート 213

8.5 プレストレストコンクリート構造に関する基規準，文献 ………………214

8.6 PC工事に関わる企業 ……………………………………………………215
 8.6.1 PC定着工法 215
 8.6.2 PC工事専業社 216
 8.6.3 セメント製造・販売会社 216
 8.6.4 混和材の取扱い会社 216
 8.6.5 混和剤の取扱い会社 217
 8.6.6 打継ぎ目（目地）に使用する
   無収縮モルタルおよびエポキシ系接着剤の製造・販売会社 217
 8.6.7 グラウトの製造・販売会社 217
 8.6.8 PC鋼材製造企業 218
 8.6.9 シース取扱い会社 218

8.7 国土交通省告示（旧建設省告示1320号の改正版）……………………219

PC建築──計画から監理まで──	定価はカバーに表示してあります	
2002年11月15日　1版1刷発行	ISBN 4-7655-2463-9 C3052	

編　者　社団法人　日本建築構造技術者協会

発行者　長　　祥　隆

発行所　技報堂出版株式会社

日本書籍出版協会会員
自然科学書協会会員
工 学 書 協 会 会 員
土木・建築書協会会員

〒102-0075　東京都千代田区三番町8-7
　　　　　　　（第25興和ビル）
電　話　営業　(03)(5215)3165
　　　　編集　(03)(5215)3161
F A X　　　　(03)(5215)3233
振替口座　　　00140-4-10
http://www.gihodoshuppan.co.jp

Printed in Japan

©Japan Structural Consultants Association, 2002

装　幀　海保　透
印刷・製本　技報堂

落丁・乱丁はお取替えいたします

本書の無断複写は，著作権法上での例外を除き，禁じられています．

● 小社刊行図書のご案内 ●

建築用語辞典（第二版）	編集委員会編	A5・1258頁
建築設備用語辞典	石福昭監修／中井多喜雄著	A5・908頁
コンクリート便覧（第二版）	日本コンクリート工学協会編	B5・970頁
鋼構造技術総覧［建築編］	日本鋼構造協会編	B5・720頁
建築材料ハンドブック	岸谷孝一編	A5・630頁
建築主・デザイナーに役立つ 魅力あるコンクリート建物のデザイン ─プレストレスとプレキャストの利用	鈴木計夫監修	B5・106頁
建築構造における 性能指向型設計法のコンセプト	建設省大臣官房技術調査室監修	B5・150頁
エネルギーの釣合に基づく建築物の耐震設計	秋山宏著	A5・230頁
構造物の免震・防振・制振	武田寿一編	A5・246頁
空間デザインと構造フォルム	H.Engel著／日本建築構造技術者協会訳	B5・294頁
20世紀の災害と建築防災の技術	日本建築防災協会編	B5・554頁
鉄筋コンクリート造建築物の 性能評価ガイドライン	建設省大臣官房技術調査室監修	B5・312頁
SCSS-H97 鉄骨構造標準接合部・H形鋼編（SI単位表示版）	鉄骨構造標準接合部委員会編	A4・218頁
RC建築物軀体の 工事監理チェックリスト（第2版）	日本建築構造技術者協会編	B5・168頁
杭の工事監理チェックリスト	日本建築構造技術者協会編	B5・208頁
鉄骨工事監理チェックリスト	日本建築構造技術者協会編	B5・242頁

● はなしシリーズ

コンクリートのはなしⅠ・Ⅱ	藤原忠司ほか編著	B6・各230頁
数値解析のはなし ─これだけは知っておきたい	脇田英治著	B6・200頁
ダイニング・キッチンはこうして誕生した ─女性建築家第一号　浜口ミホの目指したもの	北川圭子著	B6・278頁

技報堂出版　TEL 編集03(5215)3161 営業03(5215)3165　FAX 03(5215)3233